Eduardo Jáuregui

Playfulness

AF874389

imago mundi

Eduardo Jáuregui

Playfulness

Despierta tu espíritu lúdico

Ediciones Destino Colección Imago Mundi **Volumen 391**

© Eduardo Jáuregui, 2025

© de las imágenes: Alamy / Album y Shutterstock
© Editorial Planeta, S. A., 2025
Ediciones Destino, un sello editorial de Editorial Planeta, S. A.
Avda. Diagonal, 662-664, 08034 Barcelona (España)
www.planetadelibros.com
www.edestino.es

Primera edición: octubre de 2025
ISBN: 978-84-233-6847-1
Depósito legal: B. 15.416-2025
Composición: Realización Planeta
Impresión y encuadernación: Gómez Aparicio Grupo Gráfico
Printed in Spain - Impreso en España

La lectura abre horizontes, iguala oportunidades y construye una sociedad mejor. La propiedad intelectual es clave en la creación de contenidos culturales porque sostiene el ecosistema de quienes escriben y de nuestras librerías. Al comprar este libro estarás contribuyendo a mantener dicho ecosistema vivo y en crecimiento. En **Grupo Planeta** agradecemos que nos ayudes a apoyar así la autonomía creativa de autoras y autores para que puedan seguir desempeñando su labor.
Dirígete a CEDRO (Centro Español de Derechos Reprográficos) si necesitas fotocopiar o escanear algún fragmento de esta obra. Puedes contactar con CEDRO a través de la web www.conlicencia.com o por teléfono en el 91 702 19 70 / 93 272 04 47.
Queda expresamente prohibida la utilización o reproducción de este libro o de cualquiera de sus partes con el propósito de entrenar o alimentar sistemas o tecnologías de inteligencia artificial.

PEFC Certificado
Este libro procede de bosques gestionados de forma sostenible
PEFC
PEFC/14-38-00305
www.pefc.es

A Dario, Paula, Eva, Leo, Clara, Sofía, Dani,
Óscar y Lúa, mis gurús del playfulness

Los niños me ven a las puertas del templo
y me rodean felices,
tirando de mis brazos hasta que me detengo.
Coloco mi tazón sobre una piedra blanca,
cuelgo mi bolsa en una rama.
Primero trenzamos la hierba y jugamos a la soga,
luego nos turnamos cantando y dando patadas a la pelota,
chuto y cantan, canto y chutan,
el tiempo se olvida, las horas vuelan,
los viandantes me apuntan con el dedo y ríen:
—¿Por qué te comportas como un bobo?
Yo asiento con la cabeza y callo.
Podría decir algo pero ¿de qué serviría?
¿Quieres saber lo que tengo en mi corazón?
Desde los albores del tiempo: ¡solo esto! ¡Solo esto!

RYOKAN, maestro zen

ÍNDICE

Parte primera

¿HAY VIDA ANTES DE LA MUERTE?

I

SUELTA AHORA MISMO ESTE LIBRO

> Querido amigo, usted sabrá cómo se ahorra tiempo. Se trata, simplemente, de trabajar más deprisa y dejar de lado todo lo inútil.
>
> Hombre gris n.º XYQ/384/b
> MICHAEL ENDE, *Momo*

¿Qué haces leyendo esto? ¿No te lo han explicado una y mil veces? Jugar es una actividad trivial, frívola, rematadamente inútil. En esto coinciden dirigentes políticos y religiosos, intelectuales de izquierdas y derechas, la gente sensata de cualquier país civilizado: es una TOTAL Y ABSOLUTA PÉRDIDA DE TIEMPO. ¿Y qué peor crimen podemos cometer en nuestro acelerado siglo XXI que perder el tiempo?

Será mejor que vuelvas a colocar este libro en la estantería ahora mismo, con sumo cuidado y sin realizar movimientos bruscos, antes de que las revolucionarias palabras que contiene asalten tu cerebro. Te lo advierto: una vez leídas, no hay vuelta atrás. El travieso virus se instalará entre tus neuronas sin remedio, despertando zonas juguetonas de tu psique que llevan décadas adormiladas.

Para colmo, los expertos lo consideran un virus altamente contagioso. Luego no me culpes si te invaden unas ganas irrefrenables de compartir con todo el mundo estas ideas y —peor aún— las explosivas prácticas que he incluido al final de cada capítulo. ¿De verdad quieres convertirte en el paciente cero de una pandemia lúdica global?

Veo que sigues aquí.

Que no te dejas amedrentar tan fácilmente.

Sin duda eres de esa gente temeraria que prefiere tomarse la píldora roja, una Alicia curiosa que se lanza por la oscura madriguera, sin tener ni idea de hacia dónde corretea el Conejo Blanco. En ese caso, escúchame bien: si te pillan in fraganti hojeando estas páginas, prepárate una buena excusa. La más tranquilizadora suele ser que lo haces por tus hijos. O sobrinas. O nietos. Diles con aire vagamente intelectual, como de psicóloga *amateur*, que te ha dado por estudiar el juego «infantil». Seguro que así te dejarán en paz.

Licencia para jugar

Incluso los más acérrimos guardianes de la ortodoxia reconocen que jugar desempeña un papel clave en la infancia. De lo contrario esta pulsión no hubiera quedado programada en nuestro ADN con tanta fuerza, provocando saltos, chillidos y trastadas incluso en los salones de las mejores familias. Como explican pedagogas de renombre en solemnes artículos académicos, los críos necesitan desfogar sus energías, desarrollar sus habilidades, expresar su creatividad, hacer ejercicio y relacionarse con sus primeras amistades. Necesitan hacer el cabra.

Por lo tanto, a los nuevos y más inocentes miembros de nuestra especie podemos permitírselo. Dentro de un orden, obviamente. Basta con que no trepen hasta la rama más alta, que no rompan la lámpara de la bisabuela, que no repartan puñetazos con la excusa de haberse convertido en Batman. Y, sobre todo, que eviten molestarte cuando intentas hacer cosas serias e importantes, como chequear el email y luego soltar tacos al leer lo que te pide tu mánager en pleno sábado.

Sí, es bello el juego infantil. Suspiramos con nostalgia al ver a la chiquillería corretear por el parque, dibujar tigres salvajes o improvisar diálogos con sus muñecos de trapo. Suspiramos porque sabemos que esa envidiable libertad dura —¡ay, pobres ilusos!— bien poco. Lo primero que nos enseñaron en el colegio fue a dejarnos dc tonterías. Por órdenes misteriosas, desde lo más alto, el juego quedó confinado rápidamente a los breves recreos, a ser posible con fines educativos. Con fines *aburridos*.

Para cuando nos graduamos del sistema escolar, con un fajo de imponentes titulaciones bajo el brazo, lo habíamos escuchado mil veces: primero el trabajo y luego (si acaso) la diversión. ¿Dedicarte al fútbol? ¿Al rock and roll? ¿A pintar fabulosos dinosaurios surferos? Olvídalo. ¡De eso no se vive! Y el puñado de afortunados que cumplen tales sueños acaban sacrificando casi toda la diversión para «profesionalizarse», tomándose aquello con la misma seriedad que una directora comercial o un abogado. Las actividades genuinamente lúdicas —sin utilidad práctica alguna— quedarían reservadas para el escaso tiempo «libre» aún disponible en los resquicios de la agenda o durante las ansiadas vacaciones.

Un vicio prohibido

Así es como lo experimentamos hoy en día: el juego como una recompensa por habernos portado bien; un pequeño vicio hedonista que nos permitimos ocasionalmente, como un brownie calentito con helado de vainilla. De hecho, a menudo nos provoca esa misma sensación de culpabilidad, en este caso por «malgastar el tiempo» en cosas inútiles, uno de los pecados capitales de nuestra cultura hiperproductiva. Si cometes semejante fechoría en horario laboral, será mejor que no se entere la dirección.

Solo quienes hayan alcanzado las cimas del éxito (o heredado alguna fortuna) pueden dedicarse al juego cotidianamente en la flor de la vida, escribiendo novelas, coleccionando arte o paseándose sin prisas por grandes extensiones de césped en sus carritos de golf. ¡Malditos!

La alternativa es llegar a la edad de jubilación con la salud intacta, otra fortuna envidiable aunque limitada en el tiempo. Entonces, finalmente, si no nos cargan nuestros hijos con el cuidado de los nietos, podremos volver a la diversión. O por lo menos a los pasatiempos más compatibles con los achaques de la tercera edad —desde los crucigramas a la guitarra eléctrica— mientras esperamos lo inevitable. Con un poco de suerte recordaremos cómo se disfruta del juego. Y aun así los demás nos mirarán con pena. Esos viejecillos sin nada más importante que hacer...

Esto es lo que hemos aprendido. Esto es lo que sabemos. Entre los miembros hechos y derechos de nuestra flamante civilización no se juega. Y si consultas la literatura científica —más allá de la psicología infantil o la pedagogía—, descubrirás que este desprecio se refleja en la ausencia casi total de interés en el fenómeno.

Insistes, por lo que veo

Voy a tener que preguntártelo de nuevo: ¿qué haces con este libro en la mano?

¿Será que no te enseñaron bien la lección? ¿O acaso

nunca te la creíste del todo? ¿Quizá te toparas con alguna rebelde peligrosa —poeta, artista o *clown*— que te llevó por mal camino?

Puede que simplemente te haya atraído el título.

PLAYFULNESS.

Confieso haber recurrido al inglés, el idioma del *business* internacional, de los *papers* académicos, de los principales *influencers* del *wellness*, a propósito.

Si me atreviera a afirmar en estas páginas —como haré— que jugar es un asunto tan serio —incluso MÁS serio— como el trabajo, la política, la ciencia, el arte o incluso la espiritualidad, me tomarían por loco. ¿Quién me iba a publicar un libro así?

Pero al hablar del playfulness, ah..., la cosa cambia.

Probemos: «Estudios rigurosos identifican el playfulness como la clave del bienestar, del aprendizaje, de la innovación y el desempeño. En el siglo XXI, si pretendemos sobrevivir como especie, debemos recuperar urgentemente esta *basic human ability*».

¿A que ya no suena tan disparatada la idea? ¿A que genera, por el contrario, una deliciosa inquietud, un cosquilleo de emoción, una tenaz curiosidad por saber más? *Yes, sir!* El inglés, idioma del *business* internacional, confiere una aureola de sensatez y prestigio a cualquier propuesta, para qué nos vamos a engañar. Si en una oficina corporativa confieso mi necesidad de tomarme un café, o peor aún, de echarme una siesta, levantaré sospechas al instante. Pero si me refiero a un *coffee break* o un *power nap*, quedo como un señor CEO.

No es casualidad que los anglicismos hayan invadido en las últimas décadas la publicidad y la prensa seria. Todo lo más *cool*, desde los *smartphones* omnipresentes al *branding* de tu empresa, los muebles *vintage* o las cremas *antiaging*, nos llega en la lengua de George Clooney y Taylor

Swift. Cuando la firma de moda Balenciaga coloca en sus escaparates unos tejanos rotos y sucios con un precio de 2.000 euros, ¿cómo lo justifica? «No se preocupe, caballero, son vaqueros *SUPER DESTROYED*». Sin duda, suena mucho más *trendy* que «hechos un verdadero asco».

Let's play!

Evidentemente, sería un error dejarte encandilar por esa atractiva artimaña lingüística. Espero que no caigas en la trampa. Al contrario, si resulta que este tema te ha picado la curiosidad, aprovecha para afilar tus *critical thinking skills* —quiero decir, tu pensamiento crítico— para considerar, evaluar, dudar y poner a prueba todo lo que voy a exponer aquí, más allá de mis pequeñas triquiñuelas con el idioma.

En otras palabras, te invito a que JUEGUES a cuestionar las ideas de este libro, igual que yo estoy jugando a desarrollarlas.[1] Esta ha sido siempre la divertida labor de las filósofas y filósofos más serios, incluyendo a los «filósofos naturales», que desde el siglo XIX nos hacemos llamar «científicos» para impresionar aún más. No olvides que *filósofo* significa en origen 'amante del pensamiento'. La palabra se refiere a quienes nos lo pasamos pipa montando y desmontando teorías como si fueran creaciones de Lego —en el mejor de los casos, con tanta dedicación y rigor como esos frikis que llegan a construir reproducciones del Halcón Milenario o del castillo de Hogwarts con cientos de miles de piezas.

1. Para quienes se tomen este juego en serio, he incluido al final del libro una detallada sección de notas y una bibliografía con todos los artículos, libros y demás recursos en los que me he apoyado.

El juego de la ciencia te invita a dudar de todo lo que yo diga. Incluso a tratar de falsificarlo con ahínco. No me ofendo. Al contrario, reconozco que soy de poco fiar. Aunque me haya formado en universidades como Oxford o la London School of Economics, decidí emprender mi tesis doctoral sobre un tema de dudosa seriedad: la risa. Tres de mis libros se han centrado por completo en este fenómeno tan poco recomendable. En cuanto a mis otras publicaciones, tampoco impresionan por su seriedad intelectual: novelas en las que hablan gatos y tortugas, la biografía del peluquero de los Beatles, un test de personalidad, *Pizzology*, basado en tus preferencias a la hora de comer pizza... Y eso sin contar mis cuentos infantiles sobre dragones, espías, momias y ovnis.

De hecho, he pasado mucho tiempo en compañía de seres humanos que aún practican el pillapilla con entusiasmo. No para darles lecciones, sino para aprender de ellos. Peor aún, he difundido lo que me han enseñado en el mundo adulto, infiltrándome desde hace veinte años en empresas como General Motors, IKEA o Sony Pictures. Confieso haber promovido juegos con miles de personas en Nueva York, París, Londres, Lisboa, Frankfurt, Helsinki, Florencia, Atenas y hasta el último rincón de mi propio país. He jugado con altas directivas y jóvenes emprendedores, ingenieros informáticos y granjeras de pueblo, publicistas corporativos y activistas del medio ambiente, rectoras universitarias y químicos de laboratorio, órdenes católicas y organizaciones feministas, astronautas veteranos y técnicos de colonoscopia.

O sea, que no te dejes engatusar por mis credenciales académicas o mis cargos profesionales. Ten en cuenta que he repartido por el mundo decenas de miles de narices de payaso. He salido en los medios de comunicación vestido de Luke Skywalker, de agente secreto y de Peter Pan. Y, para colmo, reconozco abiertamente, como verás un poco más adelante, que me considero un mero principiante en el peculiar tema que nos ocupa. Por lo tanto, ten sumo cuidado con todo lo que leas aquí.

Ahora en serio...

Por otro lado, las reglas del juego intelectual te invitan a dudar no solo de lo mío, sino también de las «verdades» de nuestra era, los mitos de nuestra civilización, el «sentido común» que todo el mundo acepta sin rechistar. Concretamente, en este libro voy a poner en duda el viejo dogma de que el mundo lúdico es poco serio o incluso NADA serio. Es una idea que nos han inculcado desde el colegio —la primera y más recalcitrante institución antijuego—, basada en una antiquísima tradición que se extiende probablemente hasta los inicios de nuestra historia «civilizada». Creo que ha llegado el momento de ponerla en cuestión. Muy seriamente.

Te invito a considerar, durante unos momentos, lo que tratamos con extrema seriedad en nuestra sociedad (AVISO: leer la siguiente lista puede subir tu tensión arterial)...

- Las fechas límite
- Los rankings
- Los discursos largos y pomposos
- Las cartas de desahucio
- Las fronteras que nos dividen
- Las declaraciones de guerra
- Las amenazas de los maltratadores
- La lealtad extrema de los fanáticos
- La censura y represión de las dictaduras
- Y, por supuesto, lo más grave de todo: la MUERTE

Cuando la gente se pone seria, casi siempre son malas noticias: enfermedades terminales, crisis económicas, problemas de pareja. Este adjetivo casi nunca se asocia a lo que más apreciamos, como el amor, la paz, la naturaleza o la alegría. De hecho, en un rostro la seriedad elimina la sonrisa. Por eso sonríen tan poco en las altas esferas de las finanzas y la política —excepto para vendernos algo.

Si te fijas, la seriedad ha permitido disimular disparates enormes: teorías racistas que se emplearon para justificar la esclavitud, modas dañinas como los tacones altos o las figuras raquíticas, obras de «arte» que al personal de limpieza le cuesta distinguir de la basura.

En el fondo, lo que llamamos seriedad tiene mucho que ver con el poder y el privilegio. Por mucho que hayamos avanzado en la promoción de la igualdad, los estudios demuestran que en el siglo XXI seguimos tomándonos más en serio a los hombres que a las mujeres, a los «blancos» que a los «negros», a los heterosexuales que a los homosexuales, a quienes disfrutamos de un hogar «digno», a diferencia de los refugiados y los sintecho. Y, por supuesto, a los *English speakers*. ¿Me hubieran tomado en serio, a lo largo de mi carrera profesional, si no perteneciera a todas estas elevadas categorías? ¿Hubiera llegado a escribir y publicar un libro como este? Lo dudo. Por eso me parece importante mencionarlo. Y por eso siento, además, la insoslayable responsabilidad de publicar estas ideas mientras me dejen.

Según mi experiencia, los miembros de estos clubes de élite solemos ser, en general, gente amable, educada, incluso generosa y solidaria. Pero podemos permitirnos también el lujo de no serlo. A lo largo de la historia, la gente más seria entre los serios —excelentísimos señores cuyas poses solemnes han quedado inmortalizadas en estatuas ecuestres o lienzos colosales— a menudo ha organizado saqueos, barbaries y tropelías terroríficas, casi siempre basándose en leyes y principios de máxima seriedad. Dios, patria y tradición. Libertad, igualdad y fraternidad.

Hoy en día, los respetados líderes de nuestra civilización, junto con quienes seguimos sus ejemplos, alimentamos día a día un sofisticado sistema económico que promueve el egoísmo, la injusticia y la destrucción de la frágil biosfera de la que dependemos todos para vivir. Por si fuera poco, las potencias más admiradas tenemos a nuestra disposición arsenales nucleares capaces de convertir la superficie terrestre en un inmenso cenicero.

¿Es esto serio? ¡Claro que lo es! Lo absurdo sería imaginarse alternativas: reducir el consumo y compartir la riqueza, promover la paz y la armonía, encontrar un equilibrio con el medio ambiente que nos sostiene... ¡Utópico! ¡Ridículo! ¡Absurdo!

El premio Nobel de Química Paul Crutzen propuso hace unos años inaugurar una nueva era geológica, el Antropoceno, identificable por señales como la proliferación de sustancias tóxicas, el aumento de las temperaturas y la reducción de biodiversidad en la Tierra desde 1950.

Pero hay otros analistas, como el filósofo John P. Clark, que consideran este término demasiado eufemístico. Sugieren un nombre alternativo: el IDIOCENO. O sea, «la era de los idiotas».

En definitiva, teniendo en cuenta lo que se entiende hoy en día como seriedad, no me parece excesivamente descabellado proponer que el juego pueda considerarse también un asunto muy serio. Sobre todo si lo rebautizamos playfulness.

Y ahora analicemos este término en mayor profundidad. Porque no te creas que lo he escogido únicamente por su elegante sonido anglo. Tengo otros tres motivos muy serios para emplear esta palabra, y no otra.

1. El infinito universo del juego

En inglés, *play* abarca todo el ámbito de lo lúdico. No solo se refiere a juegos clásicos como el ajedrez, el frisbi, el Pac-Man o el escondite, sino también a tocar un instrumento (*to PLAY an instrument*) o representar un papel (*to PLAY a part*) en una obra teatral (conocida también como una *PLAY*). El juego de los niños incluye todo esto y mucho más: pintar, bailar, armar un puzle, descifrar las letras de un cartel, imitar a un *Tyrannosaurus rex*, construir un barco pirata, explorar una casa abandonada.

¿Qué tienen en común todas estas actividades? Reconozco que no lo tengo claro del todo. Para la ciencia, el juego sigue siendo un misterio. Uno de los mayores expertos a nivel mundial, el pedagogo neozelandés Brian Sutton-Smith, confesó hacia el final de su larguísima carrera que cada vez que creía haber entendido su verdadero significado, descubría atónito que algo se le había escapado, como un niño travieso que vuelve a esconderse entre risas.

La desconcertante variedad del mundo lúdico parece formar parte de su propia naturaleza. Hay juegos competitivos y colaborativos, de exploración y de expresión, solitarios y multitudinarios, físicos, verbales y mentales. Algunos siguen reglamentos barrocos, con uniformes y todo tipo de parafernalia. Otros son tan sencillos como dar vueltas y vueltas hasta caer. A menudo se desarrollan en mundos fantásticos —medievales, subacuáticos, *steampunk*—, pero los hay también con raíces en la realidad más palpable. El universo lúdico lleva expandiéndose como el Big Bang, desde los inicios de nuestra especie, en todas las direcciones de la infinita creatividad humana.

Por lo tanto, me da a mí que lo tenemos crudo para dar con una lista fija de características. No creo que el juego pueda describirse desde fuera. Su esencia es una operación mental: una actitud que podemos aplicar a cualquier actividad.

2. *La actitud que todo lo transforma*

En inglés, *playfulness* significa 'espíritu lúdico'. Una persona *playful* es una persona juguetona, alguien con una actitud vital muy particular —la antítesis de esa excesiva, a veces casi histérica, seriedad que tanto abunda en nuestro mundo actual—. De lo que trata el libro que tienes en tus manos es de esta actitud, más que del juego en sí.

Concretamente, voy a definirla como un *interés en la actividad misma*, más allá de sus resultados. Al menos en esta característica solemos coincidir todos los principales expertos. El verdadero juego no puede emprenderse para conseguir dinero, ni para acumular seguidores en las redes, ni tan siquiera para ganar el partido. Su utilidad práctica, si es que la tiene, es lo de menos. Se hace porque sí. Porque apetece.

El juego depende por completo de este espíritu *playful*, esta excéntrica disposición a lanzarnos alegremente hacia cualquier actividad, aunque sea patentemente inútil. Todos sabemos que incluso el pasatiempo más divertido puede volverse un rollo, incluso una tortura, si nos lo tomamos demasiado en serio. Esto sucede, por ejemplo, cuando profesionalizamos las actividades lúdicas, dedicándonos a ellas por un salario, la fama o cualquier otro motivo externo.

Andre Agassi, el único jugador de la historia en ganar los siete títulos más prestigiosos del tenis, escribió la siguiente confesión en su biografía, *Open*:

> Odio el tenis, odio el tenis con una pasión oscura y secreta, y lo he odiado siempre.

Para Agassi, a cuyo padre le obsesionaba la idea de convertirle en un gran tenista, este deporte nunca fue un juego. Lo vivió como una obligación, como un trabajo estresante que para colmo le provocaba dolores atroces por una espondilolistesis congénita en la columna vertebral.

Por el contrario, hasta el trabajo más pesado puede convertirse en juego si nos lo tomamos como tal. Rico Medellín, un operario en una fábrica de televisores, confesó lo siguiente en una investigación pionera sobre el playfulness (de la que hablaré en el capítulo 8):

> Este trabajo es mejor que cualquier otra cosa. Desde luego mucho mejor que ver televisión.

Rico llevaba en ese momento cinco años repitiendo la misma operación mecánica, de lunes a viernes, unas seiscientas veces al día. La mayoría de sus compañeros en la cadena de montaje vivían la experiencia como una tarea alienante, un aburrido trámite para ganarse el sueldo. Como Chaplin en *Tiempos modernos*, se sentían meras piezas de la maquinaria. Pero el caso de Rico era distinto. Rico lo disfrutaba.

¿Cómo lo consiguió? Acabando con la rutina. Encontrando la chispa creativa donde parecía imposible. Este excepcional operario había convertido la simple secuencia de movimientos que le tocaba realizar en un desafiante juego. Como un tenista —de los que disfrutan de verdad—, iba perfeccionando su técnica con atención, esfuerzo e ilusión, intentando batir día día su propio récord: 43 segundos, 40 segundos, 37, 34... ¡28!

Soy consciente de que el caso de Rico representa el sueño erótico de todo director de fábrica, CEO y político neoliberal: el empleado cien por cien comprometido que encuentra la felicidad optimizando al máximo el proceso productivo. Pero no es realista esperar que su asombrosa hazaña pueda difundirse demasiado. Para obtener una entrega tan genuina no basta con añadir diversión a la lista de valores corporativos, ni ofrecer bonus o premios al empleado del mes. Tampoco creo que la posibilidad de disfrutar de la cadena de montaje pueda justificar las condiciones laborales —a menudo inhumanas— de las fábricas del siglo XXI.

La actitud del playfulness, como veremos, debe escogerse libremente. De hecho, en cierto sentido, el juego representa la libertad misma. Así lo entendió el filósofo Jean-Paul Sartre cuando escribió:

> En cuanto el ser humano se da cuenta de que es libre y quiere usar su libertad, entonces su actividad se convierte en juego.

Por eso resulta tan transformador. Por eso se teme tanto. Por eso es tan difícil de entender y poner en práctica.

3. La dimensión trascendente

Esto nos lleva al tercer motivo para escoger la palabra *playfulness*. Como seguramente te habrás dado cuenta, se asemeja mucho a otro anglicismo de moda en el siglo XXI, tan *fashion* como los *afterwork* o los *personal trainers*, y para colmo avalada por la ciencia en universidades como Harvard y Oxford: el MINDFULNESS.

No se trata solo de un juego de palabras. Aunque parezcan austeras a primera vista, las prácticas meditativas como el yoga o el zen comparten algo con lo que hace la chavalería cuando la sueltas en el parque: su total y absoluta inutilidad. ¿En qué consiste la meditación, al fin y al cabo? Te sientas y observas la respiración (o algún otro foco atencional). Sigues observándola. Y sigues observándola. Hasta que suene la campana final.

¿Puede haber inventado el ser humano, a lo largo de toda su larga historia, alguna actividad MÁS INÚTIL que esta? El baloncesto parecerá un juego trivial, pero al menos fortaleces el cuerpo y quemas calorías. La pintura no será muy práctica, pero con tus lienzos puedes decorarte la casa. En el caso de la meditación, ¿qué te llevas? La gente suele pensar que te relaja, como una versión más sana de la cervecita *afterwork*. Pero ni siquiera eso está garantizado. De hecho, meditar suele ponerte en contacto precisamente con las emociones desagradables que se ahogan en los bares mediante las cañas bien tiradas.

El asunto es aún más paradójico. Llevo treinta años meditando, participo en retiros de silencio y dirijo la escuela de mindfulness ModoSer. Podría decirse que me he convertido con los años en una especie de monje a tiempo parcial. Y, sin embargo, cuanto más practico, más cuenta me doy de que el objetivo de la meditación es olvidarse de cualquier objetivo. La verdadera liberación llega desde ahí: ¡ah! ¡Por fin! ¡No tengo que conseguir NADA DE NADA!

Por lo tanto se ajusta perfectamente a esa definición de la actividad lúdica como algo que se emprende como fin en sí mismo. De hecho, considero que se trata del juego más puro que existe. Un juego diseñado para jugadores de alto nivel (alto nivel de *masoquismo*, algunos dirán). Curiosamente, los beneficios que se le atribuyen —reducir el estrés, aumentar el bienestar, potenciar el aprendizaje y la creatividad, tratar las adicciones, superar el dolor físico— son sospechosamente similares a los beneficios de jugar documentados en la literatura científica.

En ambos casos, la aplicación práctica de esta peculiar actitud —apasionada y a la vez desinteresada— resulta que se parece mucho. Consiste en prestar atención en el momento presente, estimulando la curiosidad, implicándote emocionalmente, aceptando y adaptándote a lo que viene con creatividad, dejando de lado los deseos y temores del ego. ¿No se tratará de lo mismo?

Sospecho que sí. De hecho, estoy tan convencido de ello que he decidido fundar una nueva tradición contemplativa totalmente seria pero libre de toda solemnidad: el playfulness. Este método, cuyos arcanos secretos iré desvelando a partir de ahora, consiste en tomarnos la meditación no como una disciplina austera, un entrenamiento duro o un trabajo sacrificado, sino como una aventura libre, apasionante y divertida. Como un JUEGO, que puede practicarse sobre el tradicional cojín, pero también sobre una tabla de surf o la pista de una discoteca.

Puede que a los gurús más solemnes, los guardianes de la ortodoxia mística, no les haga demasiada gracia la ocurrencia. Aunque, como veremos, algunas de las figuras espirituales más admiradas han sido extraordinariamente juguetonas. Además, no soy el único en seguir su ejemplo, ni mucho menos. Hay incontables peregrinos y peregrinas que me acompañan en este camino del espíritu lúdico, silbando, bailando, bromeando y riendo. La revolución es ya imparable.

¡Shhhh!

Eso sí, mantengámosla en secreto, te lo ruego. Que nadie se entere de lo que estamos tramando. Si has llegado hasta aquí podemos incluirte en la pandilla, pero solo si te unes a nuestro pacto de silencio. Playfulness será nuestra palabra clave. Así despistamos un poco a toda esa tropa que se deja llevar por el *serious business*, o incluso por los vaqueros *super destroyed*.

En el fondo sabremos, tú y yo, que nos referimos a... ESO. A la bendita libertad de los veranos infinitos. A la semilla mágica con la que hacíamos crecer apasionantes aventuras entre sirenas, dragones y naves intergalácticas. A la deliciosa energía que a los tres años brotaba de tus dedos, de tu cuerpo, de tu voz, como una fuerza divina tan poderosa que espantaba a los mayores, y sigue espantándoles.

Lo empiezas a recordar, ¿verdad? Ahora sí.

Finalmente entiendes que esto no es ningún virus. Esta es la pura vida que debería circular por tus venas calientes desde siempre. La verdadera pandemia, la terrible enfermedad que nos aflige, es la que arrastramos los seres humanos desde hace diez mil años...

Juegos de playfulness

TU HISTORIAL LÚDICO

Tiempo: 30-60 minutos, o más si quieres.

Materiales: Papel y bolígrafo. Un lugar tranquilo para escribir. Si puedes acercarte a algún espacio donde jugabas en tu infancia, mejor.

Descripción: Stuart Brown, uno de los más conocidos expertos en juego, propone recuperar nuestro *play history* ('historial lúdico'). Te ayudará a reconectar con la parte de ti que disfrutaba jugando —y que sigue disfrutando, si le das la oportunidad—. En el capítulo 4 hablaré más de este instrumento.

REGLAS

1. No te tomes estas reglas demasiado en serio. Ni tampoco las de cualquier otro juego que te encuentres en este libro. Son solo sugerencias para tu propia práctica. Siéntete libre para adaptarlas, cambiarlas, ignorarlas o darles la vuelta por completo. El playfulness consiste sobre todo en escoger tus propias metas y reglas para lanzarte a ellas con brío, más allá del resultado. Por lo tanto, salta directamente al siguiente capítulo si te da la gana.

2. Busca un lugar tranquilo y siéntate ante la hoja en blanco.
3. Cierra los ojos y vuelve a tu infancia a través de la memoria. Reflexiona sobre preguntas como las siguientes, y otras que se te ocurran. Después de meditar cada pregunta, escribe y/o dibuja tu respuesta:

    - ¿A qué jugabas? ¿Con qué disfrutabas? Piensa en actividades que hacías en solitario y también en grupo, juegos complejos y exploraciones improvisadas, actividades con y sin juguetes...
    - ¿Con quién jugabas? ¿Qué amistades hiciste en aquella época?
    - ¿Dónde jugabas? ¿Se te permitía explorar el mundo sin supervisión adulta? ¿A qué distancia podías alejarte?
    - ¿Cuándo jugabas? ¿De cuánto tiempo libre disponías en los recreos, antes y después del colegio, en fines de semana y vacaciones?
    - ¿Cuáles eran tus juegos favoritos? ¿Te inventaste alguno?
    - ¿En qué mundos y personajes imaginarios viviste? ¿Qué cuentos, películas o series te hacían soñar? ¿Qué personajes te inspiraban?
    - ¿Cuáles fueron tus aventuras más memorables? ¿A qué desafíos te enfrentaste? ¿Qué peligros corriste?
    - ¿Qué obras creaste? Arte, música, textos, construcciones...
    - ¿Cómo te sientes al recordar todo esto?

4. Ahora reflexiona y escribe sobre tu vida actual:

    - ¿Qué actividades te apasionan o te entusiasman ahora? ¿Cuáles te aportan disfrute, alegría y vitalidad? ¿Con quién te lo pasas bomba?

- ¿Cuánto tiempo dedicas semanalmente a actividades que haces solo por el disfrute de hacerlas? O sea, no por presiones sociales, o porque sean supuestamente «saludables» o «importantes».
- De estas actividades, ¿cuáles te retan y requieren que te impliques realmente, empleando tus conocimientos y habilidades? ¿Y cuáles son más bien pasivas?
- ¿Cómo podrías dar más espacio a la dimensión lúdica y a las amistades genuinas en tu vida cotidiana?
- ¿Hay habilidades o conocimientos que siempre has querido cultivar? ¿Practicabas aficiones que te encantaban y que has abandonado? ¿A qué comunidades de aficionados te gustaría unirte?
- ¿Qué te impide dedicarte más al juego? ¿Con qué podrías empezar?

2

APOCALIPSIS ZOMBI

> Creemos que el zombi es un modelo más pesimista, pero también más apropiado para nuestro momento actual, y concretamente para América, en una economía global en la que nos alimentamos de los productos del resto del planeta mientras, alienados de nuestra propia humanidad, nos arrastramos hacia delante, tratando de alcanzar la inmortalidad al tiempo que nos descomponemos.
>
> Sarah Juliet Lauro y Karen Embry, filólogas

Están aquí. En todas partes.

Unos avanzan frenéticamente por la calle con el cuello doblado. Otros, hipnotizados por sus pantallitas, permanecen inmóviles junto a cualquier farola. Por mucho que intentes sacarlos del trance, te escuchan siempre con expresión abstraída.

—¿Eh? ¿Cómo? Ah, sí, eso...

LOS MUERTOS VIVIENTES.

A primera vista parece gente normal. Sus cuerpos caminan, sus dedos teclean, sus mandíbulas se agitan al reír o conversar. Incluso siguen a ratos las normas de la buena educación. Pero no te dejes engañar por las apariencias.

Van en automático, permanentemente distraídos, con la mente perdida. Alienados de sus trabajos, aislados de los demás, desconectados de sus propios sueños y anhelos, corren frenéticos para llegar a la siguiente meta en su agenda o para devorar cualquier migaja que rellene su vacío interior. Pero jamás se quedan satisfechos. En cuanto alcanzan su ansiado objetivo salen disparados de nuevo, entre gruñidos, a por el siguiente.

Aviso: pueden ser peligrosos. No se detienen ante nada para colmar su insaciable apetito. A la mínima se vuelven agresivos, sobre todo si te interpones en su camino. Aunque a veces basta con llevarles la contraria, o incluso simplemente existir.

Al principio te los encontrabas sobre todo en ejércitos, multinacionales, sectas fanáticas y oficinas de Hacienda. Pero luego invadieron las tiendas, asaltaron los hospitales y tomaron incluso las escuelas.

No hay escapatoria. Hace tiempo que se colaron en tu propia casa. Peor aún, la infección ha llegado a tu cerebro, a tu cuerpo, a tu corazón entumecido.

Chillas: ¡NOOOOOOOO!

Te despiertas.

¿Ha sido una pesadilla, o es la terrorífica realidad?

Me gustaría tranquilizarte. ¡Sí, claro, estoy bromeando! Este apocalipsis zombi no es más que una hiperbólica metáfora arrancada del pecho de la cultura pop para dar morbo a la lectura de estas páginas. Otro truco más para engancharte y despistar a los guardianes de la solemnidad.

Sería tan bonito. Pero, como psicólogo, siento el deber de romper el cristal y darle un puñetazo al botón de alarma. Me toca sacar a relucir los sangrantes datos, las vísceras empíricas de esta masacre. Además, hay una parte de ti que se retuerce porque lleva años sospechándolo. Aunque no queramos mirarlo de frente porque resulta demasiado *gore*, en el fondo de nuestras entrañas lo sabemos. ¿De dónde viene si no la morbosa fascinación contemporánea por los zombis?

No hay escapatoria

Desde 1968 —el año que vio nacer la mítica *La noche de los muertos vivientes* de George Romero— se han estrenado más de seiscientas películas sobre estos espeluznantes seres que se arrastran de un lado a otro en busca de sesos frescos. La moda se ha intensificado aún más en el siglo XXI, culminando con *The Walking Dead*, una de las series más populares de nuestra era. Tras once temporadas y 177 episodios, decían que finalmente había muerto, pero no acaban de enterrarla del todo: ha vuelto a revivir en varias *spin-off* repletas de nauseabundas meriendas.

Se trata de una verdadera obsesión cultural. Incluso mi sobrino Leo se entusiasmó con los «zomis» a la temprana edad de tres años tras ver el vídeo *Thriller* de Michael Jackson. En la familia pensamos que nos había salido un niño rarito, pero no tardamos en descubrir que su afición era bastante común entre los chavales de su generación. Hoy en día venden zombi-juguetes para todas las edades, desde patitos de goma *undead* a pálidas princesas muertas tipo Barbie.

Nadie sabe exactamente el porqué de esta macabra tendencia, pero teorías no faltan en el pujante campo académico de los *zombie studies*, una disciplina que ya cuenta con cursos universitarios y conferencias anuales. Y no son pocos los expertos que han notado el inquietante parecido entre la falta de vida de los zombis ficticios y la ausencia, en la gente que nos rodea, de vivacidad, de chispa, de valores profundos que motiven una vida plena. Sí, las pelis y series de zombis son solo cuentos. Pero se basan, desgraciadamente, en escalofriantes hechos reales.

Una pandemia silenciosa

Mientras escribía estos párrafos se ha publicado el siguiente titular en la web de la CNN:

MÁS DE 1 DE CADA 6 ADULTOS SUFREN DEPRESIÓN,
UN NUEVO RÉCORD EN ESTADOS UNIDOS.

No es *fake news*. Según todos los estudios, el país más poderoso del planeta está experimentando un dramático aumento en los niveles de esta terrible enfermedad. Martin Seligman, uno de los más reconocidos especialistas en el asunto, escribía a principios del milenio que las probabilidades de sufrir una depresión en Estados Unidos se habían multiplicado por diez desde 1960. POR DIEZ. O sea, un aumento del 1.000 por ciento en menos de medio siglo. Y esto fue antes de los *smartphones*, antes del hundimiento de Lehman Brothers y antes del COVID-19.

Esta pandemia silenciosa se ha extendido de forma similar en otros países «desarrollados». Incluso si tienes la suerte de no haber sucumbido personalmente, seguro que te habrá tocado muy de cerca, igual que a mí: colegas de trabajo que están de baja, amistades medicadas desde hace años, miembros de tu propia familia que no levantan cabeza.

Es tan difícil imaginarse el drama de una persona deprimida como imaginarse la vida de un zombi. De hecho, la experiencia debe parecerse bastante. Y no lo digo yo, sino los propios enfermos. En su blog, la escritora Rita Romano explica que a veces tiene días buenos en los que consigue visitar a una amiga después de trabajar, jugar con su gatita o escribir durante un rato. Pero otros días se convierte en «la zombi».

> A la zombi le da igual todo. Se arrastra por la vida porque es lo que hay que hacer. Es como caminar sonámbula... «¡Que llegamos tarde!» Da igual. «¡Hay gente esperando!» Da igual. «¡Esto afecta al futuro!» Da. Absolutamente. Igual.

Estar deprimido es el polo opuesto de la vitalidad. Es como estar muerto en vida. De hecho, uno de los síntomas de la depresión moderada o severa es la ideación suicida. Sin embargo, el «trastorno depresivo mayor» —el nombre técnico de esta patología— es solo el caso más extremo de la zombificación generalizada que quiero definir aquí. Lo más probable es que padezcas, desde hace años, una versión menos aguda de esta misma enfermedad.

Igual que yo.

Radiografía de un zombi

Hola, me llamo Eduardo Jáuregui y soy un zombi en vías de recuperación. Hasta hace poco ni siquiera sospechaba estar infectado, aunque presentaba todos los síntomas clásicos. Y es que los zombis del siglo xxi vivimos tan atolondrados, tan ocupados, tan desconectados de nosotros mismos que rara vez nos damos cuenta de nuestra penosa condición. No es de extrañar: al fin y al cabo cuando miramos a nuestro alrededor comprobamos que todo el mundo está igual.

Cuando hablo de zombificación, de muerte viviente, quiero dejar claro que no hablo de un fenómeno nuevo, aunque sin duda se ha intensificado en las últimas décadas. Los psicólogos llevamos advirtiendo de esto desde los inicios de nuestra ciencia, recogiendo la antorcha de filósofos, artistas y educadoras que se llevaron las manos a la cabeza desde los orígenes mismos de la civilización.

Simone Weil lo llamó *malheur*, Jean-Jacques Rousseau, esclavitud, y Sócrates, infelicidad. El Antiguo Testamento lo explica en el cuento del «paraíso perdido». Las escrituras budistas lo identifican como *dukka*, el sufrimiento que nos provoca vivir en el egoísmo. Yo prefiero hablar de zombis. Me parece más divertido, sin dejar de ser absolutamente aterrador.

¿Cómo reconocer la infección? Es sencillo. Tiene ocho síntomas que te van a sonar mucho:

1. Alarma
2. Aceleración
3. Automatismo
4. Adicción
5. Ausencia
6. Alienación
7. Atomización
8. Atrofia

Convenientemente, todos estos síntomas comienzan por la letra A, recordando el clásico gemido que emerge de la mandíbula semiabierta de los muertos vivientes: *¡AAAAAAAAH!*

En las siguientes páginas ahondaré en cada uno de ellos. Quedará claro, en las propias descripciones, que la enfermedad de la que hablo no proviene de un virus ni de una bacteria. Tampoco es obra de un villano maléfico ni de una siniestra conspiración —aunque sin duda hay villanos y conspiraciones que se aprovechan de ella—. Los zombis salen (o mejor dicho, salimos) de las inmensas fábricas que hemos ido construyendo nosotros mismos para dominar el mundo y zombificar a sus habitantes a lo largo de los milenios. Hoy en día confluyen en un endiablado mecanismo global que, como el monstruo de Frankenstein, se nos ha ido de las manos casi por completo.

A este engendro colosal le han dado muchos nombres: imperio, capitalismo, totalitarismo, neoliberalismo, fascismo, patriarcado, globalización, el Sistema, la Megamáquina, Babel, Matrix. Yo lo llamaré aquí el Mundo del Revés[1] porque así lo identifican en susurros las niñas y niños del siglo XXI, y me fío más de ellos que de nadie. A lo largo de este libro nos sumergiremos en sus oscuras profundidades para luego intentar escapar de ellas.

Y, repito, por si acaso hiciera falta, que no hablo de una película de terror, sino de la pura realidad. En el siguiente catálogo de síntomas citaré estadísticas y estudios científicos para que quede bien claro.

1. Alarma

En el siglo XXI vivimos habitualmente en un estado de alarma mental y corporal. Solemos referirnos a este síntoma con palabras como *ansiedad*, *preocupación*, *nervios*, *agobio*, *inquietud*, *agitación* y, sobre todo, *estrés*.

El estrés, desde el punto de vista psicológico, es precisamente un sistema de alarma diseñado por la evolución para salvarnos, por ejemplo, de un zombi que quiere devorarte el cerebro o (desde el punto de vista de un zombi) de un humano con una sierra mecánica. Nos prepara, mediante impulsos neuronales y un potente chute de sustan-

1. Si has visto la serie de Netflix *Stranger Things* sabrás a qué se refieren. De lo contrario tendrás que esperar al capítulo 5 para descubrir todo el horror de esta extraña dimensión.

cias químicas, para luchar contra la amenaza, huir de ella o paralizarnos en una esquina, esperando a que pase el peligro.

Mientras dura este estado de alarma, la vida se convierte en una lucha por la supervivencia, exactamente igual que en las pelis de zombis. La respiración se intensifica para acumular energía. El corazón late fuerte para bombear sangre hacia las extremidades. Los músculos se tensan, preparándonos para trepar hasta el tejado o agarrar un bate de béisbol con pinchos incrustados. La piel se inflama para defender el cuerpo de infecciones en el caso de cortes y heridas. Los sentidos se agudizan para no perdernos el más mínimo detalle.

Al mismo tiempo se desactivan varios sistemas corporales menos urgentes, como la digestión, el sistema inmunitario o la sexualidad. Entre estos sistemas secundarios se encuentra también el pensamiento racional, ya que en los momentos de alarma el cuerpo da prioridad a la acción física. Esto explica por qué nos comportamos de forma tan torpe, agresiva y atolondrada al estresarnos, incapaces de hilar una frase o tomar una decisión ponderada. Los neurocientíficos suelen explicar que la reacción de alarma nos «secuestra» el cerebro. Pero hay otra forma de imaginarte la escena: un zombi te ha devorado los sesos, contagiándote la infección y provocándote un chillido atroz: ¡AAAAAAAAH!

Quiero aclarar que el estrés no es malo en sí. De hecho, le debemos nuestra existencia. Pero tiene un coste, sobre todo si se prolonga en el tiempo. Y en nuestro ultracompetitivo Mundo del Revés, que ha transformado la educación, el trabajo, la política y hasta el inocente juego del fútbol en luchas de zombis salvajes, el estrés puede convertirse en una experiencia casi continua. Sobre todo porque los seres humanos tenemos la peculiar capacidad de estresamos no solo por amenazas reales, físicas e inmediatas —como un horripilante muerto viviente lleno de gusanos que acaba de salir aullando de tu armario—, sino también por amenazas totalmente imaginarias. O sea, que se te puede acelerar el corazón simplemente por SOSPECHAR que pueda ocultarse un muerto viviente lleno de gusanos entre tus abrigos. O incluso por HABER LEÍDO semejante tontería hace cinco segundos, plantando la idea irremediablemente en tu cabeza. Esto es lo que llamamos la «ansiedad común».

Los médicos nos advierten de que vivir en un estado continuado de alarma (el llamado «estrés crónico») resulta extremadamente nocivo para la salud física y mental. La tensión muscular se acumula, provocando dolores de espalda y agotamiento. La inhibición del sistema inmunitario nos deja vulnerables a todo tipo de infecciones. La digestión se altera, la piel envejece prematuramente e incluso el sexo —uno de los máximos placeres de la vida— pierde su gracia. Además, cuando la ansiedad común se agiganta hasta volverse incontrolable nos arriesgamos a caer en el trastorno de ansiedad generalizada, una de las variedades más extremas del síndrome zombi, fuertemente asociada a la propia depresión.

A pesar de todo ello, los estudios alertan de que, año tras año, el estrés crónico avanza. Una reciente encuesta global sobre el trabajo en la que participaron más de 120.000 personas de 160 países incluyó la siguiente pregunta:

¿Experimentaste estrés ayer
durante BUENA PARTE DEL DÍA?

En 2009, el primer año de la encuesta, respondió que sí un increíble 31 por ciento. Y este porcentaje ha ido incrementándose gradualmente hasta llegar en 2022 al 44.

O sea, casi uno de cada dos empleados confesó haber vivido durante horas y horas bajo este sistema de alarma corporal y mental zombificante. En algunos países líderes de la economía global, como Estados Unidos o China, el porcentaje superaba el 50, acercándose en los peores casos al 70 por ciento.

En otras palabras, el estrés crónico no es solo una aberración, sino un aspecto ordinario de la vida contemporánea, sobre todo para quienes tenemos que trabajar para ganarnos la vida. Y va estrechamente ligado a otro rasgo muy evidente de este síndrome de la Muerte Viviente del siglo XXI: su frenético ajetreo.

2. *Aceleración*

Vivimos a toda prisa, como zombis desquiciados. Desde que despertamos por las mañanas, literalmente alarmados por nuestras alarmas, hasta que caemos rendidos por las noches, no paramos de correr. Saltamos de una obligación a otra, tratando como sea de reducir nuestras listas de tareas y alcanzar las numerosas *deadlines* ('líneas de la muerte') antes de que sea demasiado tarde. Nos ponemos a aullar ante cualquier contratiempo, porque lo queremos todo para YA. Incluso para AYER.

En este alocado Mundo del Revés, que gira al infernal ritmo de las empresas ágiles, la comida rápida y las comunicaciones instantáneas, no queda más remedio que pisar el acelerador. Solo así podemos competir en la CARRERA universitaria, avanzar en la CARRERA profesional y cumplir con ese sinfín de obligaciones que también acaban pareciendo una desesperada carrera de obstáculos: llevar a los hijos al cole, rellenar la nevera, limpiar la casa, planchar camisas y ordenar el caos de archivos en el ordenador para que el maldito cacharro no vaya tan espantosamente LENTO o peor aún... ¡SE BLOQUEE! Mientras tanto, las reuniones amistosas se vuelven cada vez más breves y superficiales, o se sustituyen directamente con globitos de texto, fotos y emojis. El *multitasking* se vuelve casi permanente. Nos ponemos los vídeos de YouTube en modo «2x». Leemos en diagonal.

Con tanto ajetreo nos cuesta descansar. En 1942 el norteamericano medio rozaba las ocho horas de sueño que recomiendan los médicos cada noche (7,9 para ser exactos), mientras que hoy duerme una hora menos (6,8). En el resto del mundo la situación es similar, con países que no superan las 6,5 horas de sueño (Japón) y muy pocos (como Nueva Zelanda) donde se llega a las 7,5 horas. Hoy en día NINGUNO cumple la utopía de las ocho horas.

A lo largo del día tampoco descansamos mucho. Vivo en España, el país de la siesta, pero incluso aquí apenas el 8 por ciento de la población practica este hábito saludable en el siglo XXI, principalmente quienes ya se han jubilado. En nuestro mundo apresurado, los descansos suelen ser más bien esos *coffee breaks* que cité en la introducción, momentos para recibir un nuevo chute estimulante de la droga psicoactiva más popular del planeta Tierra: la cafeína.

En un reciente estudio, el 77 por ciento de los trabajadores norteamericanos declararon necesitar al menos dos tazas de café al día para mantener el ritmo. En otros países el consumo es aún mayor. Como alternativa, algunos recurren al tabaco, al té, al chocolate, a la Coca-Cola, a bebidas energéticas con nombres como Red Bull, Monster o Bang. Cualquier cosa para cargar pilas y seguir corriendo.

«La prisa mata» es un dicho del pueblo bereber que suele divertir a los turistas en los mercados de Marrakech. Pero ya no es una broma. En Japón han inventado la palabra *karoshi* para identificar la defunción por exceso de trabajo. Una de sus primeras víctimas célebres fue Kamei Shuji, un bróker que dedicaba al trabajo más de 90 horas a la semana durante el *boom* de la bolsa japonesa de la década de 1980. Su empresa lo alababa en folletos internos que proponían a este torbellino humano como empleado modelo, hasta que en 1990, con solo veintiséis años, lo fulminó un repentino ataque al corazón.

Desafortunadamente, el *karoshi* abunda no solo en Japón y el resto de Asia, sino en todo el mundo. Una investigación de la Organización Mundial de la Salud identificó casi 750.000 muertes por exceso de trabajo en un año, más que todas las fatalidades por homicidio, guerras y terrorismo que ocupan habitualmente las portadas de los periódicos. A partir de las 55 horas semanales, según los autores del estudio, el trabajo se convierte en una amenaza seria para la salud.

Lo peor es que por mucho que aceleremos, por mucho que alarguemos nuestras jornadas, por mucho que arriesguemos nuestro bienestar, no llegamos a todo. Los expertos en *time poverty*, la pobreza del tiempo, confirman que el problema se agudiza. Un estudio en Estados Unidos reveló que en 2011 el 70 por ciento de las personas con empleo declaraban que nunca tenían suficiente tiempo. Solo siete años después, en 2018, la cifra se había elevado al 80 por ciento.

Los zombis del siglo XXI nos arrastramos por nuestro Mundo del Revés con la lengua fuera, gruñendo, desesperados. Y en automático...

3. Automatismo

Mi hermano Javi estuvo empleado en una cafetería de Londres durante sus estudios universitarios, ayudando a los trabajadores de aquella ciudad a mantener el frenético ritmo a base de cafeína, azúcar y mantequilla. Para entrar en su papel de barista, no solo debía lucir una vestimenta con el logotipo y los colores corporativos, sino que lo entrenaron para pronunciar frases concretas en momentos concretos. En otras palabras, tuvo que aprenderse un GUION de barista que debía interpretar con entusiasmo y una sonrisa «genuina».

Seguramente te sonará...

[Aparece en el mostrador una joven ejecutiva londinense pegada a su teléfono móvil.]

JAVI: Bienvenida a Coffee Star. ¿Te gustaría probar nuestro nuevo Super Latte Caramel?

EJECUTIVA: No, gracias. Quería solo un Latte.

JAVI: Latte grande, muy bien. ¿Quieres con tu café algo de nuestro Star Bakery? ¿Un cruasán? ¿Un brownie? ¿Un muffin de frambuesa silvestre?

EJECUTIVA: Hmm...

JAVI: Recomiendo el muffin. ¡Está recién horneado!

EJECUTIVA: Hmmm..., vale, el muffin.

JAVI: Fenomenal. Si te llevas un paquete de Star 100% Arábica molido, el Latte te sale gratis.

EJECUTIVA: Hmm..., no, gracias.

JAVI: ¿Segura? Te veo dudosa...

EJECUTIVA: Es que..., ¿cuánto cuesta?

JAVI: Está en oferta este mes. Diez libras. Pero el Latte te sale gratis, y son cuatro libras.

EJECUTIVA: OK, de acuerdo.

JAVI: En total, 17,50. ¿Quieres un recibo?

EJECUTIVA: No, gracias.

JAVI: Te lo puedo sellar y si vuelves mañana te llevas otro café gratis.

EJECUTIVA: Ah..., venga pues.

JAVI: Gracias por visitarnos. ¡Que disfrutes de tu desayuno Coffee Star!

Antes de continuar, quiero asegurarte que mi hermano Javi es un ser humano. Y no tengo dudas de que los millones de personas que interpretan diariamente guiones parecidos también lo son. Pero cuando hablan así en automático, uniformados y homogeneizados por la marca que representan, se transforman en zombis.

Aunque no tan zombis como sus clientes. ¿Notaste cómo Javi convenció a la ejecutiva de que se llevara el muffin, el paquete de café molido y el recibo con la oferta para volver? El guion lo escribió el departamento comercial de Coffee Star para DOS intérpretes. La clienta podía negarse a seguir el guion completo, desde luego, pero suele resultar un poco incómodo.

Una de las principales conclusiones de la psicología social es que a la gente le gusta quedar bien con los demás. Requiere cierta fuerza de voluntad resistirse a una propuesta simpática, sobre todo cuando lo que nos ofrecen es un tentador muffin de frambuesa o un «regalo» que nos ahorrará pasta. Sobre todo cuando las propuestas se acumulan tan rápidamente, desde el primer momento, sin darte mucho tiempo para pensar. Sobre todo a las 8.07 de la mañana, ANTES DE TOMARTE EL PRIMER CAFÉ DEL DÍA. Todo esto forma parte de la estrategia.

De hecho, la cosa es aún más endiablada. Si te fijas, cuando la ejecutiva pidió un «Latte», Javi le respondió al instante: «Latte grande». O sea, añadió una palabra que la ejecutiva no había pronunciado. La corrigió, interpretando que ella había pedido el mayor (y más caro) de los tres tamaños de la bebida. ¿Un error casual? En absoluto. Fue deliberado, parte del ingenioso guion escrito por el departamento comercial. Si mi hermano no lo hubiera dicho exactamente así, su supervisor lo habría corregido más tarde a él.

Javi se quedó sorprendido durante sus primeras semanas como barista de cuántas veces picaba la gente con este truco.

—Es increíble —me confesó—. ¡Casi nadie se opone! Algunos se quedan como atontados cuando escuchan eso del «Latte grande», pero no dicen nada. Otros ni se inmutan. Van con tantas prisas, tan distraídos con sus cosas, que se dejan llevar. Yo alucino.

El psicólogo Daniel Kahneman, premio Nobel de Economía en 2002, explica en su libro *Pensar rápido, pensar despacio* que la mente humana tiene dos formas de funcionar. La primera es rápida, intuitiva e inconsciente. Es la que estás usando ahora mismo para descifrar estas letras, o la que te sirve para caminar o conducir tu coche por una ruta conocida. No necesitas pensar deliberadamente en lo que haces. Se ocupa de ello tu mente automática. Tu mente zombi.

El segundo sistema es el pensamiento libre, racional y crítico. Aunque también se yergue como una posibilidad maravillosa de *Homo sapiens* (que espero aproveches durante esta lectura al menos de vez en cuando), en la práctica solemos evitarla todo lo posible. El sistema racional requiere más tiempo y esfuerzo, y en general somos bastante vagos. Se activa, por ejemplo, cuando aprendes algo nuevo, o te enfrentas a un problema difícil, o sucede algo inesperado en la carretera. Entonces no te queda más remedio que salir del modo zombi y ponerte a los mandos.

Quizá no te parezca muy grave la cosa, pero hay mecanismos automáticos como los prejuicios, los estereotipos o el etnocentrismo que a menudo tienen consecuencias terribles, sobre todo cuando se mezclan con la nitroglicerina de la alarma interior que ya hemos abordado. A lo largo de la historia, las hordas zombi han crucificado, quemado, explotado, bombardeado y esclavizado a gente muy maja por motivos realmente disparatados. Y lo peor, como podemos comprobar en cualquier telediario, es que tales abusos se siguen produciendo hoy en día en nuestro espeluznante Mundo del Revés.

Además, entre nuestros numerosos automatismos zombi están las adicciones...

4. Adicción

Desde mi ventana puedo ver el monasterio de San Lorenzo de El Escorial, fastuoso palacio de más de cuatro mil habitaciones que construyó Felipe II, uno de los más poderosos emperadores de la historia. Felipe vivía muy bien —para su época—. Pero, cuatro siglos después, yo tengo acceso a lujos con los que el rey ni soñaba: naves que vuelan por el aire, comida refrigerada, cirugía sin dolor. Probablemente lo que más envidia le provocaría a Felipe es la curiosa pizarra de cristal que me acompaña a todas partes, con mil veces más información que su legendaria biblioteca, una inexplicable «inteligencia artificial» y conexión instantánea, por una especie de ventanita mágica, con cualquier lugar de su antiguo imperio e incluso más allá.

Toda esta opulencia la posee hoy en día casi cualquiera en los llamados «países desarrollados». Sin duda es fantástica, fabulosa, espectacular. Pero tiene también una siniestra consecuencia: nos estamos volviendo adictos, igual que los reyes de antaño, a los lujos —y tremendamente reacios a las incomodidades—. No hay nada malo en comerte un dónut de chocolate, irte de viaje a Tailandia, o seguir los episodios de una serie como *The Walking Dead*. El peligro es engancharse. De pronto descubres que NECESITAS el dónut para aguantar una reunión. Que te enfadas si tienes que cancelar o incluso retrasar mínimamente tus vacaciones. Que te cuesta resistir la tentación de devorar el siguiente episodio, como si fueras un zombi adicto a los sesos frescos.

El experto en adicciones Judson Brewer advierte de que en esta sociedad «todos somos zombis». Bueno, él en realidad emplea la palabra *yonquis*. Ya he citado la cafeína que mueve nuestro Mundo del Revés, pero también recurrimos a muchas otras sustancias para aguantar el ritmo: el alcohol, el tabaco, las pastillas que nos prescribe el psiquiatra y la enorme variedad de drogas ilegales que mueven trillones de dólares cada año a través de redes clandestinas —según algunos cálculos, el 1 por ciento del comercio internacional—. Y esto no es todo. Brewer explica que, aunque no seamos bebedores, fumadores o toxicómanos, estamos enganchados a una enorme variedad de estímulos: el azúcar, las grasas, las compras, las redes sociales.

A lo mejor pensarás que no puede compararse la adicción a la cocaína con el consumo de muffins de frambuesa, y menos aún con las horas que pasas zombificado por tu pantallita. Sin embargo, recientes estudios sobre *smartphone addicts* encontraron, en ciertas zonas del cerebro de estos yonquis digitales, una reducción en el volumen de masa gris comparable al deterioro que experimentan los toxicómanos. Además, ambas adicciones se basan en una misma sustancia química que libera tu cerebro: la dopamina. Este delicioso neurotransmisor, algo así como la madre de todas las drogas, es la clave del «circuito de recompensas», un sistema que te premia cada vez que obtienes algo que quieres. Da igual que se trate de una raya de coca, un delicioso muffin recién horneado o un post en Instagram.

¿Cuándo chequeaste tu móvil por última vez? ¿No te lo tenía que haber recordado? ¿Te empiezan a temblar los dedos? Yo llevo años combatiendo mi propia dependencia digital, más o menos desde que me regalaron mi primer iPhone en 2011, el día de mi cuarenta cumpleaños. Trato de controlarme, pero aún me pasa eso de encontrarme con el dichoso cacharro en la mano sin saber ni cómo ni por qué. En Estados Unidos, epicentro de la revolución digital, cada adulto, de media...

- dedica cinco horas y media a su aparato;
- lo chequea casi cien veces al día, una vez cada diez o doce minutos;
- toca la pantalla más de 2.500 veces (los usuarios serios hasta 5.000 veces).

Esta es la dependencia «normal». O sea, la que hemos normalizado en estos años.

La *smartphone addiction*, citada anteriormente, es el caso más extremo y patológico, que afecta según algunos estudios al 12-18 por ciento de la población. Como habrás comprobado (y exploraré detalladamente en el capítulo 5), la gente joven es la que suele acabar más zombificada por estos aparatos. Quizá pienses que tu adicción al móvil no es tan extrema. Pero ¿cómo lo sabes? Los expertos advierten de que se nos da bastante mal hacer estimaciones del tiempo que pasamos online. Solemos actuar sin reparar en ello. Estamos ausentes.

5. Ausencia

¿Has notado la mirada vacía de buena parte de la gente que te rodea? ¿Los ojos desenfocados? ¿La falta de atención que prestan a las cosas? Es como si no estuvieran ahí al cien por cien. A veces ni siquiera al treinta. El cuerpo físico se mueve, la boca emite sonidos, pero da la impresión de que si te asomaras a su interior no encontrarías más que un enorme hueco.

—¿Me escuchas, cariño?

—¿Cómo? ¿Eh? Sí, claro, dime, mi amor...

—Que si has comprado el pan.

—¿Qué pan?

—El que ibas a comprar.

—Eh... Ah... No... Perdona. Se me pasó.

A mí también me molestan estas conversaciones. ¡Sobre todo cuando el culpable de la falta de pan en la mesa soy yo!

Confieso que me sucede demasiado a menudo. Entre los Jáuregui Narvaez mis despistes son legendarios. Sin ir más lejos, parte de este capítulo lo escribí a diez mil metros de altura, en un avión que surcaba el cielo de Madrid a Florencia, y supongo que mi cabeza debía de seguir en las nubes cuando aterricé. Al llegar a casa me di cuenta de que había extraviado mi impermeable. Recordaba haberlo doblado, cuidadosamente, sobre una repisa del autobús que me llevó desde la pista de aterrizaje a la terminal del aeropuerto. Y luego, ¿qué había hecho? Volví al día siguiente a por él, pero ya había «volado».

Cuando era joven, la gente se reía de mi condición de zombi descerebrado, con la cabeza siempre perdida en mis ensoñaciones. Con el paso de los años, sin embargo, me siento cada vez mejor acompañado. No tengo más que salir a la calle para comprobar cómo los muertos vivientes del siglo XXI se chocan en las esquinas mientras caminan con el teléfono en la mano. Y si aún me quedara cualquier duda, puedo consultar la literatura científica, que además me proporciona datos precisos y fiables.

Por ejemplo, el psicólogo de Harvard Daniel Gilbert pidió a 2.000 personas que instalaran una aplicación en sus teléfonos para participar en un estudio. El software las interrumpía con un aviso sonoro en momentos aleatorios del día para hacerles tres preguntas:

- ¿Qué estás haciendo?
- ¿Estás pensando en algo distinto de lo que haces?
- ¿Cómo te sientes?

Los resultados de este estudio dieron la vuelta al mundo. Increíblemente, los participantes del estudio de Gilbert estaban pensando en algo distinto el 47 por ciento de las veces. O sea, casi la mitad del tiempo. Además, pudo comprobarse que esta «mente errante» tan universal tiende a empeorar el estado de ánimo. Los zombis no son felices. O, mejor dicho, no somos felices.

¿Tienes la impresión de que últimamente te cuesta concentrarte más? ¿Que no consigues hacer nada sin distraerte? ¿Que una avalancha de información te arrastra a lo largo del día —email, WhatsApp, redes sociales—, impidiéndote mantener la atención?

No es solo una sensación subjetiva. La psicóloga Gloria Mark comprobó en 2004 que el tiempo medio de enfoque en cualquier pantalla era de dos minutos y medio (150 segundos). Desde entonces ha ido cayendo en picado hasta llegar a los 47 segundos. Y lo malo es que, según sus estudios, tardamos de media 25 minutos en volver a una tarea después de distraernos.

¿Hasta dónde llegará esta incapacidad de concentrarnos, este despiste continuo, esta ausencia zombi? No tengo ni idea, pero la cosa pinta mal. Desde hace décadas, miles de marcas compiten entre sí tratando de captar nuestras mentes mediante carteles, rótulos, anuncios televisivos, emails de *spam* y mil artimañas más. Ahora las grandes plataformas digitales —WhatsApp, Facebook, Instagram, Tik-

Tok y demás— consiguen teledirigirnos directamente desde esos mandos que han conseguido colarnos en los bolsillos, y que pitan o zumban decenas de veces al día para alertarnos cada vez que hay noticias frescas.

El cerebro humano, diseñado por la evolución para sobrevivir en una sabana africana donde las cosas cambiaban muy lentamente, se atora con tanta novedad. Algunos estudios ya han encontrado evidencias de que contribuye a empeorar los síntomas de una enfermedad muy extendida entre los jóvenes de la generación Z: el trastorno por déficit de atención (TDA). Y la actual economía de la atención (que la revista *Forbes* ha descrito como una verdadera «guerra» de la atención) solo va a más. La inteligencia artificial, unida a los recientes descubrimientos de la neurociencia, promete escalofriantes avances en las armas de distracción masiva.

¡Eh! Pero... ¿estás prestando atención? ¿¿O ya te has despistado??

6. *Alienación*

Los muertos vivientes del siglo XXI no solo están desconectados de la realidad a nivel mental, sino también emocional, espiritual, vital. Es como si alguien les hubiera devorado el corazón además del cerebro. Están alienados de lo que hacen, de la naturaleza, de los demás, incluso de sí mismos o sí mismas.

En los ambientes laborales esta triste condición se conoce últimamente como falta de *engagement* (implicación). El fenómeno preocupa enormemente a las empresas, a los gobiernos y a los organismos económicos internacionales que gestionan nuestro Mundo del Revés. Tienen motivos para preocuparse, porque los datos empíricos son de escándalo. En un ambicioso estudio internacional con más de 120.000 participantes, los investigadores concluyeron que solo el 23 por ciento mostraban *engagement*. ¡Ni siquiera uno de cada cuatro! Mientras tanto, el 59 por ciento se dedicaba a lo que los investigadores llamaron el «abandono silencioso» (*quiet quitting*), definido así:

> Estos empleados están ocupando el asiento y mirando el reloj. Siguen la ley del mínimo esfuerzo y se sienten psicológicamente desconectados de su empleador.

El 18 por ciento restante, casi uno de cada cinco, practicaba el «abandono ruidoso» (*loud quitting*):

> Estos empleados se dedican a dañar la organización de forma deliberada, saboteando sus metas y oponiéndose a los líderes.

Por lo tanto, el 77 por ciento de los trabajadores de todo el mundo están alienados de su actividad profesional. Durante las siete, ocho o más horas que dedican en un día a currar, se convierten en cáscaras huecas. Cuerpos sin alma. En algunas partes del mundo el porcentaje de trabajadores zombi es aún mayor. Por ejemplo, en mis dos países de origen —Reino Unido y España— ha alcanzado ya el 90 por ciento.

Si estos datos no te turban demasiado es porque hemos normalizado el malestar. Damos por hecho que el trabajo es así: una pesada pero necesaria obligación. Sin embargo, la desconexión laboral como norma es un drama cotidiano con gravísimas consecuencias —y no solo para la productividad que tanto preocupa a la alta dirección.

Muchos psicólogos ven el *engagement* como lo contrario exacto del *burnout*. Cuanto menos te implicas en el trabajo, más te acercas al estrés y la depresión. Según la Organización Mundial de la Salud, el «abandono interior» constituye uno de los principales factores de riesgo laboral para las enfermedades mentales. No es de extrañar, por lo tanto, que estas terribles dolencias hayan alcanzado proporciones pandémicas.

El síntoma de la alienación no se limita solo al ámbito del trabajo. Se extiende como una infección a todos los aspectos de la vida, comenzando por la vida misma, o sea, la naturaleza de la que formamos parte. ¿Recuerdas la sensación primitiva de sobrecogimiento que provoca el misterio del cielo estrellado? ¿Cuándo fue la última vez que conectaste de verdad con una puesta de sol, las olas del mar, el tacto de la hierba fresca, los ojos de un animal salvaje? ¿Has sentido alguna vez agradecimiento hacia las plantas que generan el oxígeno que respiras?

A pesar de que en el siglo XXI todo parece verde y sostenible, la conexión real con el medio ambiente se ha convertido en una especie tan amenazada como los osos polares. Quizá esto explique cómo es posible que los zombi-sapiens sigamos talando el Amazonas, llenando de plástico el mar y subiendo el termostato del planeta hasta amenazar nuestra propia existencia.

7. *Atomización*

Uno de los ejemplos más claros de nuestra alienación merece su propio apartado: la preocupante degradación, en estas últimas décadas, de los valiosos lazos de amor y de cariño que mantenemos con otros seres humanos. Aunque los muertos vivientes viajen en hordas, cada uno persigue su propio interés.

El distinguido politólogo de Harvard Robert D. Putnam

detalló en su libro *Solo en la bolera* el colapso sin precedentes de la vida cívica, social, asociativa y política en Estados Unidos desde 1960 a 2000. En solo cuarenta años se redujo drásticamente la interacción social cara a cara, sobre todo por culpa de nuevas tecnologías como la televisión e internet. Como ejemplo gráfico del fenómeno citó las estadísticas de uno de los pasatiempos más populares de su país: los bolos. Aunque el número de personas que jugaba a los bolos había aumentado, el número de las que jugaban en ligas había caído. Lo más normal, hoy en día, es la triste imagen de una larga fila de personas en la bolera jugando solas, cada una en su pista.

En el resto del mundo seguimos la misma tendencia, exacerbada últimamente por ese aparatito zombificante que llevamos en el bolsillo. Al menos antes las familias iban al cine o se reunían delante de la tele. Ahora cada cual tiene su micropantalla, sus cascos, su pequeño refugio individual. Ya no hace falta pedir direcciones si te pierdes por la calle. De hecho, ¿para qué salir a la calle cuando puedes solucionarlo todo con un sencillo clic?

Sherry Turkle, psicóloga del MIT que lleva cuarenta años investigando la relación entre los seres humanos y la tecnología, advierte de que las relaciones humanas se están deteriorando a marchas forzadas. Su libro *En defensa de la conversación* no es un manifiesto en contra de los fabulosos dispositivos electrónicos que usamos a todas horas, pero sí a favor de las relaciones de amor, de cuidado y de confianza que necesitamos las personas casi tanto como el alimento o el oxígeno.

El problema es que para construir una amistad no bastan los textos y los emojis. No basta sentarse a una mesa con el móvil en la mano y soltar alguna frase ingeniosa mientras atiendes otros veinticinco mensajes. No es algo que pueda comprarse ni acelerarse. Construir una amistad (por no hablar de una comunidad) requiere mirarse a la cara, vivir experiencias compartidas, conversar durante largas horas. Requiere presencia.

Sara Konrath, directora de un pionero grupo de investigación norteamericano sobre la empatía y el altruismo, ha llevado a cabo un par de metaestudios con resultados francamente alarmantes. El primero de ellos concluyó que en Estados Unidos se había desplomado el nivel de «interés empático» de los estudiantes universitarios en un 48 por ciento entre 1979 y 2009. Esto significa que si sus amistades se rompen una pierna o suspenden un examen, a estos jóvenes les afecta menos que a la generación anterior. Les afecta casi LA MITAD menos.

El otro metaestudio evidenció un aumento del 30 por ciento del narcisismo en estas mismas tres décadas. ¿Y qué es el narcisismo? Para entenderlo basta fijarse en uno de los músicos más populares de nuestra era, ganador de veinticuatro premios Grammy: el rapero Kanye West. En su tema *I am a God*, canta frases como estas:

Soy un dios.
Date prisa con mi maldito masaje.
Date prisa con mis malditos croissants.
Sácame el Porsche del maldito garaje.

Y no es solo la letra de sus canciones. West se jacta en sus entrevistas de ser Dios en persona, además de «Shakespeare en carne y hueso. Walt Disney. Nike. Google».

Algunos definieron a mi generación, los *baby boomers*, como la *Me Generation* (la 'generación Yo'). Pero si ya éramos así nosotros, ¿cómo hemos de denominar a los *millennials* dedicados en cuerpo y alma a sus continuos selfis de texto, foto y vídeo? En la revista *Time* se les ocurrió titular un artículo de portada sobre ellos como la «Me Me Me

Generation», imitando ese «yo-yo-yo» del niño que pretende llamar desesperadamente la atención de los demás. Quizá no debería sorprendernos que estos jóvenes (y sus sucesores, la generación Z) se identifiquen con fanfarronadas como las del endiosado Kanye West. O que en Estados Unidos los *boomers* y sus sucesores hayan elegido por segunda vez como presidente a Donald J. Trump, un tipo que no pierde oportunidad de fanfarronear de su riqueza y poder, su inteligencia y habilidades, sus logros pasados, presentes y futuros, su sabiduría sobre cualquier tema y, por supuesto, su extraordinaria humildad.

Sin embargo, estos acontecimientos deberían preocuparnos. El hipernarcisismo implica una clara desconexión con el resto de la humanidad. Quien se siente endiosado tiende a ver a los demás como simples mortales, bastante menos merecedores de Porsches, masajes o cruasanes franceses. En el peor de los casos pueden parecerle escoria, sin derecho a la vida misma. Adolf Hitler, de quien West se ha declarado admirador, difundió propaganda que comparaba a los judíos con las ratas, las cucarachas y los piojos. En Auschwitz su ejército de zombis llevó esta creencia de superioridad hasta las últimas y más siniestras consecuencias. Barbaries de este calibre —desde la destrucción atómica de Hiroshima y Nagasaki hasta el terrorismo yihadista y los recientes bombardeos sobre Gaza— indican que nuestra natural humanidad ha alcanzado un lamentable grado de atrofia...

8. *Atrofia*

Los zombis, como es bien sabido, presentan un aspecto demacrado: la cara hundida, el tórax raquítico, la pálida piel tan rasgada como los jirones de su ropa, llegando a asomar partes del esqueleto o de los órganos internos. Incluso es habitual dejarse por el camino algún brazo o pierna. A primera vista los muertos vivientes del siglo XXI parecemos bastante más lozanos —con la excepción de aquellos que sucumben a las peores consecuencias del síndrome, como los toxicómanos o las personas deprimidas—. No te dejes engañar. El raquitismo lo llevamos sobre todo por dentro.

A lo largo de la historia, las personas más admiradas de distintas culturas han concedido suma importancia al desarrollo interior. Las tradiciones religiosas se refieren al espíritu, alma o corazón. Las filosofías laicas emplean palabras como *plenitud*, *virtudes* o *potencial humano*. Hoy en día, con las religiones en pleno declive y la filosofía reducida a un excéntrico pasatiempo para intelectuales, quizá nos cueste imaginarnos de qué demonios estaría hablando el poeta Baudelaire cuando afirmaba que «gracias al progreso de estos tiempos, de tu interioridad no quedarán más que las vísceras». Así nos va.

Aunque no sea tan sencillo medir esta atrofia interior, existen datos reveladores; los que constatan el alarmante aumento de enfermedades mentales, alienación laboral o atomización de la sociedad los he ido citando a lo largo de este capítulo. Además de todo ello es evidente que nuestro Mundo del Revés alimenta el polo opuesto de la interioridad: el materialismo.

¿Cuánta importancia damos al dinero, las posesiones, la belleza física y el éxito? Parece que la continua exposición a los anuncios de moda, perfumes, café gourmet, smartphones de gama alta y automóviles que se agarran a las curvas ha dejado su huella en nuestros sueños y aspiraciones. Cuando los críticos más acérrimos de la sociedad contemporánea presentan el materialismo como la auténtica religión de nuestra era, no exageran demasiado.

En Estados Unidos, indiscutible pionero global del

consumismo, el 39 por ciento de los universitarios de primer año declaraban en 1970 que tener mucho dinero era importante en sus vidas. Sin duda esta cifra hubiera escandalizado a Baudelaire. Pero en 1995 el porcentaje se había elevado al 74, convirtiéndose en la meta más importante de todas. Por lo tanto, no es de extrañar que cada vez opten menos por «inútiles» carreras de humanidades como la Literatura, la Historia o la Filosofía. Mientras tanto, países emergentes como China ya han alcanzado o incluso superado los niveles estadounidenses de amor por lo material. El único alivio para el poeta francés es que en Europa las cifras son algo más bajas.

Gracias a toda una batería de investigaciones psicológicas, sabemos hoy que quienes dan más importancia a las cosas consideradas más «serias» en nuestro Mundo del Revés, como el dinero y el estatus, acaban socavando su propio bienestar. Estas personas están menos satisfechas con sus vidas, son menos felices, tienen peores relaciones sociales y disfrutan de menos emociones positivas, como la alegría, la gratitud o la calma. Sufren tasas más altas de depresión y ansiedad, peor salud física y más emociones negativas como la ira, el miedo y la tristeza. Son más adictas al consumo de televisión, redes sociales, alcohol y drogas. En definitiva: Baudelaire tenía razón al preocuparse.

El problema no son los bienes materiales, el éxito o el poder. El problema es no saber qué hacer con ellos. Los zombis del siglo XXI sufren la alienación más trágica de todas: la desconexión de sí mismos. ¿Quién eres en el fondo de los fondos? ¿Cómo has de vivir tu vida? ¿De qué va todo esto? ¿A qué puedes aferrarte? Estas preguntas existenciales son importantes. Diría, junto con Baudelaire y una larga lista de artistas, filósofos y místicas a lo largo de la historia, que son las preguntas más importantes. Por cierto, no vale con tragarnos la primera respuesta que nos dé cualquier influencer con medio millón de seguidores. Ni siquiera los *top tips* de Baudelaire. Y desde luego no los míos.

A cada cual le toca buscar en su interior. Virginia Woolf escribió: «No hace falta correr. No hace falta brillar. No hace falta ser nadie más que tú misma». Pero para seguir este sabio consejo hay que conocerse. Esto ya lo recomendaba Sócrates hace mil quinientos años. Y aun antes las pitonisas del oráculo de Delfos. Desafortunadamente casi nadie les hacía caso incluso entonces. ¡Figúrate los atrofiados zombis del siglo XXI! De hecho torcemos la expresión ante tales ideas, adoptando una mueca irónica cada vez que nos hablan de virtudes, amor, espiritualidad y otras ñoñerías. No puntúan lo más mínimo en los rankings de nuestro querido Mundo del Revés. Incluso si nos atraen, quizá como solución desesperada a nuestro malestar, suelen quedar relegadas al fondo de la lista de tareas para cuando nos sobre el tiempo, que, como ya hemos visto, no nos sobra casi nunca.

El apocalipsis ya está aquí

En el siglo XXI sentimos sobre la piel los vientos del fin del mundo. Los telediarios advierten que todo se acaba. El cine, la televisión, los cómics y los videojuegos nos presentan futuros espantosos cada nueva temporada. Mientras que las generaciones anteriores soñaban con utopías, las actuales se angustian con distópicos escenarios de supervivencia. Solo nos queda una duda: QUÉ LLEGARÁ PRIMERO. ¿La catástrofe climática? ¿El asteroide interestelar? ¿La pandemia imparable? ¿La confrontación nuclear? ¿La rebelión de los robots inteligentes?

Durante varias décadas creímos que al menos nos libraríamos de la invasión alienígena. Lo de los *X-Files* parecía solo ciencia ficción. Pero ni siquiera esto podemos asegurarlo últimamente. Por si no te has enterado, el Congreso de Estados Unidos no deja de celebrar sesiones dedicadas a los *unidentified anomalous phenomena* (les debe de dar vergüenza hablar de ovnis a estas alturas). Varios ex altos cargos de los servicios de inteligencia han llegado a declarar abiertamente que existen «vehículos» y «restos biológicos» de alguna «inteligencia no humana» guardados bajo llave. Desde luego si llega a ser cierto que nos estudia desde los cielos alguna civilización más avanzada, menudo bochorno. ¿Qué pensarán de nuestra primitiva especie de simio? ¿De nuestras fronteras y campos de refugiados? ¿De la velocidad con la que estamos destruyendo nuestra propia biosfera?

Algunas empresas ya venden búnkeres subterráneos a prueba de casi cualquier colapso global. El líder de este mercado, Vivos, anuncia apartamentos de lujo de 232 metros cuadrados por 2.000.000 de euros y refugios más sencillos desde los 35.000 euros. «¡No te quedes fuera!», nos gritan con urgencia histérica desde su página web. Hasta del fin del mundo se puede sacar beneficio, claro que sí.

Personalmente, ya no me preocupa tanto ese apocalipsis que todos dicen que está al caer. Porque tengo claro que el apocalipsis ya está aquí. Si apartamos los ojos de nuestras pantallas durante cinco o seis minutos y miramos un poco a nuestro alrededor comprobaremos que ya vivimos en un futuro distópico. El problema no es lo que hagan o dejen de hacer personajes tan psicopáticos como Trump o Putin sobre el escenario internacional. El problema es que haya gente de esta calaña que ande suelta por los pasillos del poder, en gobiernos, empresas, jerarquías religiosas y federaciones deportivas. Lo que más miedo me da no son los desastres que provocará el cambio climático o nuestros arsenales nucleares. El verdadero horror es que vamos por la vida como si todo esto fuera normal, mientras empezamos a ver un nuevo episodio de *The Walking Dead* en el móvil camino al trabajo, engullendo el muffin de frambuesa silvestre y sorbiendo el Latte Caramel grande sin percibir sabor alguno.

La realidad es que ya ha sucedido lo peor que podía suceder. Vivimos desde hace milenios en un oscuro Mundo del Revés. Estamos todos muertos, todas muertas.

Después de todo, el fin del mundo resultó ser un apocalipsis zombi.

Juegos de playfulness

¿SOY UN ZOMBI?

Tiempo: 10 minutos.
Materiales: Papel, bolígrafo.
Descripción: Quizá sospeches que el siguiente cuestionario tenga la misma validez científica que los test psicológicos de las revistas del corazón. No te equivocas del todo. Te lo propongo simplemente como un juego (de un gusto un tanto dudoso, lo reconozco) para reflexionar sobre tu nivel de zombificación a estas alturas del siglo XXI. Dicho esto, sus preguntas esconden al menos una medida científicamente validada. Debajo del test encontrarás la explicación.

REGLAS

Escribe para cada pregunta la respuesta que más se ajuste a lo que sientes. Al finalizar, consulta la explicación que sigue al cuestionario.

1. En general, me considero:

1	2	3	4	5	6	7
No muy feliz						*Muy feliz*

2. En un día normal suelo experimentar el estrés...

   1 2 3 4 5 6 7

   Casi siempre *Muy rara vez*

3. En mi vida cotidiana suelo moverme y actuar...

   1 2 3 4 5 6 7

   A toda prisa *Con toda calma*

4. En comparación con la mayoría de mis iguales, me considero:

   1 2 3 4 5 6 7

   Menos feliz *Más feliz*

5. Actúo en piloto automático, sin darme cuenta de lo que hago o digo...

   1 2 3 4 5 6 7

   Casi siempre *Muy rara vez*

6. Mi dependencia a los hábitos y adicciones que más me enganchan (bebida, drogas, grasa/azúcares, trabajo, porno, redes sociales) la describiría como...

   1 2 3 4 5 6 7

   Extrema *Muy débil*

7. Algunas personas son muy felices en general. Disfrutan de la vida independientemente de lo que suceda, sacan el máximo provecho de todo. ¿Hasta qué punto te describe esta caracterización?

   1 2 3 4 5 6 7

   Nada en absoluto *Mucho*

8. ¿Te distraes con facilidad?

   1 2 3 4 5 6 7

   Continuamente *Muy rara vez*

9. ¿Cuánto entusiasmo sientes hacia tu trabajo/actividades cotidianas?
1 2 3 4 5 6 7
Casi nada *Muchísimo*

10. Por término general, algunas personas no son muy felices. Aunque no se encuentran deprimidas, nunca parecen estar tan felices como podrían. ¿Hasta qué punto te describe esta caracterización?
1 2 3 4 5 6 7
Mucho *Nada en absoluto*

11. ¿Cuál es tu nivel de satisfacción con tus relaciones sociales?
1 2 3 4 5 6 7
Bajísimo *Altísimo*

12. ¿Sientes que tu vida tiene sentido?
1 2 3 4 5 6 7
Ningún sentido *Muchísimo sentido*

Explicación:
Suma los doce números y divide por doce.

Si el resultado se encuentra entre el 1 y el 2, siento informarte de que la muerte viviente te ha atrapado casi por completo. Te arrastras por las tinieblas gruñendo, a toda prisa y sin ganas. La existencia cotidiana te resulta un tormento. La gente se asusta a tu paso. Además de seguir leyendo este libro, te recomiendo acudir a psicoterapia o por lo menos realizar algún test más serio que este.

Si el resultado se encuentra entre el 2 y el 4, sufres el clásico síndrome zombi del siglo XXI: ansiedad, prisas, automatismos, despiste y desconexión. Pero aún mantienes un mínimo de vitalidad que te permite disfrutar de la vida a ratos. El antídoto que presentaré en el resto del libro puede transformar tu experiencia profundamente.

Si el resultado se encuentra entre el 4 y el 6, la muerte viviente te atrapa a veces, pero te has librado de lo peor. Mantienes un cierto control sobre tus decisiones y tu mundo emocional. Consigues implicarte frecuentemente en tus actividades y relaciones, y tu vida no carece de sentido. Este libro puede ayudarte a librarte aún más de la desagradable infección.

Si el resultado se encuentra entre el 6 y el 7, el síndrome zombi apenas te ha tocado, o quizá lo hayas superado ya. Has conseguido crecer hasta convertirte en un ser libre, un paladín de la virtud, la dicha y la vitalidad. ¿Cómo lo has conseguido? ¡¡Cuéntamelo!!

Hasta aquí el test psicológico de revista del corazón. Ahora suma SOLO los resultados de las preguntas 1, 4, 7 y 10. Conforman una escala de felicidad bien validada que diseñó Sonja Lyubomirsky, de la Universidad de California. Y divide por 4.

La media global de felicidad, según esta escala del 1 al 7, suele estar en torno al 5 (para ser más preciso, 4,9 en un estudio que comparaba varias muestras en distintos países). ¿Te acercaste a esta cifra? La mayoría de la gente suele considerar que es «bastante feliz», pero que aún le falta para llegar a ser «muy feliz». Hablo de la mayoría de la gente EN NUESTRO APOCALIPSIS ZOMBI. Porque como veremos en el capítulo 6, hay pueblos donde la felicidad plena es la norma.

Las medidas de «felicidad subjetiva» como esta tienen sus limitaciones, pero son más fiables de lo que pudiera parecer a primera vista. Tienen una relación estadística fuerte con el porcentaje del tiempo que las personas experimentamos emociones positivas, con la autoestima y con el optimismo. Además, las personas neuróticas y las que sufren ansiedad o depresión suelen puntuar muy bajo en este tipo de escalas. Por lo tanto, pueden servir como indicador rápido y aproximado del bienestar psicológico y de la vitalidad que tanto escasea en nuestro Mundo del Revés.

3

CÓMO REVIVIR A LOS MUERTOS VIVIENTES

If life seems jolly rotten
There's something you've forgotten
And that's to laugh and smile and dance and sing
When you're feeling in the dumps
Don't be silly chumps
Just purse your lips and whistle, that's the thing.[1]

MONTY PYTHON, *La vida de Brian*

Que no cunda el pánico.

Existe un antídoto barato, sencillo y eficaz contra el síndrome de la Muerte Viviente. Si no llevas los últimos veinte años viviendo como eremita en una cueva, probablemente habrás oído hablar de este poderoso remedio. Por otro lado, si llevas los últimos veinte años viviendo como eremita en una cueva, probablemente seas uno de los pocos supervivientes que se ha librado del contagio.

El antídoto del que hablo no es nuevo. Lleva aplicándo-

1. Si la vida parece una porquería / Hay algo que se te ha olvidado / Y eso es reír y sonreír y bailar y cantar. / Cuando os sintáis hundidos / ¡No hagáis el bobo, amigos! / Simplemente fruncid los labios y silbad, de eso se trata.

se durante milenios en tradiciones espirituales como la meditación yóguica o la mística cristiana. Pero hasta el siglo XXI la inmensa mayoría de las personas en Occidente despreciábamos estas prácticas como excentricidades *New Age*, esoterismo pseudocientífico o incluso herejía pecaminosa. Las cosas empezaron a cambiar en 1979, cuando un joven biólogo molecular de la Universidad de Massachusetts decidió investigar si la meditación y otras disciplinas «contemplativas» podían tener aplicaciones médicas. Y sin necesidad de cantar el mantra OMMMM ni creer en hormigas reencarnadas.

Jon Kabat-Zinn, que trabajaba por aquel entonces en un hospital universitario, diseñó un curso de ocho semanas para personas que no tenían un especial interés en Buda o los chakras, pero sí en sufrir menos y vivir mejor. Llamó a este curso «Mindfulness-Based Stress Reduction» (MBSR, o «Reducción del Estrés Basado en Mindfulness») y lo impartió en una sala del propio hospital sin el añadido de incienso ni decoraciones orientales.

El título resultó ser muy acertado. Los primeros participantes, todos ellos con enfermedades graves y dolores crónicos, salieron de la experiencia transformados. No es que se hubieran curado de sus afecciones, pero las técnicas del mindfulness les permitían sobrellevar mejor el dolor, las molestias, la incertidumbre e incluso la amenaza de la muerte. Empezaron a sufrir menos y a disfrutar más de la vida a pesar de todo.

Estos resultados impresionaron tanto a la comunidad médica que MBSR se fue difundiendo a otros centros sanitarios, y con el tiempo comenzaron a revivir a los muertos vivientes de las oficinas corporativas, de colegios y universidades, de todos los rincones de nuestro Mundo del Revés. Incluso el Parlamento británico, famoso por sus gritos y abucheos de zombi, lleva más de diez años ofreciendo una variante de MBSR, lo que ha inspirado a otras cámaras legislativas de todo el planeta.

Yo recibí este curso por primera vez en 2011. Llevaba ya más de quince años practicando yoga y meditación, y más de diez guiando ejercicios atencionales, pero el método sencillo y accesible de MBSR me cautivó. En 2019 me formé como profesor, y desde entonces he impartido el curso a participantes de más de veinte países. Se ha convertido en el corazón de mi vida personal y profesional.

Kabat-Zinn parecía haber sintetizado el principio activo de las disciplinas contemplativas. ¿En qué consiste exactamente este principio? El célebre pionero del mindfulness suele definirlo como la consciencia que emerge cuando hacemos algo muy concreto:

> *Prestar atención de forma intencionada,*
> *en el momento presente,*
> *y sin juzgar.*

O sea, todo lo contrario a lo que hacemos los muertos vivientes del siglo XXI, que vamos casi siempre en automático, como pollos sin cabeza, zarandeados por incontables miedos, pulsiones y malos hábitos.

El éxito de MBSR y programas similares se debe en buena medida a su creciente apoyo empírico. La meditación se ha vuelto un tema candente de investigación, con universidades como Oxford, Harvard o Brown fundando centros de investigación especializados. La imagen de monjes tibetanos con electrodos pegados a las calvas es ya habitual en laboratorios de neurociencia como el de Richard Davidson en la Universidad de Madison, que cuenta con más de cien profesionales. Desde que cursé mis estudios de psicología a principios de los noventa —cuando la meditación se consideraba poco más que pseudociencia—, el cambio de paradigma ha sido total. Nos encontramos ante una de las más sorprendentes revoluciones científicas de nuestra era.

¿Será esta revolución tan transformadora como la inteligencia artificial o la ingeniería genética? Un artículo reciente informó en una de las más prestigiosas revistas médicas que el curso de ocho semanas diseñado por Jon Kabat-Zinn tiene efectos equivalentes al Escitalopram, uno de los medicamentos más recetados para la depresión y los trastornos de ansiedad —sin los efectos secundarios ni la dependencia que provocan estos psicofármacos—. De hecho, la llamada «Terapia Cognitiva Basada en Mindfulness» se ha convertido en uno de los principales tratamientos para personas con ansiedad y depresión.

Sin embargo, aunque el mindfulness resulta ser uno de los mejores remedios antiestrés jamás diseñados, sus prácticas no son realmente ejercicios de relajación. Disfrutar de una cervecita el viernes por la tarde probablemente te relaje más a corto plazo, sobre todo si está fresquita y presenta el nivel perfecto de espuma. Y lo mismo podría decirse de lo que Camilo José Cela llamaba el «yoga ibérico»: la siesta. Pero el mindfulness es otra cosa. Consiste en enfrentarte a tus problemas en vez de evadirte de ellos. De hecho, si abusas de métodos como la birra o la cama para ahogar los síntomas de tu malestar, probablemente acabes más zombi que antes.

El verdadero beneficio de la atención plena tiene más que ver con despertar que con adormilarse. De hecho, estudios de neurociencia han descubierto que los monjes tibetanos más avanzados (los que se acercan a las 50.000 horas de práctica meditativa) parecen tener el cerebro bastante más despierto que el común de los mortales. El equipo de Richard Davidson comprobó que algunos de estos superyoguis exhiben ondas cerebrales gamma —normalmente muy breves y poco frecuentes— de forma continuada. Incluso MIENTRAS DUERMEN. Entre la gente normal, las velocísimas ondas gamma se asocian a momentos extraordinarios, como cuando damos con una solución a un problema difícil. Son como fogonazos de claridad: ¡AJÁ! ¡EUREKA! ¡YA LO TENGO!

La inmensa mayoría de las personas vivimos con el cerebro vibrando habitualmente entre los 2-9 hercios (cuando estamos dormidos, o casi) y los 10-20 hercios (cuando estamos despiertos). ¿Qué decir entonces de estos atletas olímpicos del mundo interior, cuya materia gris se mueve habitualmente entre los 30-100 hercios? En comparación con ellos, el resto de la humanidad parece que estamos, efectivamente, medio dormidos. Medio zombis. ¿Sabías que la palabra *Buda* significa 'el despierto'?

La reducción del estrés que consigue la atención plena es solo una consecuencia de este *despertar*. Gracias a una mayor consciencia, aprendemos a relacionarnos mejor no solo con las amenazas y las preocupaciones, sino con todo tipo de fenómenos. Este hecho explica varios de los otros beneficios científicamente validados —y menos conocidos— de nuestro antídoto.

- Refuerza la concentración y la capacidad de evitar las distracciones, lo cual permite, por ejemplo, mejorar las puntuaciones en exámenes universitarios.
- Reduce la fuerza de ciertos automatismos mentales, como los estereotipos, la habituación o el parpadeo atencional, y favorece, por tanto, la creatividad y el pensamiento crítico.
- Es hasta dos veces más eficaz que los mejores sistemas convencionales para reducir la adicción al tabaco, la alimentación compulsiva y otros hábitos nocivos.

- Facilita el *engagement* en el trabajo, la conexión con la naturaleza y la cercanía social.
- Promueve los comportamientos altruistas y reduce el poder atractivo del dinero, la fama y otras recompensas externas.

En definitiva, todo apunta a que hemos dado por fin con el antídoto que nos devuelve la vitalidad perdida, nos saca de las sombras y nos libera de nuestras ataduras. El remedio perfecto contra el síndrome zombi.

¡Y justo a tiempo! En el siglo XXI, cuando el Mundo del Revés parecía a punto de sumir al planeta entero en las tinieblas, el mindfulness finalmente se ha puesto de moda. Sentarse a meditar ha dejado de ser cosa de monjes y gurús. Lo recomiendan artistas como Lady Gaga y filósofos como Yuval Harari, empresarios como Bill Gates y activistas como Tarana Burke. Incluso Clint Eastwood defiende la meditación a cara de perro, demostrando que no es solo para blandengues.

Esta revolución cultural ha sido casi tan veloz como la del smartphone. Cuando empecé a meditar hace treinta años la gente a mi alrededor me consideraba un tipo raro: mis amigos, mi familia, mis compañeros de trabajo. Ahora lo raro es no haberlo probado al menos alguna vez. Recientemente cogí el metro de mi ciudad, Madrid, y en el vagón me encontré con un código QR acompañado por el siguiente rótulo:

> Durante los próximos 5 minutos, no hagas nada.
> Escanea una nueva meditación gratuita cada semana.

Pocos días después me compré un paquete de Kleenex y resultó que formaba parte de una exclusiva *mindfulness collection*. Ahora la atención plena te la encuentras hasta en los mocos.

Sin embargo, como vimos en el anterior capítulo, aún

estamos bien lejos de vencer a los muertos vivientes. Y es que para tomarte este antídoto como mandan los médicos, no basta con sonarte la nariz o escanear un código QR de vez en cuando. No, querido amigo o amiga. Siento informarte de que la terapia va para largo, como una rehabilitación intensiva después de un accidente. Pocos la aguantan. Si te diagnostican el síndrome zombi, prepárate para apretar los dientes como Clint Eastwood en *Por un puñado de dólares*, y enfrentarte a un remedio que muchos acaban considerando peor que la enfermedad...

La jeringa hipodérmica

¿Has intentado meditar? Si es así, probablemente habrás descubierto que no resulta tan fácil como parece. Bueno, la primera vez puede tener su puntito. Llegas rebosante de motivación tras leer sobre sus múltiples beneficios. Sientes el vértigo de asomarte a un mundo nuevo y desconocido. Te sorprenden las peculiares instrucciones, las sensaciones corporales, los fenómenos mentales. Además, eres consciente de unirte a una disciplina milenaria que han practicado eremitas, deportistas y estrellas de Hollywood. ¡Por no hablar del selfi que te harás en la postura de loto para tus seguidores!

Pero el asunto pierde glamur a toda velocidad. ¿Inhalar y exhalar? ¿¿OTRA VEZ?? Menudo rollo. ¿No se puede cambiar de canal? Y lo peor es que tu mente se despista a los dos segundos y medio. Tratas de volver a la respiración, pero enseguida te vuelves a pillar haciendo la lista de la compra. Te frustras. Te enfadas por haberte frustrado. Comienzas a sospechar que esto no es para ti, que nunca lo conseguirás, que la meditación te angustia más que el propio estrés. Tu cuerpo se inquieta y te entran unas ganas locas de rascarte la cabeza. ¿No era esto para calmarse? Señor, dame paciencia, ¡¡pero dámela ya!!

Para muchas personas este antídoto resulta tan atractivo como una jeringa hipodérmica, sobre todo después de haberlo probado en sus propias carnes. Igual que las inyecciones subcutáneas, la idea de sentarse en postura erecta, permanecer inmóvil, «perder el tiempo» sin hacer nada y mirar hacia dentro para asomarse al turbulento caos interior puede provocar verdadero repelús. Se trata de la peor pesadilla de un muerto viviente del siglo XXI.

El problema es que los zombis, incluso cuando nos damos cuenta de que algo falla en nuestra forma de vivir, buscamos soluciones con nuestra mentalidad zombi. ¡Qué remedio! Queremos acabar con nuestras dolencias a toda prisa. Recurrimos al café doble, al gin-tonic, al Prozac, al vídeo tutorial, a la partida de *Fortnite.* Por lo tanto, al apuntarnos a la meditación esperamos un resultado palpable desde la primera sesión. ¿Sabías que la mayoría de la gente suele abandonar las aplicaciones de meditación después de solo dos o tres usos? Está claro: TikTok y Netflix son mil veces más entretenidos.

Sin embargo no basta con dos o tres intentos. Ni tiene mucho sentido meditar solo cuando las cosas se ponen feas, otra tendencia muy habitual de los zombis que persiguen el bienestar. Las malas noticias son que para que este antídoto surta efecto hay que inyectarse todos los días, o casi todos. Como la higiene dental, esta «higiene mental» tiene que convertirse en un hábito, aunque sea durante cinco o diez minutos al día. Solo así podemos despertar del trance.

Un poco de azúcar

Ahora las buenas noticias. En realidad las prácticas contemplativas no son tan terribles como parecen a primera vista. No tienen por qué asemejarse a un pinchazo en el trasero. Es cierto que algunas son austeras y rigurosas, como cuando los yoguis adoptan ciertas posturas de contorsionista o los eremitas se adentran en el desierto para hacer ayunos. De hecho, si decidieras imitar a estos ascetas sin la adecuada preparación, solo serviría para pasar un mal rato.

Desafortunadamente, las prisas y la competitividad propias de nuestra mentalidad zombi nos empujan precisamente a esto: a forzar las rodillas hasta conseguir la postura del loto y aguantar ahí lo que haga falta, cueste lo que cueste; a entrenar con la disciplina de una atleta olímpica y el coraje de un pistolero de wéstern; a tomárnoslo como una obligación, una rutina, un trabajo. ¿Quieres la iluminación? ¡Entonces prepárate para pasarlas canutas!

En este libro quiero proponer una forma distinta de aplicar este valioso antídoto del mindfulness. En vez del clásico pinchazo con jeringa, podemos tomarlo también en forma de píldora, y además acompañarlo con un poco de azúcar, como recomendaba Mary Poppins. Este método, que es el que voy a llamar *playfulness*, me parece el más sensato. En vez de tomarnos las prácticas contemplativas como un trabajo, propongo tomárnoslas COMO UN JUEGO.

Que nadie me malinterprete: no hablo de hacer el vago, ni tampoco de soluciones mágicas. La idea de despertar del trance zombi sin esfuerzo, de la noche a la mañana, es una fantasía muy típica de zombis impacientes. Pero ¿quién dijo que el juego no implica esfuerzo? Piensa en una pareja de ajedrecistas estrujándose las meninges, en un conjunto de jazz dándolo todo, en una pandilla de chavales sudando para coronar una enorme cuesta en bici. La diferencia es que en estos casos el esfuerzo lo elegimos libremente y lo orientamos hacia la propia actividad, más allá del resultado. Así resulta mil veces más divertido.

El playfulness, bien entendido, es un método serio al cien por cien. ¡Incluso al ciento cincuenta por cien! Recuerda el rigor de Mary Poppins. Nadie se atrevería a acusar a la legendaria institutriz británica de ser poco disciplinada. Cada juguete en su estantería. A las cinco, el té. Y cuando llega la hora de acostarse, A LA CAMA. Pero, al mismo tiempo, Mary nos invita a encontrar siempre el lado divertido de las cosas. A la cama, sí, pero cantando una paradójica nana que nos invita a no dormir.

¿Cómo sería la vía contemplativa en su imprevisible compañía? ¿Llegaría a volverse tan apasionante como bailar sobre los tejados de Londres con una tropa de deshollinadores? Estoy convencido de ello. En mi opinión, si no vives esto como una aventura es que algo falla. Significa que ya lo estás siguiendo en modo automático, ausente, desconectado.

Caer en la rutina es casi inevitable, desde luego, por culpa de nuestras tendencias zombis. A mí también me pasa. Pero ¿y si nos rebelamos? ¿Y si decidimos montar el salón de meditación sobre el techo, colocándolo todo patas arriba? A lo mejor es un disparate. Pero de alguna forma tendremos que escapar de la asfixiante tendencia a reducir el mindfulness a un ejercicio rutinario, a una terapia médica, a un consumismo espiritual, a una imitación de los principales *influencers* contemplativos, a una técnica antiestrés avalada por la ciencia para seguir produciendo y persiguiendo el éxito. De lo contrario, les daremos la razón a los críticos de lo que a veces se llama, despectivamente, el «McMindfulness». Volveremos a hundirnos en la muerte viviente.

Lo que te propongo en este libro es apuntarte a la inexistente pero necesaria Escuela Poppins de Atención Plena. Algunos la considerarán escandalosa, absurda, imposible —sobre todo los banqueros de la City—. Otros la descartarán por resultar demasiado infantil, aunque te advierto que P. L. Travers, la creadora de Mary Poppins, de inmadura tenía bien poco. Esta poeta y ensayista irlandesa, que negaba haber escrito ningún libro específicamente para niños, estudió con Carl Jung, fue de las primeras occidentales en practicar yoga y meditación zen, y perteneció al círculo íntimo del filósofo y místico Gurdjieff, precursor de la atención plena que animaba a sus discípulos a despertar del estado «sonámbulo» en el que había caído la humanidad. El profesor emérito de literatura Jerry Griswold describió a Pamela Travers como «la mujer más sabia que he conocido jamás».

Inventate tu propia escuela

Si no te atrae lo de la Escuela Poppins no te preocupes. Al fin y al cabo la propia Travers arrugaba la nariz ante la versión edulcorada del personaje que inmortalizó Disney en Technicolor. Para ti podemos encontrar otras alternativas. Hay cientos, miles, una infinidad de ellas.

Quienes vistan habitualmente de traje pueden colocarle un cartel más sobrio, como el del «Ministerio de las Meditaciones Raras» o incluso el del «Instituto Python de la Presencia Inquebrantable» (al final de este capítulo encontrarás un ejercicio inspirado en esta tradición). Las amantes de la naturaleza pueden apuntarse al Club de Simias Sabias de Jane Goodall. Los más literarios pueden cultivar su nobleza interior como escuderos del incomparable don Quijote de la Mancha. Quienes vibren con la música pueden seguir el *scat* improvisado de Ella Fitzgerald o las simpáticas gamberradas de los Beatles. Personalmente, como soy bastante friki de *Star Wars*, me gusta imaginarme en la Academia Jedi en compañía de Luke Skywalker, Rey, Obi-Wan, Ahsoka y el maestro Yoda.

¿A quién elegirías tú como modelo de sabiduría lúdica? ¿A Pippi Calzaslargas? ¿Demócrito? ¿Momo? ¿Flaubert? ¿Maya Angelou? ¿Calvin y su tigre de peluche Hobbes? Siéntete libre de buscar tu propio camino, ya sea de baldosas amarillas, de viajes submarinos o de escaleras imposibles a lo Escher. Al fin y al cabo, el objetivo del mindfulness es despertar esa vitalidad que todos los seres humanos conservamos en el fondo de los fondos. Antiguamente la llamaban *anima*, que significa la inspiración en sentido literal y figurativo. Y animarse es lo contrario de aburrirse. Se trata más bien de encontrar la chispa creativa, encendiendo con ella un fuego interior vivaz y danzarín capaz de iluminar el mundo entero. ¡De aburrido no tiene nada!

Lo que pasa es que la llama suele apagarse bastante a menudo. Como una vela que tratas de mantener viva en medio de una tormenta. Cuando esto sucede diez, cien, mil veces, es fácil frustrarse y abandonar el esfuerzo. Según las antiguas enseñanzas y las investigaciones científicas, insistir una y otra vez es justamente la parte más importante del proceso. Por eso recomiendo que no te lo tomes demasiado en serio. De ahí la importancia de vivirlo como un juego.

La palabra *espiritualidad* apunta a asuntos importantes. Diría incluso que apunta a los asuntos MÁS importantes de la existencia humana. Pero tiene la desventaja de que reviste las cosas de un halo mágico y de vestimentas solemnes. Si tratamos la meditación como una práctica espiritual, puede parecer un club exclusivo, un nirvana celestial accesible solo por ascensor dorado y reservado para quienes tengan la llave. Ahí arriba, entre nubes esponjosas de colores rosáceos, flotan los maestros, las santas, los sabios y las iluminadas, a quienes tratamos con grandes reverencias.

Pero ¿no le falta algo a esta visión idílica? ¿Dónde quedan los baños? Algunas de las personas más vitales, presentes, entusiastas y amorosas que conozco jamás se han sentado en un cojín de meditación. Artistas que saben mirar, dentro y fuera de sí, y que regalan al mundo su verdad. Activistas, emprendedoras y filántropos que entregan su tiempo y sus talentos para construir un futuro más esperanzador. Fontaneros y fruteras que disfrutan de su trabajo, cobrando lo justo. Madres que cuidan de sus hijos. Hijos que cuidan de sus madres. Seres extraordinarios que sonríen a todo el mundo por igual.

Por otro lado, los caminos «espirituales» tienden a cristalizarse en prácticas rutinarias, ritos vacíos, símbolos sagrados y verdades incuestionables. Todo esto a veces se vuelve tan solemne que ahoga la creatividad, con la consiguiente degeneración en una nueva secta de zombis adictos a sus prácticas automatizadas. La diversión, la broma y la risa quedan excomulgadas. En el peor de los casos, quienes cuestionan la ortodoxia acaban en la hoguera.

Creo que tanta trompeta celestial y rito osificado roban a la espiritualidad su verdadera esencia, que tiene que ver con la vida, la espontaneidad y la autenticidad. No se trata de llegar al nirvana ni a ningún otro lado. La cosa es mucho más sencilla. Se trata de llegar a ti —a tu verdadera naturaleza imperfecta y cambiante—. Se trata de estar aquí, aprovechar lo que tienes a mano y, dentro de lo posible, mejorar el mundo a tu alrededor. El tío Albert —de nuevo Mary Poppins— también flotaba por los aires, pero lo hacía mediante los chistes pésimos y la risa contagiosa.

Del mindfulness al playfulness

Quizá pienses que lo que estoy proponiendo en este libro rompe con tradiciones milenarias muy respetables. ¡Una inadmisible herejía! Yo también lo temía, lo reconozco, al iniciar esta aventura. Sin embargo, desde los primeros pasos me he encontrado por el camino a gente que me ha animado, que me ha acompañado, que se ha entusiasmado con este aparente desvío en el camino. Gente bastante más fiable que yo.

Cuando empecé a escribir este libro, en la primavera de 2023, estaba viviendo en Florencia. Propuse organizar un minirretiro de playfulness en el Centro Mindfulness Firenze, uno de los primeros gabinetes especializados de Italia. Para mi gran sorpresa, su directora, Marina Ciampelli, lo acogió con los brazos abiertos. Aún más sorprendente: el curso se llenó, y atrajo tanto a meditadoras expertas como a principiantes que jamás se habían sentado a meditar. Y la mayor sorpresa de todas fue la propia experiencia. No solo fue divertida. Fue bella, reveladora y —¿me atrevo a pronunciar la dichosa palabra?— ESPIRITUAL.

Desde entonces he repetido el experimento en numerosas ciudades, donde han participado cientos de personas que casi sin excepción salen de las sesiones impresionadas por la mezcla de diversión y profundidad. He colaborado con maestras y maestros a los que admiro —María Talavera, Olga Cebrián, Miqui Amador—, con la organización que más ha hecho por difundir la atención plena en el mundo hispanohablante —el Instituto Nirakara— y con la Asociación Profesional de Instructores Mindfulness MBSR en España. He conocido a todo tipo de gente sabia que guía cursos y retiros con esta misma actitud de playfulness, aunque no emplee la palabra. Todo este recorrido me permite afirmar, sin demasiado miedo a equivocarme, que el espíritu lúdico ha pertenecido siempre a la esencia misma de la vía contemplativa.

Para entender qué quiero decir con esto, tenemos que volver a la intención original de estas prácticas milenarias.

Jon Kabat-Zinn a menudo explica que la palabra *mindfulness* puede darnos una idea equivocada del asunto. Como *mind* significa 'mente', cabría pensar que se trata de una disciplina fría y cognitiva. Sin embargo, el concepto proviene del budismo, y en los idiomas orientales la palabra para mente y corazón es la misma, lo cual concuerda con la visión actual de la neurociencia sobre la interconexión entre razón y emoción. Por lo tanto, este concepto podría traducirse también como *heartfulness*, o sea, estar presente CON EL CORAZÓN.

Cuando guiamos estas prácticas, los facilitadores insistimos en la importancia de prestar atención con curiosidad. Esta curiosidad a veces la describimos como amable, generosa o incluso hospitalaria, ya que se abre a cualquier experiencia que vayamos a encontrarnos, nos guste o no. Al decir que el mindfulness implica no juzgar, nos referimos a esto. La idea es abrazar aquello que surge en el momento presente, incluso si lo que surge son emociones difíciles como la tristeza, la vergüenza o la ira. Se trata de abrazarlas con la misma ternura con que una madre abraza a su criatura recién nacida, sea cual sea el color de sus ojos o la forma de su nariz.

En el fondo, de lo que hablamos es del amor —del amor incondicional—. De hecho Kabat-Zinn se refiere a la vía de mindfulness como un *love affair with life* ('un enamorarse de la vida') o un *radical act of love* ('un acto radical de amor'). Esta capacidad amorosa del ser humano forma parte de nuestra esencia. Tanto es así que la llamamos «humanidad». Sin embargo, en nuestro estado habitual zombi suele quedar tan enterrada que acabamos incluso dudando de su existencia. Quizá por ello todas las religiones, numerosas filosofías laicas y las mayores leyendas del pop —entre ellas, Bob Marley y los Beatles— hayan insistido tanto en su importancia.

Por lo tanto, lo llamemos *mindfulness* o *heartfulness*, estamos hablando de lo mismo. La psicóloga Tara Brach, una de las maestras más admiradas del budismo laico en Estados Unidos, propone que la atención plena y la compasión son como dos alas de una misma ave, dos vías de consciencia totalmente interdependientes. No pueden separarse. Según Brach, para volar y ser libres hay que equilibrar y desplegar ambas alas.

Me parece una metáfora perfecta. Excepto que aún le falta algo: ese lado divertido que reivindicaba Mary Poppins. El playfulness. ¿Te parece menos importante que la atención plena o la compasión? ¡Pamplinas! Las alas son importantes, pero sin las plumas no vas a levantarte del suelo ni un palmo. Las plumas proporcionan al ave su ligereza, y sin ligereza las prácticas espirituales te van a resultar horriblemente pesadas. Te vas a aburrir, te vas a frustrar, te vas a tomar el asunto demasiado en serio. No olvidemos que las plumas sirven para hacer cosquillas. Y para rellenar almohadas con las que montar una guerra en la que nadie se hace daño y todos se divierten.

La catástrofe completa

Volvamos a los inicios del mindfulness en Occidente. El más célebre libro de Jon Kabat-Zinn sobre atención plena, publicado en 1990, se titula *Full Catastrophe Living*, lo cual significa literalmente 'vivir en la catástrofe completa'. Fuerte, ¿no?

Este título tan tremebundo proviene de la película *Zorba, el griego*. Hay una escena en la que Basil, el estirado intelectual inglés, le pregunta al exuberante protagonista, interpretado por el gran Anthony Quinn:

—Zorba, ¿has estado casado alguna vez?

—Claro que sí —responde—. Mujer, casa, hijos... ¡La catástrofe completa!

Kabat-Zinn explica que esta actitud ilustra perfectamente el mindfulness. Zorba se enfrenta a la vida con todas sus consecuencias, riéndose de ella, incluso atreviéndose a bailar frente al desastre.

Me impresionó esta reflexión del célebre difusor del mindfulness. Sobre todo porque yo llevaba años proyectando la escena final de *Zorba, el griego* en mis cursos sobre el sentido del humor. De hecho, como colofón del taller enseñaba a los asistentes a bailar el célebre sirtaki. Pocos recuerdan que esta apoteósica danza, en una de las escenas más icónicas del cine del siglo xx, no celebra un triunfo sino un estrepitoso fracaso. Todo lo que llevaban construyendo los dos protagonistas se derrumba literal y figurativamente (¡dejo fuera los detalles para no destriparla!). Tras esta verdadera catástrofe se sientan en la playa, abatidos. Y entonces Zorba agarra de la rodilla al inglés:

—Caramba, jefe, le aprecio demasiado como para no decírselo. Usted lo tiene todo. Menos una cosa: locura. Y el hombre tiene que estar un poco loco, o nunca se atreve a cortar la cuerda... y ser libre.

Es este el momento en que Basil le pide a Zorba que le enseñe a bailar.

—¿Bailar? ¿Ha dicho usted... BAILAR? ¡Venga, muchacho!

Zorba se arremanga, como para mostrar que se lo toma en serio. Pone los brazos en cruz y comienza a enseñarle los pasos. Pero de pronto se detiene, contempla las ruinas del proyecto que tanto esfuerzo les había costado y le pregunta a Basil:

—Eh, jefe, ¿VIO USTED ALGUNA VEZ UN DESASTRE MÁS ESPLENDOROSO?

Entonces se echan a reír, el punteo del sirtaki llega a su apoteosis y la pareja de amigos se pone a bailar sin freno, como en un antiguo rito dionisíaco. Con este aprendizaje, con este momento de iluminación, termina la película. Un final feliz memorable.

Yo llevaba años compartiendo esta sabiduría mediterránea al final de mis talleres, como la clave más profunda del verdadero sentido del humor. He liderado incontables veces un grito coral celebrando el «desastre esplendoroso». He reflexionado mucho sobre ese toque de locura necesario, esa posibilidad de ser libres y reír a carcajadas pase lo que pase.

Y ahora me volvía a encontrar esta escena como el ejemplo perfecto, según el propio Jon Kabat-Zinn, del mindfulness. Resultó que el libro más influyente sobre el tema, y por extensión de todo el movimiento iniciado por este profesor emérito de Medicina, trataba en realidad de cómo aprender y practicar el arte de abrazar la catástrofe completa. Trataba sobre mindfulness y sobre heartfulness, sin duda, pero también sobre PLAYFULNESS.

¿Cómo se abraza la catástrofe?

Durante la meditación, hay un momento clave. Un momento que se repite muy a menudo, y que ya he citado al inicio de este capítulo. Es el momento del fracaso.

Si has probado esta práctica, sabrás de lo que hablo. Tu mente se distrae. Deja de enfocarse en el momento presente. A veces se pierde en ideas o ensoñaciones. Otras le molesta un ruido o un picor en el codo. A menudo se aburre o se impacienta. Y, de pronto, te das cuenta de que estás en Babia, a cien mil años luz de lo que se supone que debías estar observando. A mí también me pasa, cada vez que me siento en el cojín. Por eso titulé mi anterior libro *Meditar se me da fatal*.

La respuesta a este momento es crítica. Quienes facilitamos cursos de mindfulness lo tenemos muy claro. Como ya he adelantado, al guiar las meditaciones invitamos a los participantes a abrirse con curiosidad hacia lo que acaba de suceder —o sea, al despiste— y luego a dirigir su atención de nuevo al foco con amabilidad. Repetimos una y otra vez que no hay motivos para evaluarse, criticarse o enfadarse. Y que si, a pesar de todo, se frustran y se dirigen bonitas palabras como «cafre», «troglodita» o «zopenca», que no hace falta evaluarse ni criticarse por haberse insultado. Que contemplen también esta reacción emocional con curiosidad e incluso con compasión.

Es una instrucción muy extraña, sobre todo cuando te inicias en esto de la meditación. No resulta nada fácil ponerla en práctica. Parece casi una broma de mal gusto. Porque si tratas de observarte así, descubres que tu mente hace lo que le da la gana. Ves cómo se revuelve, se escapa y se burla de ti sin parar. Descubres tener la mente descontrolada de un zombi. Y no es muy agradable encontrarte en el espejo con ese muerto viviente, una catástrofe hecha persona.

Los facilitadores insistimos una y otra vez en lo de la curiosidad y la amabilidad por un motivo muy sencillo: funciona. De hecho, se han realizado experimentos muy sofisticados para determinar que esta forma de guiar la práctica produce los beneficios más importantes. Mirar con interés, redirigir con cariño: mindfulness y heartfulness. Pero a la gente le cuesta entenderlo y más aún aplicarlo.

Y cuando digo «la gente» me refiero a esas personas que, como tú y como yo, tendemos a tomarnos las cosas muy en serio. Como un trabajo o una obligación. Con una orientación hacia el resultado.

Pero... ¿y si nos planteamos esto como lo haría Zorba el griego? ¿Y si en ese momento crítico nos REÍMOS del error?

Tampoco hace falta reír a carcajadas. Basta una ligera sonrisa. Una sonrisa que reconoce que esto de la meditación no es más que un juego. Que no importa el resultado. Que estamos aprendiendo. Y que equivocarse es justamente lo que nos hace humanos. La meditación no nos pide nada más, ni nada menos, que esta humanidad.

En un reciente retiro de silencio al que asistí —cinco días de prácticas meditativas—, nuestra maestra, Patricia Genoud, nos lo recordaba de vez en cuando:

—Tomaos esto en serio, pero no DEMASIADO en serio. Se puede sonreír.

Patricia sonríe mucho, con una sonrisa que con frecuencia se desborda en risitas cómplices y contagiosas. Esta mujer, formada en la tradición budista, nos anima a acercarnos a la práctica con ligereza. Sobre todo cuando la mente se nos pierde durante la meditación. Cuando fracasamos una y otra vez.

—¡Entonces es cuando el sentido del humor se vuelve muy útil!

Al decirlo, vuelve a reír.

Es una mujer mayor de arrugas bellas, pequeñita y vivaracha, que parece haberse vuelto sabia como una niña. Habla de cosas muy serias —tan serias como el sufrimiento y la ecuanimidad, el odio y la compasión, la vida y la muerte—. Sin embargo, esa sonrisa no desaparece de su rostro durante mucho tiempo. Me recuerda bastante a Yoda en versión femenina.

Sabiduría Jedi

Creo que este parecido no es casual. George Lucas, el autor de *Star Wars*, basó su orden Jedi en diversas tradiciones místicas, entre ellas el budismo que se estaba poniendo de moda en la California hippie de los sesenta donde creció. Cualquiera que haya curioseado un poco en la filosofía oriental se dará cuenta del parecido entre la Fuerza y el prana o el qi. Probablemente reconocerá también otras ideas clave, como la ecuanimidad o el apego. De Yoda a yoga hay solo una letra.

En *El Imperio contraataca*, cuando aparece por primera vez la pequeña criatura de piel verde y orejas puntiagudas, sus modales de ermitaño excéntrico se alejan de la solemnidad que podríamos esperar de un gran maestro espiritual. Yoda bromea, ríe con soltura e incluso le toma el pelo al neurótico Luke Skywalker, animándole con su ejemplo a desprenderse de las preocupaciones que le atormentan. ¿Cómo va a lograr que leviten objetos por los aires si no cultiva la ligereza?

Ahora entiendo por qué me cautivó *Star Wars* con tanta fuerza a los siete años. Y por qué un par de décadas más tarde me cautivó el yoga en cuanto lo probé. El llamativo espíritu juguetón de Yoda, irresistible para los niños y niñas de cualquier edad, es sin duda un homenaje a los sabios de Oriente. El Maharishi Mahesh Yogi, que acogió a los Beatles en su *ashram* de Rishikesh en 1968, se ganó el mote de *giggling guru* (el 'gurú risitas') porque reía continuamente en sus apariciones televisivas. Thích Nhất Hạnh, el monje zen vietnamita que inspiró muchas de las ideas de Jon Kabat-Zinn, siempre incorporaba la sonrisa en sus instrucciones de meditación, insistiendo en la posibilidad de que lo más sencillo —respirar, caminar, vivir— puede ser motivo de disfrute si prestamos verdadera atención. En sus meditaciones, una palabra que le gustaba pronunciar justo antes de dar paso al silencio era precisamente esta: *enjoy* ('disfruta').

Desde mis primeras experiencias con el yoga me sorprendió esta forma de abordar la espiritualidad. En Oriente una actitud alegre y risueña es señal de la verdadera sabiduría. Se admira a aquellas personas que han crecido lo suficiente como para recuperar una segunda inocencia, que consiste en desaprender todo lo que nuestra cultura nos ha inculcado.

¿Te has fijado en la expresión de Buda en las esculturas que lo representan? Su aspecto tranquilo y feliz es la prueba misma de su iluminación. Este maestro recomendaba cultivar una cualidad conocida como *mudita*, que suele definirse como «alegría no egoísta». Y algo parecido sucede en la tradición Vedanta, cuyos seguidores buscan alcanzar el *ananda* (la felicidad absoluta), una de las tres cualidades de la realidad última. Toda la desbordante creación, desde las partículas subatómicas hasta las colosales galaxias, se considera en el hinduismo la manifestación de *lila*, el juego divino, a veces representado como el baile del dios Shiva.

Esta visión desenfadada de la vida espiritual es común a todas las tradiciones contemplativas. Rumi, una de las principales figuras de la variante mística del islam, fue también poeta y cuentacuentos con una gran chispa cómica, además de creador del baile que siete siglos después mantienen vivo los derviches danzantes. En uno de sus poemas explica la conexión entre la verdad última y la alegría vital:

He desechado la dualidad, he visto que los dos mundos[2] *son uno;*
Uno busco, Uno conozco, Uno veo, Uno llamo.
Estoy embriagado con la copa del Amor, los dos mundos
[han desaparecido de mi vida;
no tengo otra cosa que hacer más que el jolgorio y la jarana.

2. Entiendo que Rumi se refiere aquí al «mundo» de la realidad última y al «mundo» ordinario que todos conocemos; a lo sagrado y lo profano, al cielo y la tierra, al servicio religioso y los servicios a los que luego acudimos por necesidades biológicas ineludibles.

También en la tradición contemplativa del cristianismo encontramos a los defensores del jolgorio y la jarana espiritual, alineándose con el origen de la eucaristía: una celebración mediterránea de la vida en la que no faltó el vino. En su libro *Biografía de la luz* el teólogo Pablo d'Ors escribe una larga reflexión sobre la anécdota bíblica en la que Jesús de Nazaret toma a un niño y declara tajantemente que solo los que se vuelvan como niños entrarán en el reino de los cielos. En un pasaje de este capítulo D'Ors afirma:

> Lo principal que debe enseñarse en el camino espiritual es a jugar..., es decir, mantenerse activos con el mundo sin afán de rendimiento, solo por disfrutar. No conozco a ningún adulto que dedique regularmente algún tiempo a jugar. No me refiero a entretenerse con una máquina para alienarse, sino a todo lo contrario: a mancharse las manos, a interactuar con los otros, a sacar lo mejor de sí sin atender al resultado.

Hago notar que este sacerdote y escritor, que fue nombrado por el papa Francisco consejero del Consejo Pontificio de la Cultura, no cita el juego como un simple paso dentro del camino espiritual. Ni siquiera un paso importante. Afirma que se trata de LO PRINCIPAL que debe enseñarse en este camino. Lo más importante de todo. La esencia de lo espiritual.

¿Qué estudian los estudios de mindfulness?

Actualmente se publican unos mil artículos científicos al año con la palabra *mindfulness* en el título. Pero ¿de qué hablan realmente estos estudios? La gente suele suponer que se han centrado en los efectos de la MEDITACIÓN: esa práctica milenaria de sentarse quieto, cerrar los ojos y mirar hacia dentro. Yo también creía lo mismo hasta hace bien poco. Pero si examinas estos artículos académicos con lupa descubrirás que no es así.

Tomemos como ejemplo esos monjes tibetanos cuya materia gris permanece en modo gamma día y noche. Sin duda dedican muchas horas al día a la meditación clásica. Pero la complementan con una gran variedad de ejercicios espirituales añadidos: el canto de mantras, el servicio altruista o la participación en ceremonias llenas de simbolismo. O sea, cosas bastante más extrañas (y seguramente más divertidas) que la austera meditación sentada. A veces con el añadido de unos vistosos sombreros amarillos que recuerdan a un enorme plátano o a la cresta de un papagayo.

¿Podemos asegurar que los efectos que ha detectado la ciencia dependen exclusivamente de la meditación que practican estos monjes? En absoluto. De hecho, si se lo preguntas a ellos, probablemente te dirán que el servicio altruista y los cantos de mantras son igual de importantes, o incluso más. Por no hablar de los estrambóticos debates monásticos, que se calcula que pueden ocupar hasta 25.000 horas de la educación de un monje, un tiempo comparable a su entrenamiento meditativo en silencio. Estos encendidos combates dialécticos —los monjes vociferan, ríen, saltan y dan fuertes palmadas— mantienen fascinados a los turistas aunque no entiendan ni papa.

En cuanto a las investigaciones experimentales con gente normal y corriente, el protocolo más estudiado es el que diseñó Jon Kabat-Zinn y que yo llevo enseñando desde hace cinco años: MBSR. Pero este curso de ocho semanas tampoco se limita a la meditación pura y dura. Y menos mal, porque si a los participantes de mis cursos los pusiera solo a meditar, la mayoría huiría antes de la tercera sesión.

MBSR está formado por todo un abanico de ejercicios, la mayoría de los cuales cualquier niño confundiría con juegos más o menos entretenidos. Sin ir más lejos, en la primera sesión se propone un clásico rompecabezas (lo encontrarás en el capítulo 7), movimientos físicos bastante excéntricos, diálogos improvisados guiados por la curiosidad, una exploración minuciosa de las sensaciones corporales, y el juego más divertido de todos: el de la uva pasa. Durante este último, que consiste en investigar uno de estos frutos arrugados con los cinco sentidos, suelen surgir aprendizajes sorprendentes y a menudo la risa compartida. Se plantea además como un juego imaginativo. En la guía oficial proponen la metáfora de un científico, pero muchos profesores emplean otra aún más lúdica: la de un ASTRONAUTA. Como ya estarás sospechando, también es mi favorita:

—Imagina que acabas de aterrizar en otro planeta y te encuentras con algo así por primera vez...

Este tipo de juegos no se limitan a la primera clase. De hecho, con el paso de las semanas se van acumulando tantas prácticas, con tantas variantes posibles, que si tuviéramos que enumerarlas todas rozaríamos el infinito. Al hacer el recuento, me ha sorprendido descubrir que la meditación sentada representa menos del 30 por ciento de la práctica formal, y si tenemos en cuenta la informal —prácticas como dar un paseo, desayunar o fregar los platos con atención plena— se queda relegada a una fracción bastante más pequeña.

Pero además los ejercicios que escogió Jon Kabat-Zinn son a su vez una pequeña fracción de los que podría haber escogido. Por ejemplo, en MBSR no empleamos la música: como mucho hacemos sonar algún cuenco armonioso al iniciar y terminar las meditaciones. Ni se canta como en el *kirtan* yóguico, ni se baila como hacen los derviches sufíes o los pigmeos en el bosque. Tampoco se practican artes como la caligrafía zen o la poesía de los místicos cristianos.

Sin embargo, los instructores de mindfulness animamos a nuestros alumnos a practicar la atención plena en cualquier situación, incluido el arte, el deporte y la música. Además, fuera del MBSR existen numerosos talleres, libros y retiros dedicados a la escritura mindful, la música mindful, el dibujo mindful y hasta el sexo mindful. El propio Kabat-Zinn recomienda en sus publicaciones entrenar la presencia haciendo *trekking* por la montaña, patinando sobre hielo o escuchando las inquietudes de tu hija adolescente. En un capítulo titulado «Limpiando los fogones mientras escucho a Bobby McFerrin», transforma una tarea doméstica que no suele entusiasmar a nadie en una especie de baile disfrutón.

La realidad es que no importa la forma exterior de la práctica contemplativa. Lo que cuenta es la actitud. ¿Y cómo es esta actitud? En la sesión introductoria de MBSR, entre las cinco recomendaciones importantes que debemos explicar a los participantes con claridad, aparece el siguiente punto (las negritas las he añadido yo):

> Cultivar activamente una actitud de curiosidad, dando incluso la bienvenida al escepticismo y tratando al programa como un laboratorio en el que la persona que participa en el curso es la científica; **esto incluye la posibilidad de que todo el programa sea abordado como una exploración, «un juego»**, una investigación y un rencuentro personal con cualidades de curiosidad e intimidad en relación con nuestras propias vidas.

Me llama la atención que lo de «un juego» se entrecomilla, como si les diera a las autoras de la guía un cierto pudor manejar este término. O como si quisieran distanciarse, de esta manera, de todas las connotaciones negativas que tiene en nuestro solemne Mundo del Revés. En cualquier caso, la misma invitación se repite a lo largo de la guía y del curso. En la versión original en inglés, se emplea la palabra *playful* otras dos veces para indicar la actitud correcta, junto a decenas de referencias a la curiosidad, la exploración y la experimentación. ¿Y no es la propia metáfora del laboratorio, de ponerse la bata de científica, un clásico juego de fantasía?

Quizá los científicos «serios», como Richard Davidson en su laboratorio de Madison, deberían reflexionar sobre el verdadero objeto de sus investigaciones. ¿No será que esos miles de artículos publicados cada año sobre mindfulness son en realidad artículos sobre el playfulness?

De la quietud meditativa a los saltos de Bruce Lee

No cabe duda de que la forma más pura de practicar la contemplación es quedarte quieto, en silencio y con los ojos cerrados, a ser posible en un lugar alejado del mundanal ruido. Y lo más lógico es adoptar para esto una postura erecta o semierecta, porque si te tumbas con los ojos cerrados es probable que pronto empieces a emitir ronquidos, cayendo en lo del yoga ibérico de Cela. Reduciendo las distracciones al máximo, creamos las condiciones ideales para profundizar en la propia experiencia. Esto explica que la meditación sentada, con sus numerosas variaciones en cuanto a postura física y foco mental, haya surgido en tantas tradiciones de contemplación, la vía más recomendada para los buscadores serios. Es el nexo que une prácticamente todas las culturas místicas.

Si consigues disfrutar meditando —o sea, sin hacer nada de nada— durante horas, días e incluso semanas, está claro que te has liberado de casi todo, como uno más de esos gurús risueños que acabo de describir. La vida se convierte para ti en un juego continuo. No te aburrirás en casi ninguna situación, ni tampoco sucumbirás al estrés. Pero este virtuosismo interior requiere un largo entrenamiento, y la meditación pura y dura no suele ser el método más asequible.

Por eso las maestras y maestros también suelen promover, además de este no hacer extremo, otras variantes más abiertas al mundo, más activas o incluso interactivas. El truco en todas ellas está en hacer sin hacer, o *wu-wei*, como dicen los taoístas. Se trata de aplicar una actitud lúdica, mediante la cual el resultado no importe.

La misma lección se desprende de las primeras técnicas orientales que se difundieron masivamente en Occidente, disciplinas corporales como el yoga, el taichí y las artes marciales. Tomemos estas últimas como ejemplo. A primera vista pueden parecer competitivas o violentas, pero su objetivo nunca es derrotar (y mucho menos dañar) al adversario —al menos según los grandes maestros—. El único y verdadero adversario es uno mismo.

Así lo explicaba Gichin Funakoshi, conocido como el padre del karate moderno:

> Puedes entrenar durante mucho tiempo, pero si simplemente mueves tus manos y tus pies y saltas arriba y abajo como un muñeco, aprender karate no es muy distinto a aprender un baile. Nunca habrás llegado al corazón del asunto; habrás fracasado a la hora de comprender la quintaesencia del karate.

Funakoshi enseñaba que el karate no tiene que ver con ganar combates o conseguir el cinturón negro, sino con la perfección del carácter. De hecho, este camino de perfeccionamiento implica respetar a los demás y evitar la violencia. Puede aplicarse no solo al combate sino a todas las actividades de la vida. Una de sus frases célebres era «espíritu primero, técnica segundo».

Funakoshi bien podía haber dicho «espíritu lúdico primero», ya que si luchamos por luchar (y no por ganar) se asemeja mucho este arte a las divertidas peleas que ocupan buena parte del tiempo de los cachorros de labrador, chimpancé y ser humano. Lo único que cambia es el asunto secundario de mover las manos y pies y saltar como un muñeco: los pasos del baile.

La meditación será el juego más puro, pero también resulta el más árido. Quizá no todo el mundo esté preparado para él, sobre todo al principio. En la mayoría de las tradiciones se practica en pequeñas dosis: un momento de recogimiento antes de comenzar el combate de judo, o unos minutos sobre el cojín como broche final de una clase de yoga. Las sesiones largas hasta hace bien poco quedaban reservadas para monjes y eremitas. Por no hablar de los retiros de silencio de varios días o semanas que se están poniendo de moda últimamente.

En las tradiciones contemplativas más asequibles, la intención sigue siendo meditativa pero se permite una mayor libertad para actuar, observar y expresarse. Lo importante es la actitud interna, que sin duda podemos identificar con palabras como «mindfulness», «contemplación» o «meditación», como suelen hacer los científicos que trabajan en este campo. Pero ¿por qué no también playfulness? Al fin y al cabo, las alternativas clásicas a la meditación a menudo se asemejan sospechosamente a los pasatiempos más divertidos: aguantar la respiración como hacíamos en la piscina, dibujar mandalas con arena de colores, pasear por un bosque en primavera, hacer tiro con arco, cantar y bailar en grupo, prolongar hasta el delirio el placer del sexo. ¿Y si empezamos a llamarlos *juegos* contemplativos?

Mente de niño

En el budismo zen los maestros nos recuerdan una y otra vez que volvamos a la mente de principiante. Significa acercarnos al mundo que creemos conocer como si fuera la primera vez, con curiosidad infinita. Dejando de lado lo aprendido, mirando como si no supiéramos nada de nada, podemos volver a alucinar con todo. Incluso con nuestras inevitables caídas de principiante.

Esto me lleva a una reflexión evidente: no hay principiante más perfecto que un niño o una niña. ¿Has tenido el privilegio de observarles alguna vez mientras aprenden a caminar? No se frustran al caer. No se insultan. De hecho a menudo —¡¡CATAPÚN!!— se ríen. Y cuando ya empiezan a controlar lo de caminar en llano, buscan siempre nuevos desafíos: cuestas, escaleras, obstáculos. Así hay nuevas oportunidades para caer, que es lo divertido del asunto.

Richard Davidson se refiere a una de las características más importantes en casi todas las tradiciones contemplativas como *lightness of being* ('ligereza del ser'). Los budistas, por ejemplo, cultivan la no identificación con el yo, o sea, con ese personaje que nos hemos construido a base de recuerdos y planes, hábitos y tendencias, deseos y miedos, placeres y dolores. Mediante esta práctica llegan a soltar al personaje y liberarse así del teatro cotidiano que los adultos solemos tomarnos tan en serio. Y no se trata solo de filosofía: la neurociencia ha comprobado que los ejercicios meditativos realmente consiguen debilitar la red neuronal que se encarga de construir el personaje del yo, permitiendo alcanzar la envidiable ligereza que puede observarse tanto en los grandes yoguis como en los niños y las niñas.

Abrirse con curiosidad. Redirigir con amabilidad. Soltar con ligereza.

Mindfulness. Heartfulness. Playfulness.

Tres formas de decir lo mismo, cada una desde una perspectiva distinta.

No es casualidad que Jon Kabat-Zinn haya titulado su libro *Full Catastrophe Living*. Es un título, en realidad, muy divertido. Pero para verle la gracia hay que tomarse esto de la espiritualidad —y por extensión, la vida— con ánimo lúdico.

Al inicio tenía mis dudas, pero cada vez estoy más convencido de que la actitud juguetona es la clave misma de la vitalidad que tanto escasea en el siglo XXI. Creo que se trata del verdadero antídoto, mucho más antiguo y natural que el budismo, el yoga o cualquier otra tradición contemplativa. A lo largo de este libro voy a tratar de acumular todas las posibles pruebas de ello, para demostrarte que hablo de un tema rigurosamente serio.

Aunque realmente tampoco hace falta recurrir a estudios científicos o a sesudos filósofos. Como dijo Groucho Marx en una ocasión:

> Esto lo entendería hasta un niño de cuatro años. ¡Rápido, busque a un niño de cuatro años!

Vamos a buscarle. Vive en un planeta que te sonará. Un planeta lleno de vida genuina.

Juegos de playfulness

LA CUCARACHA

Tiempo: 5 minutos.

Materiales: Esterilla o manta extendida sobre el suelo.

Descripción: Algunos asanas de yoga tienen nombres de animales: el gato, la cobra, el cuervo, el león. Pero probablemente no te suene la cucaracha. ¿Es yoga DE VERDAD? Depende de cómo lo mires. No creo que se haya practicado muy a menudo a las orillas del Ganges. Pero, por otro lado, muchos de los asanas más conocidos tampoco formaban parte de la ortodoxia yóguica antes del siglo xx. En realidad, lo importante en el yoga es la actitud interna, así lo llamemos *mindfulness*, *heartfulness* o *playfulness*. ¿Por qué no también con la cucaracha?

REGLAS

1. Túmbate bocarriba sobre una esterilla, con los pies separados a la anchura de los hombros y los brazos ligeramente separados del cuerpo.
2. Permanece un minuto o dos en quietud, conectando con las sensaciones físicas del cuerpo tal y como son

(temperatura, contacto, presión, tensión/relajación, cansancio/energía, hormigueo...).

3. Dobla las rodillas y coloca las plantas de los pies sobre el suelo, cercanas al tronco. Permanece así unos momentos, respirando y notando las sensaciones en la espalda y en todo el cuerpo.
4. Eleva los pies y empieza a agitarlos, disfrutando plenamente del movimiento. Eleva ahora los brazos y agítalos también, como si fueras una cucaracha y te hubieras quedado patas arriba, o como si cayeras del piso 57 de un rascacielos. De hecho, puedes gritar: «¡Aaaaaaaaaaaarghh!». No te cortes. ¿A que es liberador?
5. Trata de permanecer muy presente durante todo el ejercicio, disfrutando las sensaciones físicas.
6. Está permitido reírse.
7. Dale todo lo fuerte que quieras pero sin pasarte. Es fácil agotarse haciendo la cucaracha.
8. Opcional: ponte como banda sonora la famosa canción que cantaba el ejército revolucionario de Pancho Villa. Tiene sentido, porque, como comprobarás, este ejercicio es toda una revolución, sobre todo si te juntas con una buena tropa de cucarachas meditativas.

MINISTERIO DE LOS ANDARES RAROS

Tiempo: 10-15 minutos.

Materiales: Esterilla, alfombra, césped, arena o cualquier otra superficie cómoda para caminar.

Descripción: En un famoso *sketch* de los Monty Python, un hombre visita el Ministerio de los Andares Raros para exhibir la forma peculiar de caminar que está desarrollando. Espera conseguir una jugosa subvención, pero su prototipo no convence en absoluto al ministro. Inspirándome en esta joya de la comedia, te ofrezco aquí una práctica muy seria que puedes realizar con o sin bombín. Es una variación del ejercicio clásico de mindfulness que consiste en caminar de forma consciente. De hecho, comienza con las mismas instrucciones, para luego volverse progresivamente más excéntrico...

REGLAS

1. Colócate de pie, en una postura equilibrada, al inicio de una esterilla o un recorrido breve (bastan 5-10 pasos).
2. Permanece un minuto o dos en quietud, conectan-

do con las sensaciones físicas del cuerpo tal y como son. Si quieres puedes centrar la atención en un punto fijo, como la respiración en la zona del abdomen.

3. Lleva tu peso hacia el pie derecho, notando cómo cambian las sensaciones al hacerlo. Levanta el pie izquierdo y da un paso. Luego da otro con el otro pie. Y otro más. Lo que es caminar, vaya.
4. Cuando llegues al final de tu breve recorrido, da la vuelta y sigue el camino a la inversa.
5. Trata de prestar toda tu atención a la experiencia física. ¿Qué sensaciones se producen en las plantas, en los tobillos, en las piernas, en el tronco, en los brazos, en los hombros, en todo el cuerpo?
6. Si pierdes la atención porque se ve atraída hacia algún otro fenómeno —pensamientos, sonidos del ambiente, algún detalle de tu entorno— no pasa nada. Vuelve a traerla de nuevo, amablemente, hacia el paso que estás dando.
7. La idea es intentar permanecer siempre en «este» paso, en «este» momento. Normalmente queremos llegar a algún sitio, y los pasos no son más que medios para ese fin. Quieres ir de aquí hasta allí. Pero en este juego no hay allí, solo hay aquí. Puedes darte la bienvenida en cada paso. Ya has llegado.
8. Cuando hayas caminado durante un rato (unos cinco minutos), te invito a experimentar con distintas variantes. Por ejemplo, puedes cambiar de velocidad: más rápido o más despacio; con pasos enormes o muy pequeños; de lado como un cangrejo; hacia atrás (¡con cuidado!); como si tu cuerpo se hubiera vuelto muy ligero o muy pesado; como si caminaras con una gran tristeza, ira, miedo, felicidad o risa; puedes imaginar que el suelo se ha vuel-

to pegajoso, resbaladizo o achicharrante; que tienes que cruzar un campo de minas, una pasarela de moda, o una cuerda tendida entre dos rascacielos. Prueba estilos de todo tipo, todo lo que se te ocurra y te apetezca.

9. Investiga cada una de estas opciones durante dos o tres «largos», volviendo entre una variante y otra a un caminar neutro. Lo más importante es intentar permanecer siempre muy consciente de la experiencia, olvidándote del aspecto que tienes o de si lo estás haciendo «bien» o «mal». Aunque si surgen estos pensamientos y emociones relacionadas, puedes también observarlos como parte de la experiencia.
10. Ahora imagina que dentro de unos días tuvieras que presentar una nueva y original forma de caminar en el Ministerio de Andares Raros de los Monty Python. Quieres solicitar una subvención para desarrollarla como se merece y tienes poco tiempo para crear tu prototipo. Durante unos minutos diviértete inventando un nuevo estilo de andar «raro» que sea digno de tal subvención.
11. Como último experimento, imagínate ante el ministro y todo su equipo, demostrando la versión definitiva de tu innovación. Con toda confianza y dignidad.
12. Al terminar tu prueba, deja todo atrás y comienza a andar libremente, o sea, como te apetezca en cada momento. ¿Qué sucede entonces? ¿Cómo es la experiencia? ¿En qué se diferencia de como caminabas al principio?

JARANA MEDITATIVA

Tiempo: 5-15 minutos, o más cuando tengas experiencia.

Materiales: Silla o cojín de meditación.

Descripción: La meditación suele resultar muy frustrante porque queremos hacerla «correctamente» y conseguir algún resultado concreto como la calma o la concentración. También tiende a volverse aburrida según degenera en hábito. Pero ¿y si nos la tomamos como un juego, o incluso como una fiesta? En mi Club de Meditadores Imperfectos nos reunimos online, todos los miércoles por la tarde, para intentarlo.

REGLAS

1. Adopta una actitud de monje iluminado, Jedi, aspirante a Hogwarts o superhéroe/heroína. No hace falta que te sientes en postura de loto. De hecho, lo ideal es escoger una postura cómoda que puedas mantener durante todo el ejercicio; por ejemplo, sobre una silla normal y corriente, con la espalda erguida pero no rígida. Las manos pueden descan-

sar sobre los muslos, hacia arriba o hacia abajo. El disfraz es opcional.

2. Decide cuánto tiempo vas a jugar y programa un temporizador (basta con 5 minutos para comenzar).
3. Permanece un minuto o dos en quietud, conectando con las sensaciones físicas del cuerpo. Como si fueras un niño o niña que descubre por primera vez que tiene manos, pies y todo lo demás. ¿No es flipante?
4. Lleva tu atención a un foco concreto, el que tú prefieras. Por ejemplo, puedes elegir una zona del cuerpo donde sientas sensaciones claras, como el movimiento del abdomen al respirar. El objetivo es mantener la atención siempre ahí, como si fuera la pelota, el frisbi o la espada láser.
5. Puedes plantearte el juego así: ¿cuánto tiempo puedo mantener la atención fija en esa «pelota»? Tómatelo como un desafío divertido, igual que aguantar la respiración en la piscina, hacer malabarismos o mantenerte escondido sin que te encuentren.
6. En algún momento tu atención se escapará. Se esconderá. Se dejará llevar por un sonido, un pensamiento o cualquier otro fenómeno. Y te olvidarás de la pelota.
7. Cuando esto suceda y te des cuenta, no hace falta que te enfades. Al contrario, significa que has «pillado» a tu mente escondida detrás de la cortina. Puede ser motivo de celebración y de risas. ¡Lo más divertido es siempre caerse, mancharse, el error y el desastre!
8. Puedes incluso hacerte una ola con los dedos de las manos para celebrarlo. Y sonreír. Al fin y al cabo te has encontrado de nuevo. ¡Qué bonita reunión!

9. El juego vuelve a comenzar desde cero. ¿Cuánto tiempo conseguirás esta vez mantenerte ahí sin distracciones?
10. No importa cuántas veces fracases. Como en un videojuego, tienes todas las vidas que quieras. De hecho, cuantas más veces te equivoques, ¡mejor! La diversión está ahí. Y también el aprendizaje. Según los estudios, cada vez que vuelves a la pelota se refuerzan las conexiones neuronales que te permiten avanzar hacia el autocontrol y el bienestar.
11. Sigue jugando hasta que suene el temporizador.
12. Opcional (1): al inicio de la sesión, cierra los ojos y recrea en tu imaginación el lugar ideal en el que te gustaría meditar. Por ejemplo, una playa de Hawái, el centro de Stonehenge, las cataratas del Niágara, flotando entre las nubes como Mary Poppins. Trata de imaginártelo lo mejor que puedas (colores, sonidos, olores...). Y, sobre todo, disfruta. Mantén esta imagen durante unos minutos, respirando normalmente, y luego comienza la práctica. Cada vez que te despistes puedes volver durante unos momentos a este lugar y luego soltar la imagen.
13. Opcional (2): al inicio de la sesión, cierra los ojos y recrea en tu mente la imagen de una persona o criatura que admires, o que represente para ti la sabiduría, la compasión, el espíritu lúdico o cualquier virtud que te gustaría adquirir. Puede ser una persona real o también un personaje ficticio, como el señor Miyagi o Ahsoka Tano. Imagínatela frente a ti en postura de meditación, acompañándote y sonriendo. Disfruta del privilegio de su compañía. Al cabo de un tiempo trae mentalmente su figura hacia la tuya y conviértete en ella. Medita desde su propia sabiduría, ecuanimidad, sentido del humor... Cada

vez que te despistes, recuerda que te has convertido en esta figura durante unos momentos y luego vuelve a tu foco.

14. Opcional (3): sincroniza tu respiración con un sonido o palabra. Hay mantras clásicos como «OM», pero puedes experimentar con otros que tengan más sentido para ti: AHORA, AMOR, PAZ, MOLA, OLÉ, GUAU, MAMMA MIA, JOLGORIO, JARANA. Puedes imaginar esta palabra mentalmente o decirla en voz alta, en soledad o con todo un círculo de meditadores.
15. Opcional (4): invéntate tus propios juegos imaginativos inspiradores. Podrías recordar a todas las personas que te permitieron llegar hasta este momento. O sentir tu conexión, mediante el oxígeno, con el resto de la naturaleza. O imaginarte tan grande como una montaña, el planeta Tierra, el universo entero. Online y en las aplicaciones de meditación encontrarás mil variantes de este tipo de prácticas «generativas». Al final del libro he incluido una de mis favoritas.
16. Pase lo que pase, recuerda siempre que no se trata de obtener ningún resultado concreto, sino precisamente de darte la libertad para no tener que conseguir nada. Y si te estás aburriendo, es porque te has desconectado del momento. En cuanto enciendes tu curiosidad, vuelven el jolgorio y la jarana. O al menos un poquito más de chispa.

Parte segunda

LA UTILIDAD DE LO INÚTIL

4

EL PLANETA DEL PRINCIPITO

Eso nunca lo he intentado, o sea que creo que sin duda podré hacerlo.

Astrid Lindgren, *Pippi Calzaslargas*

Aquella tarde de noviembre mi sobrina Eva iba saltando alegremente por la acera, haciendo bailar sus trenzas y la falda de cuadros escoceses de su uniforme escolar. Era un martes, porque yo la recogía del colegio puntualmente todos los martes. Sus padres estaban encantados con este arreglo, porque así descansaban un poco y suponían —como solemos suponer los adultos— que acabaría enseñándole un montón de cosas sobre la vida a su hija. Pero, en general, las lecciones me las daba ella a mí.

De pronto la niña se detuvo en medio de la acera.

—Vamos, Eva —le dije—. ¿Qué haces ahí parada?

Se había quedado al borde de un alcorque, uno de esos recintos de tierra en los que luchan por sobrevivir los árboles urbanos. La pobre acacia debía haber muerto hacía tiempo, porque el metro cuadrado de barro estaba vacío. En una esquina, la más cercana a los zapatitos negros de la niña, se había acumulado algo de lluvia.

—Mira, Edu —me dijo, apuntando con un dedito hacia el agua mugrienta, donde flotaban al menos media docena de colillas—. Este es un charco MUY bonito.

Y entonces, al ver cómo se torcía mi expresión, añadió rápidamente:

—¡Pero no se puede saltar!

Ah, la pillería de los peques.

A sus tres años, Eva sabía perfectamente que chapotear en los charcos estaba terminantemente prohibido. Sabía que mancharía sus zapatos y la falda de su uniforme, provocando el enfado mío, de su madre y de su padre. Sabía que NO ESTABA PERMITIDO.

Y, sin embargo, quería dejar también constancia de la belleza de este charco, una belleza que se derivaba de la emocionante posibilidad de brincar alegremente en el líquido marrón, haciendo saltar por los aires todas las normas, cubriéndose de barro como en un ritual arcaico, salpicando el universo entero de alegría y porquería.

Además, existía una posibilidad —remota, sin duda— de que el tío Edu le permitiera cumplir su sueño. El tío Edu era imprevisible.

Pero en este caso no coló.

—Tienes razón, Eva —le dije—. No se puede saltar. Mira, ¿sabes lo que vamos a hacer?

—¿Qué?

—Vamos a sacarle una foto al charco. Así recordarás siempre lo bonito que es. Dentro de unos años te lo vuelvo a enseñar, ¿vale?

—Vale —respondió, un poco decepcionada.

Tras escribir estas líneas, doce años después, he cumplido finalmente la promesa. Acabo de llamar a Eva por videoconferencia. Como es lógico, ella no recordaba la escena.

—¡¡Parece pis!! —me ha soltado la ahora quinceañera entre risas al ver la foto, con cara de desagrado.

Sin embargo, tras la primera reacción, ha añadido, aún riendo un poco:

—Bueno, entiendo por qué dijo eso mi yo de tres años.

Y, finalmente, tras un silencio, la adolescente se ha puesto más seria.

—Si mi yo de entonces me lo pide, ¡yo salto!

Eva ya no luce sus antiguas trenzas, pero aún puede escuchar la voz de aquella niña traviesa. ¿Hasta cuándo mantendrá esa capacidad? Como tío suyo, espero que no la pierda nunca.

El desconcertante mundo de los niños

A todos los niños y las niñas les encantan los charcos. Igual que les fascinan los bichos y los gusanos, los dinosaurios carnívoros, los piratas despiadados y la caca. Sí, la CACA.

Viven en un mundo que a los adultos nos cuesta entender. Un planeta donde crecen los baobabs y campan a sus anchas las boas hambrientas. Para hacerte una idea de los millones de años luz que nos separan basta con que te fijes en los parques infantiles, esos espacios urbanos con toboganes y columpios anclados a un suelo de caucho antichichones. Los mayores los hemos diseñado —sensatamente— para que sean bonitos, cómodos y perfectamente ajustados a las normativas de seguridad. Sus formas redondeadas y colores primarios nos tranquilizan. Los creemos idóneos para la infancia, la tierna e inocente infancia. Pero ¿es esto cierto?

Hace un siglo, el arquitecto danés Carl Theodor Sørensen se dedicaba, entre otras cosas, a planificar las instalaciones de juego infantil de su país. Pero durante la Segunda Guerra Mundial se fijó en algo que le dejó atónito: los niños y las niñas preferían jugar en las zonas bombardeadas más que en los espacios creados a propósito para ellos. Parecían divertirse más en aquellos escenarios devastados, correteando entre las paredes derruidas, transformando la basura en juguetes y empleando los escombros para construir refugios, pasadizos y torres. A los adultos aquellos lugares de destrucción les horrorizaban, pero a los niños les ENTUSIASMABAN.

A Sørensen esta observación le hizo reflexionar. Quizá el mundo cuadriculado y pulcro de las ciudades no estaba construido a medida de estos pequeños salvajes. Todo era demasiado perfecto. «¡Eso no se toca!» «¡Cuidado, que lo rompes!» «¡Prohibido pisar el césped, pintar las paredes, hacer ruido!» Al empezar a ver las cosas desde aquel punto de vista, se dio cuenta de que nuestros paisajes urbanos eran un rollo total y absoluto. ¿Y cuál era el colmo de todo este aburrimiento? Los parques infantiles que él mismo diseñaba. ¡PUAJJJJ!

En 1943 Sørensen estrenó —como experimento— un tipo de parque completamente insólito a las afueras de Copenhague. Este *skrammellegepladser* ('parque de chatarra') era justamente eso: una especie de desguace repleto de ladrillos, neumáticos, trozos de madera, cuerdas, tubos, redes, pelotas, muebles abandonados y —en cuanto llovía— una gran cantidad de «bonitos» charcos. Su intuición resultó ser acertada. Desde el primer momento cientos de niños y niñas acudieron a aquella zona catastrófica para dar rienda suelta a sus instintos lúdicos. El sagaz arquitecto había entendido que los parques preconstruidos tenían poca gracia. La verdadera diversión estaba en construir (y destruir) tu propio parque, a ser posible sin ningún tipo de interferencia adulta.

Tras finalizar la guerra, estos caóticos espacios de juego —rebautizados *adventure playgrounds* o 'parques de aventura'— comenzaron a difundirse en el Reino Unido, Europa y Norteamérica. Junto con ellos se creó la figura del *playworker* ('trabajador de juego') que supervisaba la acción. Esta figura no intervenía, como estarás suponiendo, para coordinar las actividades, dar ideas o actuar ante los múltiples peligros que ahí se corrían. No impedía que un niño de seis años agarrara un martillo, prendiera un fuego o segara un tubo con una sierra (aunque sí podía preguntarle, respetuosamente, si había considerado los riesgos que implicaba lo que estaba haciendo). Su labor consistía sobre todo en proteger el espacio lúdico de la molesta interferencia de los adultos. Aparte de eso, actuaba solo en situaciones de emergencia, como una socorrista de playa.

Seguramente todo lo que te estoy contando te sonará a ciencia ficción —a ciencia ficción distópica—. ¿A que nunca has visto un lugar remotamente similar? Los parques de aventura comenzaron a desaparecer a partir de los años ochenta, como tantos otros espacios de libertad infantil (exploraremos este siniestro fenómeno en el siguiente capítulo). Los fuimos cerrando uno a uno, sustituyéndolos por las instalaciones clásicas que todos conocemos, con sus reconfortantes suelos de goma mulliditos.

Sin duda esta noticia te causará un gran alivio, igual que a mí. «¡Menos mal!», exclamamos con sensatez, tratando de borrar de la mente esa imagen del niño de seis años empuñando alegremente una sierra. Eso es porque ya no entendemos a los habitantes de aquel lejano planeta lleno de boas y baobabs. Para hablar su extraño idioma nos haría falta un buen intérprete, algún temerario viajero que, de vez en cuando, emprenda aquel viaje interplanetario.

Una fábula para mayores

El segundo libro más traducido de todos los tiempos (después de la Biblia) es *El principito* de Antoine de Saint-Exupéry. Se puede leer de principio a fin en menos de dos horas. Nadie lo considera un texto sagrado. Ni siquiera suele incluirse entre las grandes obras filosóficas de todos los tiempos. Al contrario: ha quedado relegado a la sección infantil de las librerías, una zona que goza de escaso prestigio entre los intelectuales de nuestra era.

Pero no nos engañemos. Detrás de su lenguaje sencillo y sus dibujitos naif se ocultan asuntos bien profundos. Cualquier adulto que haya intentado leerlo en voz alta para dormir a su hija se habrá percatado de que la fábula no va dirigida a ella. Va dirigida al centro de su propio corazón endurecido. Y duele.

El principito del título viaja por varios planetas y conoce a una serie de personajes que nos resultan muy familiares, sobre todo si llevamos más de dos décadas explorando el nuestro. En el primero vive un rey que dice dominar el universo entero —aunque realmente nadie le hace ni caso—. En otro se encuentra con un hombre de negocios que se pasa la vida contando y catalogando las estrellas, creyendo que así las «posee». En el tercero hay un alcohólico que bebe para olvidar la vergüenza de su adicción. En el cuarto se topa con un geógrafo que «conoce» todos los lugares del mundo sin haber visitado ninguno, y en el quinto con un vanidoso que necesita escuchar de los demás que es el hombre más admirado del planeta (pero que resulta ser su *único* habitante).

Para redondear esta demoledora crítica a nuestro Mundo del Revés, el principito explica que al visitar el planeta Tierra se encontró con ciento once reyes, siete mil geógrafos, novecientos mil hombres de negocios, siete millones y medio de borrachos, trescientos once millones de vanidosos; en otras palabras, dos mil millones de adultos.

En fin, cualquiera que piense que *El principito* es un libro infantil no sería capaz de distinguir un sombrero de un elefante devorado por una boa.

Hablando de dibujos

Hubo una época en la que te encantaba pintar. ¿La recuerdas? Podías dedicarle horas al asunto, maravillándote de cómo salía ese chorro mágico del rotulador. A veces delineabas formas caprichosas —tormentas de rayas, manchas rojas o azules, círculos concéntricos y todo tipo de psicodelias—. Otras, recreabas cuidadosamente un enorme arcoíris entre las nubes, o ese terrible monstruo que sospechabas que se escondía bajo la cama. Aunque no te dejaran construir una casa en un árbol con martillo y sierra, al menos podías diseñarla a todo color.

En aquella época no necesitabas lienzos, pintura ni cualquier otro material técnico. Te las arreglabas con un simple *rotu* y cualquier folio reciclado. Ni siquiera eso. Al parecer mis padres me pillaron en el salón de casa creando mi primer mural con los contenidos del pañal. ¿Y tú? ¿Cuántas paredes, mesas y suelos habrás marcado con tus obras espontáneas?

Lo que está claro es que no pintabas por motivos comerciales, ni tampoco por alcanzar la fama. Ni siquiera por obtener los aplausos entusiastas de tu familia, o el honor de que te enmarcaran algún cuadro y lo colgaran en la cocina. Pintabas porque sí. Por eso que a veces llamamos «el amor al arte». Disfrutabas jugando con los colores y las formas, llenando el mundo con el producto de tu inagotable imaginación. Eras ARTISTA, aunque esa palabra aún no la conocieras.

Los problemas, de hecho, comenzaron cuando descubriste la dichosa palabra. Cuando te hablaron de las grandes figuras de la historia del arte. ¡Leonardo! ¡Velázquez! ¡Monet! Tarde o temprano te llevarían a visitar museos, esos espacios donde atesoramos las obras maestras de nuestra civilización. Te explicarían la importancia de la perspectiva, la precisión técnica, el juego de luces y sombras. Alguien empezaría a enseñarte a dibujar y a pintar. Descubrirías la diferencia entre el arte famoso y el arte desconocido, el arte caro y el arte barato, el arte bueno y el arte malo. Y, si eras niña, te darías cuenta de que los genios eran casi todos hombres.

Fue el principio del fin. Frente a las obras maestras de Leonardo da Vinci, los garabatos que tus padres colgaron en la pared de la cocina te empezaron a dar asco. Se volvieron tan apestosos como los contenidos de cualquier pañal.

La importancia vital del juego

El principito vaga por la galaxia buscando amigos. Está solo y triste. Quiere encontrar a alguien con quien jugar. Es lo único que necesita para volver a ser feliz. Pero en esta búsqueda se encuentra solo con gente que parece haber olvidado la simple alegría del juego, adultos que malgastan la vida acumulando riqueza, dando órdenes, buscando adulación o ahogándose en el alcohol.

¿Es solo un cuento, o hay algo verdadero en el fondo de este lenguaje poético? ¿Se esconde entre sus palabras una rosa con espinas?

Los seres humanos no somos los únicos animales que jugamos. Este peculiar comportamiento parece estar codificado en el ADN de numerosas especies animales. Sobre todo en los animales más inteligentes, sofisticados y sociables. Los bonobos y los delfines, por ejemplo, son tremendamente juguetones.

Cualquiera que haya pasado un poco de tiempo con cachorros sabe que pueden dedicar horas y horas a perseguirse unos a otros, peleándose en broma o tratando de agarrar una pelota de colores vivos, exactamente igual que los pequeños *Homo sapiens*. Es uno de los motivos por los cuales disfrutamos tanto con estos adorables seres peludos.

Sin embargo, estas actividades «inútiles» resultaron bastante misteriosas para los primeros etólogos. ¿Qué sentido evolutivo podían tener? ¿No despilfarraban energía? ¿Para qué arriesgarse a las inevitables lesiones de esas peleas, persecuciones y acrobacias?

En el siglo XIX se creía que los jóvenes de estas especies debían de tener un exceso de tiempo y energía que el juego servía para liberar. Sin embargo, en 1898 el naturalista alemán Karl Groos propuso una teoría que le daba la vuelta por completo a esta suposición: no es que jueguen porque son jóvenes y bulliciosos, sino que la juventud es un periodo diseñado a propósito para que puedan jugar.

Según la perspicaz teoría de Groos, ahora comúnmente aceptada, la fase de la infancia permite a los miembros de estas especies aprender todo aquello que va más allá del instinto. Por eso son los animales más sofisticados los que más juegan. Los perros y los gatos se persiguen y luchan durante horas para entrenar la caza, el ataque y la defensa. También juegan a explorar el territorio, a saltar, a equilibrarse, a comunicar. Así es como entrenan las habilidades fundamentales para la vida adulta. Al mismo tiempo fortalecen el cuerpo, mantienen la mente activa y generan lazos de amistad y comunidad esenciales para su supervivencia.

¿Qué decir entonces del complejísimo ser humano? De todos los animales terrestres, somos los que menos dependemos del instinto. Los más libres. Los más sociales. Los que hemos acumulado una cultura más sofisticada: ciencia, arte, técnica, ritos e ideas. Resulta lógico suponer, por lo tanto, que somos los que más necesitamos jugar. Los que albergamos en nuestro interior el instinto de playfulness más potente.

Una pista la llevamos sobre los hombros. Durante la

niñez, los humanos tenemos un aspecto francamente peculiar en comparación con otros animales. Por culpa de nuestro enorme cerebro nacemos con una cabezota enorme pegada a un cuerpo ridículamente pequeño. Ni los delfines ni los perros recién nacidos presentan esta extraña deformidad alienígena. El cerebro humano sigue creciendo, pero llega al 90 por ciento de su tamaño hacia los cinco años de edad, mientras que el cuerpo permanece enano hasta llegar a la pubertad.

La evolución nos ha proporcionado este órgano gigantesco para absorber en pocos años la enorme cantidad de conocimientos que necesitaremos durante la vida adulta. Además, entre sus neuronas nos ha instalado unas ganas locas de explorar el mundo, imitar a los mayores, acometer desafíos, interactuar con los demás, probar infinitos experimentos de construcción y destrucción. Todo ello sin buscar nada a cambio y sin que nadie nos obligue a ello. Lo hacemos de buena gana, por pura diversión.

Este proceso de exploración se va desplegando poco a poco, desde que somos bebés. En los primeros meses dependemos para casi todo de mamá, papá y el resto del equipo cuidador. Esta base segura de amor es donde se despliegan los primeros juegos, en los que descubrimos cosas tan fascinantes como nuestras propias manos o la emoción de que nos lancen por los aires. Sigue siendo importantísima durante toda la infancia, pero pronto comenzamos a alejarnos de la base para explorar el mundo autónomamente, primero gateando, luego caminando, y muy pronto corriendo, en patinete, en bici y de mil maneras más.

Nos alejamos porque es emocionante abrir cajones cerrados, coger de la oreja a un «guau-guau» o probar a meternos el enchufe en la nariz. Inevitablemente estas atrevidas pruebas nos llevan, tarde o temprano, al error, al susto o a la caída. En palabras de mi madre: «¡Esas risas acabarán en lloros!». Y si la cosa es grave, efectivamente volveremos corriendo a mamá o papá con la cara empapada de lágrimas, buscando la seguridad de su cariño, su protección y su sabiduría: «¡Me ha mordido el guau-guauuuuuuuu!».

Pero en cuanto pase la crisis, volveremos a la carga. Y probablemente habremos aprendido la lección: es mejor no agarrarle la oreja al perro gruñón del vecino. Así, el ciclo vuelve a empezar, repitiéndose cientos, miles, millones de veces. Con el tiempo, gradualmente, se va ampliando el círculo de exploración y la complejidad de los desafíos, hasta que (con un poco de suerte) nos independizamos del todo y nos convertimos en la base amorosa de una nueva generación.

En resumen, estamos diseñados para jugar muy en serio durante toda la infancia. Maria Montessori, la célebre educadora, lo explicó con estas palabras:

EL JUEGO ES EL TRABAJO DEL NIÑO.

Por lo tanto, no hablamos de algo trivial. Ni siquiera de un aspecto secundario de la niñez. Si priváramos a un pequeño ser humano del juego, no solo le condenaríamos a una vida miserable, sino que asfixiaríamos su crecimiento. Quedaría desvalido, incompleto, retrasado. Sobre todo en relación a esos conocimientos que no pueden incorporarse mediante la simple lectura o la explicación —por brillante que sea— de una maestra. Jamás aprendería a tomar decisiones, a mover el cuerpo con destreza, a resolver sus problemas, a superar sus miedos, a formar amistades. Probablemente acabaría pareciéndose bastante a... un zombi. De hecho, esto es precisamente lo que ha sucedido en experimentos con ratas y monos a los que se les impide jugar: se vuelven asustadizos o agresivos, incapaces de relacionarse con normalidad.

Evidentemente no podemos replicar este tipo de experimentos con humanos, pero existen algunos estudios cualitativos —un tanto escalofriantes— que apoyan esta misma conclusión. Al doctor Stuart Brown le nombraron consejero psiquiátrico del estado de Texas tras una terrible masacre en 1966. Charles Whitman, de veinticinco años, se subió a una torre de la Universidad de Texas y mató a diecisiete personas. ¿Cómo era posible que un chico joven, apuesto, inteligente y aparentemente «normal» se comportara así? Durante el estudio piloto, Brown entrevistó a veintiséis asesinos encarcelados para tratar de descubrir qué tenían en común. Identificó dos factores:

1. Provenían de familias abusivas.
2. No tuvieron la oportunidad de jugar en su niñez.

Intrigado por el segundo factor, Brown ha dedicado su vida a investigarlo en mayor profundidad, para lo cual ha entrevistado a más de seis mil personas para compilar y analizar sus historiales lúdicos (el ejercicio que propuse al final del capítulo 1). Este trabajo le ha demostrado el terrible impacto que puede tener la privación del juego temprano en nuestra especie. Aunque no garantiza que sus víctimas vayan a convertirse en criminales, sí suelen mostrar mayor impulsividad, inflexibilidad, agresividad, adicciones y depresión. Los desafíos les desbordan y les cuesta formar relaciones interpersonales duraderas. En definitiva: un cuadro clínico muy similar al del zombi contemporáneo.

El milagro del aprendizaje temprano

Por el contrario, si damos rienda suelta a este poderosísimo instinto para perseguir metas sin más, simplemente por el apasionante desafío que representan, permitimos que se cultive en todas las direcciones imaginables. Piensa en todo lo que aprendiste antes del colegio. Es digno de asombro. De hecho, cuando los papás y las mamás primerizas nos dan la tabarra con cada logro de su retoño, no es solo porque hayan perdido la cabeza. Es porque se han percatado del milagro.

De los cero a los cuatro años absorbemos un complejísimo código simbólico basado en los sonidos —el idioma hablado—. Mi sobrina Eva, cuyos padres manejan el castellano, el inglés y el islandés, aprendió estos tres idiomas sin apenas darse cuenta ni recibir una sola clase formal. Y el aprendizaje no termina ahí. Desde que somos bebés comenzamos a dominar el sofisticado cuerpo humano para coger, manipular, soltar y tirar objetos; para gatear, caminar y correr; para saltar, trepar y bailar; para gestionar nuestros apetitos, reflejos y emociones. Nos volvemos actores en un variado teatro de interacciones sociales, pidiendo y recibiendo, preguntando y respondiendo, divirtiendo a los demás y molestándolos deliberadamente. Almacenamos en nuestras pequeñas mentes una inmensa biblioteca de datos sobre nuestro entorno natural y cultural: gastronomía, música, cuentos, paisajes, fauna, flora, arquitectura, profesiones, herramientas, marcas de ropa. Por no hablar, en el siglo XXI, de desbloquear el móvil de mamá, abrir la app de YouTube, sacar fotos, navegar por la web, usar videojuegos y enviar mensajes de audio y vídeo.

Nadie tiene que enseñarnos todo esto. No hace falta que nos lo asignen como deberes. Lo aprendemos todo por pura curiosidad. Por la emoción que nos genera conocer el mundo, interactuar con él, descubrir qué sucede si abrimos la puerta, pulsamos el botón verde o acercamos la mano al fuego. Por las ganas de ser como esa gente mayor que participa en las olimpiadas, pilota aviones, se enamora, opera a corazón abierto, da clases de Historia, escala montañas y sabe cómo funcionan los volcanes o los robots con inteligencia artificial. Porque nos encanta jugar.

El instinto natural del juego, que nos impulsa a hacer ciertas cosas simplemente por hacerlas, y no por una recompensa externa, es clave para alcanzar nuestro pleno potencial. Nos convierte, según el experto en juego Peter Gray, en verdaderas y voraces «máquinas de aprender». En 1999, Sugata Mitra, director de una empresa tecnológica de la India, instaló un ordenador en el exterior de su edificio, que se encontraba en uno de los barrios más pobres de Nueva Deli. Explicó a la chavalería que se acercó al extraño objeto —la mayoría eran analfabetos y jamás habían visto nada parecido— que podían jugar con él todo lo que quisieran.

El resultado le dejó atónito. En pocos días, sin instrucción alguna, decenas de niños y niñas de esta barriada habían aprendido a usar el sistema operativo, tocar música, jugar a videojuegos, dibujar y usar un montón de aplicaciones. Cuando el experimento se repitió en otros lugares, esta vez con acceso a internet, centenares aprendieron en pocas semanas a navegar por la web, descargarse documentos, mandarse emails y chatear. Muchos empezaron a aprender a leer por su cuenta. Otros ampliaron su vocabulario en inglés. En un pueblo remoto, un grupo llegó a descubrir la existencia de los virus y las bacterias, aplicando este conocimiento de forma adecuada. El poder de la curiosidad infantil no tiene límites.

Pero el juego es mucho más que un simple motor del aprendizaje —sobre todo para quien lo disfruta—. Porque, más allá de sus beneficios prácticos, nos proporciona lo que más anhelamos: la felicidad. ¿Qué mayor placer puede haber en esta vida que jugar? En un estudio de la Universidad de Stanford, comprobaron que dos de las zonas que más se «encienden» durante el juego son el circuito de recompensas (asociado a la motivación) y el hipocampo (asociado al aprendizaje y la memoria). Tiene sentido, ya que jugar es una forma motivadora de aprender y crecer. Pero, además, son justamente las zonas que tienen permanentemente apagadas las personas deprimidas.

Visto así, parecería bastante lógico que siguiéramos explorando y aprendiendo libremente durante toda la infancia, e incluso —¿por qué no?— a lo largo de la vida adulta.

Sin embargo, en nuestra civilización contemporánea no lo permitimos.

Como el principito, vagamos por un desierto lúdico.

El paraíso perdido

Hace un par de semanas visité los Museos Vaticanos, una colección tan gigantesca que si dedicaras un minuto a cada pieza tardarías casi cien días en verlas todas. Pero evidentemente hay obras que se merecen mucho más que un minuto —comenzando por la mítica Capilla Sixtina, la joya incuestionable de este suntuoso palacio-almacén—. El escritor Johann Wolfgang Goethe llegó a afirmar que quien no ha contemplado la Capilla Sixtina no puede hacerse una idea de lo que es capaz el ser humano.

Dediqué más de una hora a admirar los frescos de las paredes y techos de esta gran sala anexa a la basílica de San Pedro, escudriñando cada detalle con un par de prismáticos compactos —un instrumento que recomiendo vivamente a cualquier turista—. Michelangelo Buonarroti, uno de los grandes protagonistas del Renacimiento italiano, tardó más de tres años en decorar los cinco mil metros cuadrados del techo. Empleó colores vivos para representar nueve escenas de la Biblia, que, como recordarás, es el único libro aún más traducido que *El principito*.

La viñeta más famosa muestra a un Dios barbudo y musculoso creando entre las nubes al primer hombre, Adán, con el toque mágico de su dedo extendido. Pero quería hablarte sobre otra bellísima historieta multicolor que se encuentra unos metros más arriba, protagonizada por una serpiente tan robusta como la boa del principito. En este caso no parece haberse tragado ningún elefante.

Se trata del célebre cuento de la expulsión del Paraíso. Sin duda lo conoces, pero te invito a usar tus prismáticos para examinarlo un poco más de cerca. Adán y Eva viven felices en un frondoso jardín, inocentes, desnudos y perfectamente desocupados. Dios les explica que pueden comer los frutos de cualquier árbol menos uno: el árbol del conocimiento del bien y del mal. Le advierte a Adán que si desobedece las consecuencias serán terribles...

—El día que de él comieres, ciertamente morirás.

Como todos sabemos, basta que a los humanos se nos prohíba hacer algo (por ejemplo, saltar en un charco) para que se nos despierten unas ganas irrefrenables de hacerlo. La serpiente, esa que no se había comido ningún elefante, tienta a Eva justamente con el delicioso fruto del árbol prohibido, y los muy glotones acaban cayendo en la tentación. Como castigo, Dios los echa del jardín y los condena a tener que trabajar y sufrir para ganarse la vida, a ellos y a todos sus descendientes. O sea, a nosotros. Y lo peor de todo es que el jardín contenía también el Árbol de la Vida. Por lo tanto, al expulsarnos de allí, Dios cumple su amenaza, lo que nos condena a muerte.

El cuento de Adán y Eva no me lo creo literalmente. Incluso la mayoría de quienes practican el cristianismo suelen considerarlo, hoy en día, una fábula como la de Saint-Exupéry. Pero los apasionados lectores de cuentos sabemos que cualquier ficción puede contener verdades tan sólidas como las columnas de San Pedro. En la Capilla Sixtina, mientras apreciaba la belleza artística de esta escena a través de mis lentes de diez aumentos, reflexioné sobre la vieja historia del libro del Génesis. En concreto, me detuve en ese detalle del árbol «del conocimiento del bien y del mal». ¿Qué significa realmente?

—Seréis como Dios —dice la serpiente para tentar a Eva—, sabiendo el bien y el mal.

No está mal, como tentación. ¡Ser como Dios! Pero el conocimiento divino resultó tener sus inconvenientes. Antes de comer aquel fruto, Adán era como cualquier niño, Eva como cualquier niña: inocentes. No sabían lo que estaba bien ni lo que estaba mal. En otras palabras, no juzgaban. Fue solo al saborear por primera vez la suculenta y jugosa sabiduría prohibida cuando empezaron a juzgarlo todo. A poner lo digno arriba y lo indigno abajo. A admirar la belleza y desdeñar la fealdad. A querer ciertas cosas y odiar otras.

Al instante se dieron cuenta de que aquel señor barbudo que Miguel Ángel vistió con ropajes tan elegantes estaba muy arriba entre las nubes, mientras que ellos, desdichados y desnudos, se arrastraban por el suelo como la propia serpiente. Sintieron tanta vergüenza que se escondieron. Y así es como empezaron a morir: ocultando, literalmente, su cuerpo vivo.

El elixir de la juventud

Mi sobrina Eva, cuyo nombre remite a esa mítica antecesora humana, ya juzgaba a los tres años. Tenía claro que chapotear en charcos no estaba bien. Los adultos, por motivos prácticos, le habíamos cortado la posibilidad de practicar esta fabulosa combinación lúdica: experimento de física, ejercicio acrobático y prueba de resistencia. Había comenzado a interiorizar las infinitas prohibiciones que los adultos les imponemos desde las alturas: «¡No toques eso!», «¡Bájate de ahí!», «¡Quieta!», «¡Shhh!».

Pero mi sobrino Óscar, con sus dieciocho meses, vive aún en el paraíso de la infancia. Le basta poco para ser feliz: un mínimo de comodidad, el cariño de sus padres y, cuando aprieta el hambre, algo de comer. Como Adán y Eva en el Edén, está cien por cien libre de complejos. Se baña desnudo ante sus padres, tíos y abuelos. Comparte sus dibujos, sus bailes y sus experimentos con cualquiera. No tendría ningún problema en hacer pipí o popó aquí mismo. De hecho, la palabra CACA es una de sus favoritas. Aún no ha aprendido que tales sonidos, en nuestro mundo, no deben pronunciarse. No entiende aún las reglas más elementales.

Un pequeñín como Óscar impresiona por su increíble vitalidad. Su mera presencia nos insufla vida a los apagados mayores que le rodeamos. Por eso apetece tanto acercarse a una criatura de su edad.

¿En qué consiste esta vitalidad? ¿Cuál es la clave de eso que a veces llamamos «juventud»? Basta observar a Óscar para comprobarlo. Para él la vida entera —mientras no se asuste, tenga hambre o perciba alguna incomodidad física— discurre como un juego sin fin. El mundo se le antoja un parque infinito de aventuras. Se entusiasma con cualquier paloma que vuele sobre su cabeza. Si le acercas un regalo, es probable que dedique el mismo tiempo a jugar con la caja que con lo que tú consideras el juguete. Quiere saborearlo todo, y se mete en la boca cualquier cosa que encuentre en el suelo: una moneda, un envoltorio de chicle, una pinza para tender la ropa. En casa de su abuela, uno de sus pasatiempos favoritos es abrir las puertas de los muebles e ir sacando uno a uno todos los libros.

Semejante espíritu lúdico no sería posible sin la divina

inocencia de la infancia. Al no juzgar, Óscar se interesa por todo. Al no juzgarse, le da igual si se equivoca o mete la pata en público. Es un ser plenamente libre. El otro día nos dio un impresionante concierto sentado sobre el taburete del piano de su padre. Aporreaba las teclas y gritaba con la emoción de Elton John en el estadio de Wembley. Le daba igual el resultado. El impactante vídeo, enviado por WhatsApp a toda la familia, se ha convertido en uno de sus grandes éxitos.

Además, Óscar es afortunado porque, al igual que Elton John, vive en Inglaterra —el paraíso de los charcos— y porque sus padres le han comprado unas botas y un traje impermeables para que pueda saltar en el agua mugrienta todo lo que le dé la gana. El otro día le acompañé de paseo, después de una tormenta matutina, y no desaprovechó ni una oportunidad para hacerlo. Empleó todo tipo de técnicas: brincar una y otra vez, corretear a través del agua a toda velocidad, incluso tirarse al suelo en uno de los charcos más grandes y ponerse a «nadar». ¡Pura felicidad!

Estos maestros de vida nos enseñan el camino con cada uno de sus experimentos lúdicos. Pero no solemos tomarnos sus lecciones muy en serio. Según el principito, «las personas mayores nunca pueden comprender algo por sí solas y es muy aburrido para los niños tener que darles una y otra vez explicaciones».

Muñones del alma

Tarde o temprano, tenía que suceder. Descubriste el arte de Miguel Ángel y empezaste a comparar lo tuyo con lo suyo. O quizá fuera alguien quien te hizo reparar en ello: un profesor bienintencionado que te llevó a un museo, o un compañero de clase burlón y despiadado. Fuera como fuese, probaste la fruta del árbol del conocimiento y ya nada volvió a ser igual.

De pronto tus simples garabatos coloreados empezaron a avergonzarte. Pediste a tu madre y a tu padre que POR FAVOR descolgaran de una vez esas obras enmarcadas en la pared de la cocina. Comenzaste a distanciarte de ellas con tus muecas de adolescente. El placer de expresarte con formas y colores se marchitó ante las críticas ponzoñosas de tu entorno y del severo tribunal interno que se instaló en tu propia mente. Te convenciste de que no eras capaz. Que aquello no era para ti. Que no naciste con el talento necesario. Que eso estaba reservado para artistas, profesionales, genios.

Fue doloroso. Algo así como agarrar un cuchillo y extirpar de tu propio cuerpo un pedazo de ti, un pedazo que una vez amabas pero que habías llegado a odiar. Ahora de esa extremidad viva queda solo un muñón. No suele molestarte en el día a día. Pero, a veces, cuando te piden que dibujes algo, notas un dolor punzante. Y escondes el miembro mutilado.

Puede que me equivoque. Puede que en tu caso siguieras dibujando valientemente, que los grandes artistas te inspiraran a crecer, a mejorar tus trazos, a dominar las mezclas de colores. Puede que hasta te dediques profesionalmente al arte o al diseño. Pero, incluso si es así, probablemente sufrirás a menudo las críticas de los demás, te encontrarás con bloqueos creativos, te atenazará el miedo a entregar un trabajo mal hecho.

Existe en la literatura científica una línea entera de investigación dedicada a los efectos inhibidores del juicio ajeno. Los seres humanos somos seres sociales, exquisitamente sensibles a la más mínima señal de aprobación o desaprobación del grupo. De hecho, a veces basta la presencia de un público para que nos tiemblen las piernas y se acelere el corazón. ¿A que sabes a lo que me refiero?

La paradoja es que justamente cuando las cosas «tienen» que salir bien —porque creemos que nos están juzgando— es cuando peor suelen salir. Según los estudios, la presencia de un público evaluador a veces puede mejorar el desempeño, pero solo en una minoría muy concreta de casos: entre los expertos. Por ejemplo, el equipo del psicólogo James Michaels observó a un grupo de jugadores de billar, tomando apuntes de forma descarada. En el caso de los jugadores expertos, saber que se les observaba mejoró el rendimiento del 71 al 80 por ciento. El chute de emoción impulsó su juego. Pero bajo esta misma presión, los principiantes jugaron peor, con una caída de su rendimiento del 36 al 25 por ciento. Y existe una enorme cantidad de experimentos con resultados similares.

Este efecto, que el psicólogo Robert Zajonc denominó «facilitación social», explica el misterio de que los atletas olímpicos suelan batir los récords mundiales durante las competiciones más importantes y no en los entrenamientos. La emoción de encontrarse en ese momento de la verdad les da alas. Es solo entonces cuando alcanzan la gloria.

Pero la mayoría no somos atletas olímpicos. De hecho, ni siquiera los atletas olímpicos lo son hasta que no superan muchos años de entrenamiento, y siempre corren el peligro de venirse abajo ante la terrible presión del público. Incluso la mítica Simone Biles, conocida como GOAT (Greatest Of All Time, 'la mejor de todos los tiempos'), sufrió una crisis de confianza en las Olimpiadas de Tokio y tuvo que retirarse por motivos de salud mental. En cuanto al «divino» Miguel Ángel, parece ser que se resistió a pintar la Capilla Sixtina porque no se creía capaz. Llegó a sospechar que el encargo del papa Julio II pretendía provocar su fracaso y humillación. Otra artimaña más de sus envidiosos enemigos. También a él le perseguía la maldición del

Homo sapiens, el mono que sabe y que, por lo tanto, juzga y se autojuzga.

Quienes no hemos llegado a tales niveles tenemos aún más motivos para sentirnos aprendices o incluso impostores, sobre todo en una época tan acelerada, cambiante y competitiva. Hoy en día, en todos los ámbitos «serios» de nuestra sociedad —la educación, el trabajo, la familia, la política, la religión, el arte— sufrimos constantemente la amenaza de la crítica. Sin duda se trata de una de las causas principales del estrés que nos hace gruñir a los zombis del siglo XXI.

Por eso, uno de los conceptos más importantes de la psicología organizativa (de la que hablaré más en el capítulo 8) es la «seguridad psicológica», un clima de confianza que permite expresarse libremente, sin miedo al juicio ajeno. Es algo así como la extensión, en el mundo adulto, de la base segura de amor incondicional que ofrecen los padres al niño o la niña. Pero, desafortunadamente, suele brillar por su ausencia.

En nuestro Mundo del Revés, nos gusta incentivar el buen trabajo con recompensas, premios, y bonus. Sin embargo, y paradójicamente, esta estrategia tiende a empeorar los resultados. La psicóloga Teresa Amabile de la Harvard Business School, una de las principales autoridades en el ámbito de la creatividad, resume los resultados de su extensa investigación con su principio de la motivación intrínseca:

> Las personas serán más creativas cuando se sientan motivadas principalmente por el interés, la satisfacción y el desafío del propio trabajo, y no por presiones externas.

Efectivamente, ya te habrás dado cuenta de que esta motivación intrínseca se parece mucho a la motivación que define la actitud lúdica. Se parece tanto que sería difícil distinguirlas. Teresa Amabile podría muy bien haberlo llamado el «principio del playfulness». Y la creatividad es solo un ejemplo. Desde hace cincuenta años se han acumulado evidencias convincentes de que la motivación intrínseca fomenta el aprendizaje, el desempeño, las relaciones sociales y el bienestar. También en el mundo adulto, jugar nos permite crecer.

Pero, por desgracia, nuestra sociedad se basa casi por completo en los rankings y las evaluaciones, los premios y los castigos, las comparaciones con incontables modelos de perfección. Tales presiones nos empujan a abandonar la mayoría de los caminos lúdicos, intimidados por el juicio ajeno. Nos mutilamos una y otra vez. Cuando hablé de zombis atrofiados en el primer capítulo de este libro, me refería también a esto. Somos tristes engendros, malheridos por todas partes. Seres asustadizos que nos ocultamos de cualquier mirada. Adanes y Evas paralizados por la vergüenza.

La adolescencia suele ser un momento especialmente doloroso en este sentido. A partir de la pubertad nos expulsan definitivamente del paraíso de la inocencia. En esta transición hacia el mundo adulto se incrementa la presión para ser responsable, obtener buenas notas, tener opiniones propias, seguir las últimas modas culturales, encontrar pareja, conseguir un buen trabajo y salvar el mundo. Alejados del amor incondicional que en la infancia les sirvió de base segura, los adolescentes se sienten continuamente juzgados por las opiniones, a veces sofocantes, de todo su entorno. Para colmo, el Big Bang digital de los últimos años los ha expulsado de su pequeño círculo de conocidos para catapultarlos a un mareante universo de estrellas con las que compararse. Es lo que le toca ahora a mi querida sobrina Eva.

Cuando fui John Travolta

Una de las experiencias cumbre de mi niñez la viví cuando mis padres me llevaron a un gigantesco circo que se alzaba sobre la plaza de Castilla de Madrid hacia el año 1978. No me refiero a las temeridades del famoso domador de leones Ángel Cristo. Ni tampoco al vuelo del Hombre Bala. Llegó a mitad del espectáculo y me lo regaló el presentador del circo, un señor vestido con el clásico traje rojo y una chistera negra altísima que parecía querer compensar su corta estatura.

Se trataba del legendario Torrebruno. Todos los niños españoles de mi generación conocíamos al simpático personaje televisivo por series como el *Agente 003 y medio*, en el que interpretaba al detective Rocky Chaparro. Para nosotros, el verdadero Rocky era este, y no ese otro italiano desgraciado que boxeaba en América.

Después de los leones y los trapecistas, Torrebruno nos anunció desde el centro de la pista que necesitaba voluntarios para un juego muy divertido. Inmediatamente me puse a agitar el brazo y a chillar:

—¡Yo! ¡Yo! ¡Yoooooo!

No fui el único. Por lo visto Rocco Torrebruno había sido el encargado de presentar a John, Paul, George y Ringo en el concierto que dieron los Beatles en la plaza de toros de Madrid algunos años antes. Pero dudo que los gritos de los beatlemaníacos superaran los desesperados chillidos infantiles que llenaron la carpa en ese momento. Parecía imposible que me seleccionaran a mí entre tantos. Grité como nunca. Agité el brazo todo lo que pude.

A veces los sueños se cumplen. El dedo del señor bajito con la chistera me estaba apuntando. Mi familia se dio cuenta antes que yo. O quizá no quise creérmelo. Me empujaron hacia las escaleras y de pronto me vi corriendo hacia la enorme pista principal con el corazón latiendo a mil. Estaba pisando la misma arena que habían revuelto acróbatas, payasos, leones y elefantes. Rocky Chaparro en persona me estaba acercando el micrófono para que me presentara delante de todo el público.

—Eduardo.

—¿Y te gusta bailar, Eduardo? —me preguntó con su acento italiano.

—¡Sí! —respondí.

Era cierto. Según mis padres, a los dos años ya daba vueltas y vueltas escuchando el *Cascanueces* de Tchaikovsky hasta caer desplomado. Por otro lado, Torrebruno jugaba con ventaja. Sabía que a todos los niños y niñas les encanta bailar. Igual que les encanta pintar.

—Pues menos mal —respondió, haciendo como que se limpiaba el sudor de la frente aliviado—, ¡porque esto es un concurso de baile!

Tras entrevistar a cada participante, el presentador nos colocó en dos filas enfrentadas: diez niños frente a diez niñas.

—Cuando dé la señal —explicó—, cada niño buscará a su pareja de baile.

Eran los años setenta. El circo salía en el *primetime* televisivo, las fieras se domaban a latigazos y a los niños se nos enseñaba que debíamos tomar la iniciativa en estos asuntos.

Yo no me lo pensé dos veces. En cuanto Torrebruno dio la señal salí disparado en diagonal hacia la niña que más guapa me había parecido. En mi memoria es Olivia Newton-John con siete años. Al verme correr hacia ella, Olivia me sonrió de oreja a oreja, como si yo fuera John Travolta y lleváramos toda la vida esperando este momento. Nos cogimos de las manos y me pareció estar viviendo la mayor aventura de mi vida bajo el calor y la luz deslumbrante de aquellos focos.

De pronto Torrebruno anunció el inicio de la competición. La banda se puso a interpretar una serie de ritmos clásicos y las diez parejas comenzamos a danzar por toda la pista. Jamás había dado una clase de baile en mi vida. No tenía ni idea de cómo seguir los pasos del vals, el chachachá o el rock and roll. A pesar de ello, esa niña y yo nos movimos con el desparpajo y la coordinación de los protagonistas de *Grease*. O al menos así quedó grabado en mis neuronas para siempre. Mientras tanto, la pequeña Olivia Newton-John no dejaba de mirarme con su preciosa sonrisa. Delante de miles de personas fuimos absolutamente felices bailando.

Al parecer no fue solo mi impresión. Cuando el público votó su pareja favorita mediante aplausos, la ovación más entusiasta nos la llevamos Olivia y yo. Torrebruno nos regaló a cada cual una bicicleta —en mi caso no cualquier bicicleta, sino MI PRIMERA BICICLETA, la Torrot rojiblanca con la que aprendí a montar sobre dos ruedas—. Por lo tanto, gracias al payaso Torrebruno poseo pruebas objetivas de que bailar no se me debía dar del todo mal. Algún talento debía de tener si conseguí improvisar tres bailes y ganar el primer premio.

Odio bailar

A principios de los años ochenta, mi familia se mudó a vivir a Los Ángeles. En esta ciudad de las estrellas me sucedieron cosas increíbles. Conocí a Silvester Stallone (el otro Rocky), visité Disneylandia y a los quince años asistí a una fiesta en un High School norteamericano como el de *Grease*. Según me contaron, el año anterior habían tocado allí The Bangles, ¡las del superéxito *Walk Like an Egyptian*!

Considerando mi triunfo en el circo de Torrebruno,

sería lógico suponer que aprovecharía al máximo esta oportunidad para mostrar mi poderío sobre la pista de baile, que me lanzaría con idéntico brío al hiphop *ultracool* de Run DMC, al pop ligero de Bananarama y —por supuesto— al movimiento faraónico de las Bangles, que no me costaría nada acercarme a la chica más guapa del lugar, con su mata de pelo sexy punk a lo Madonna, y sacarla a bailar algún tema meloso de Boy George.

Pues no.

Fue una de las noches más humillantes de mi vida.

No me atreví a bailar EN TODA LA NOCHE.

Durante horas mi corazón se emocionaba con la idea de salir al centro, donde todo el mundo se contoneaba y saltaba alegremente. Pero no conseguía alejarme de la pared. Ejercía sobre mí un fortísimo poder magnético. Apoyado contra la tranquilizante solidez de aquel muro, la idea de bailar delante de todas las miradas, iluminado por los focos de colores, me espantaba. Era un riesgo inasumible. Solo haría el ridículo.

Yo no sabía bailar con la soltura y la gracia de aquellas chicas americanas. Además, no estaba vestido a la última moda. Mi físico dejaba mucho que desear. Tenía granos. Mejor intentar pasar desapercibido en la oscuridad, lo más lejos posible de la pista. También esto era ridículo, claro: venir a una fiesta de baile para no bailar. Pero incluso tal humillación era preferible a la alternativa. Así pasé la noche entera, contemplando cómo se divertían los demás mientras yo me hundía en un pozo cada vez más profundo de miseria.

A partir de entonces decidí que no me gustaba bailar. Cuando volví a Madrid a los dieciséis años me junté con una cuadrilla que eran profesionales como yo de sostener la copa en la esquina de las discotecas, inmutables ante la música atronadora del lugar. De hecho evitaban esos lugares tan caros: preferían pasar la noche conversando y jugando al futbolín en pequeños garitos de Malasaña como el Laberinto o La Vía Láctea, donde te vendían un «mini» de cerveza (un litro servido en un enorme vaso de plástico) por 200 pesetas.

Sin embargo, de vez en cuando tocaba mover el esqueleto. Era imposible evitarlo del todo, sobre todo cuando salía con mis compañeros del instituto. Pedro, conocido como «Pera», se colaba gratis en todas las discotecas de Madrid. No porque le confundieran con Bono de U2 —pelo largo recogido con un bandana, pendiente de aro, abrigo negro y pulseras de cuero—, sino porque la belleza de su novia, Diana, una modelo, abría todas las puertas de la noche madrileña.

Pera, aparte de saltar con el puño alzado cuando sonaba *Sunday Bloody Sunday*, tampoco bailaba mucho. El que sí lo hacía era su inseparable amigo Ignacio. Eran los tiempos de la primera música *acid house*, y esos ritmos electrónicos ligeramente psicodélicos a Ignacio le entusiasmaban. De hecho fue la visión de este chico, desatado, lo que me liberó finalmente de mis complejos.

Zarpazos de oso

Estábamos sobre la pista de la discoteca Graf, en un pequeño círculo cerca de la barra del bar. Yo trataba de moverme lo mínimo, agarrado a una copa de tubo medio vacía a modo de salvavidas. Esperaba que nadie se fijara en mis movimientos patosos.

Estaba sonando uno de los primeros temas épicos del *house music*, *The Party*, en el que un pionero DJ conocido como Kraze repetía una y otra vez, sobre un ritmo machacón de bombo y unos sencillos acordes de piano y trompeta, la pregunta:

—*Y'all want this party started, RIIIIGHT?*

O sea, 'queréis que empiece la fiesta, ¿VERDADDD?'.

Ignacio, desde luego, la quería empezar a tope. Parecía empezarla desde cero, con renovadas energías, cada vez que la pregunta de Kraze volvía a hacer vibrar el espeso humo que iluminaban los focos giratorios. Saltaba sobre una pierna y la otra, agitaba los brazos, extendía y retiraba la cabeza como una despeinada paloma callejera. Lo estaba dando todo.

De pronto me fijé en él. Y caí en algo elemental. Ignacio no bailaba «bien». O sea, no se movía de forma especialmente elegante. Respetaba el simple ritmo 4 x 4, sin duda, pero más allá de esto parecía un oso dando zarpazos para quitarse de encima un enjambre de abejas —y a ciegas, porque la mitad del tiempo sus ojos permanecían cerrados—. La cara, sudorosa y roja, había perdido cualquier semblanza de aplomo. Apretaba los dientes y se le retorcían los labios como a Mick Jagger. Una enorme vena en su frente parecía a punto de reventar. Pero, obviamente, todo esto le daba absolutamente igual.

Al acabar la canción se lo tuve que preguntar.

—Pero ¿tú cómo bailas, tío? ¿No te importa lo que piense la gente?

Ignacio se partió de la risa. Y luego me explicó su sencilla filosofía discotequera, encogiéndose de hombros.

—Yo vengo a divertirme. Paso de todo lo demás.

BOOM-BOOM-BOOM-BOOM...

Volvió a explotar en la sala un nuevo ritmo *house*, arrastrando a mi amigo una vez más hacia su alocado trance. Durante unos segundos me quedé allí plantado, observándole atónito. No había nadie en todo Graf que se entregara así a la música. Parecía un sátiro en un arcaico ritual. O un enano escuchando el *Cascanueces* de Tchaikovsky. Si Torrebruno hubiera aparecido por ahí aquella noche, le hubiera regalado una Torrot al instante.

Entonces decidí que había llegado el momento, finalmente, de EMPEZAR LA FIESTA. Dejé la copa sobre una repisa y volví a mi lugar en el círculo. Cerré los ojos. Conecté con el ritmo. Comencé a moverme de un lado para otro, a soltar esos músculos agarrotados, a dejar volar mis brazos.

Y así, sin más, volví a ser John Travolta.

Desde entonces, bailo. No digo que baile «bien». Tampoco que haya superado del todo la timidez que a veces puede invadirme en situaciones públicas. Pero agradeceré siempre a Ignacio que me enseñara este atajo a la libertad. ¿Cómo ponerle un precio a todo el disfrute que me ha proporcionado el baile en discotecas, fiestas y conciertos? Conocí a mi pareja, hace casi treinta años, bailando. Entré en el siglo XXI bailando. Decidí celebrar mis cincuenta, en medio del confinamiento por la crisis del COVID-19, con una fiesta virtual animada por ritmos rockeros, disco, house, acid-jazz, grunge, pop y tecno. ¡Gracias, Ignacio!

El secreto de la eterna juventud

Eva, a sus tres años, sabía ya que saltar en los charcos estaba mal. Muy mal. Como su tocaya del cuento del Génesis, había mordido el fruto prohibido. Ahora, a los quince, el efecto de ese mordisco ha penetrado tan profundamente que le cuesta entender el atractivo de ese charco mugriento que inmortalicé con la cámara de mi teléfono. Día a día sigue adentrándose, irremediablemente, en el mundo adulto, donde todo se mide, se evalúa y se juzga según las reglas establecidas. Un mundo serio de competitividad salvaje, de amenazas continuas, de estrés y desconexión. Un mundo de muertos vivientes.

Pero no todo está perdido.

Eva es medio islandesa. Poco antes de nacer, unos compatriotas suyos, el grupo Sigur Rós, publicaron una canción que tuvo un extraordinario éxito internacional. Se utilizó como banda sonora de uno de los más inspiradores cantos a la vida jamás producido por el ser humano: la deslumbrante serie documental *Planet Earth*, narrada por el biólogo David Attenborough. Seguramente la habrás escuchado alguna vez, porque se ha usado también en una infinidad de anuncios. Y, si no, te recomiendo que la googlees ahora mismo y te la pongas como fondo musical del resto de este capítulo: «Hoppípolla», que significa precisamente 'saltando en charcos'. Es uno de esos grandiosos milagros musicales, como el final de *Hey Jude*, que te ensanchan el corazón.

El vídeo que la acompaña profundiza aún más en estas emociones. Vemos a una pandilla de personas ancianas, hombres y mujeres, que se dedican a divertirse mediante juegos y travesuras clásicas. Llamar al timbre de una casa y luego salir corriendo. Luchar con espadas de madera disfrazados de piratas. Tirar petardos. Pintar grafitis. Y, por supuesto, saltar alegremente en los charcos.

Estas imágenes nos recuerdan que con los años hemos perdido algo importante, quizá incluso lo más importante: el disfrute. El paraíso de la inocencia. El espíritu del juego, en el que todo es posible y no importa el resultado. Incluso cuando te das un mamporro y te acaba sangrando la nariz, como dicen los Sigur Rós en la canción, te puedes volver a levantar. Porque las aventuras son así, la vida es así. Esta vida que transcurre una gota a la vez. La frágil e irrepetible burbuja que te envuelve ahora mismo, mientras lees estas palabras.

Sigur Rós se han unido así a la larguísima lista de personas despiertas que nos han animado a recuperar este playfulness, el secreto de la eterna juventud. Antoine de

Saint-Exupéry nos lo recordó con su principito, un cuento que de infantil no tiene nada. ¿Y qué decir de Picasso con su mirada cubista? ¿O de Tina Turner haciendo que cien mil espectadores muevan el culo? ¿O de Einstein sacándole la lengua al universo newtoniano? ¿O de Greta Thunberg mofándose de los gobiernos adultos y de su estéril BLABLABLÁ ecologista?

Recientemente, el crítico literario italiano Nuccio Ordine, que fue profesor en Harvard y la Sorbona, publicó un breve pero explosivo libro titulado *La utilidad de lo inútil*. Este manifiesto reúne en sus páginas a numerosas figuras de la cultura universal que han defendido a capa y espada la importancia de todo aquello que no tiene un valor práctico, desde la ceremonia oriental del té a la ciencia «pura» del iluminismo. Desfilan por sus páginas filósofos como Aristóteles y Zhuangzi, novelistas como Cervantes y Victor Hugo, poetas como García Lorca y Baudelaire, matemáticos como Arquímedes y Poincaré, dramaturgos como Shakespeare y Ionesco. La siguiente cita de este último habla por todos los demás:

> Si no se comprende la utilidad de lo inútil, la inutilidad de lo útil, no se entiende el arte. Y un país en donde no se comprende el arte es un país de esclavos o de robots, un país de gente desdichada, de gente que no ríe ni sonríe, un país sin espíritu.

Eugène Ionesco se refería aquí, evidentemente, a los muertos vivientes que protagonizaron algunas de sus obras más célebres, como *Rinoceronte*. Pero su teatro del absurdo iba más allá de la fantasía. Como don Quijote, todos estos defensores del playfulness luchaban contra fuerzas monstruosas —y no contra simples molinos—. Saint-Exupéry escribió su célebre cuento mientras un ejército de zombis invadía su país, quemando primero libros y luego personas. Estos engendros inhumanos, dominados por los «anillos del poder», los retrató también J. R. R. Tolkien en su serie épica de la Tierra Media. Para Michael Ende, en su genial *Momo*, eran los fantasmales «hombres grises» que engañan a la gente para ahorrar un tiempo que luego se quedan ellos para siempre, robándoles así la vida.

Es una vieja historia que lleva inquietándonos desde tiempos bíblicos. Y creo que ha llegado el momento de tomárnosla muy en serio. Sobre todo porque en el siglo XXI ni siquiera a los niños los dejamos ya jugar a gusto. Para encontrar el verdadero juego, y algo de esperanza, vamos a tener que emprender un viaje nostálgico hasta los míticos años ochenta, antes de que el Mundo del Revés se los tragara por completo...

Juegos de playfulness

VOLVER A SER ARTISTA

Tiempo: Media hora todos los días.

Materiales: Un cuaderno y un bolígrafo.

Descripción: La guionista de Hollywood Julia Cameron ha ayudado a millones de personas a recuperar su creatividad natural con su libro *El camino del artista*. Varias celebridades, entre ellas la escritora Elizabeth Gilbert, el músico Pete Townshend y la actriz Kerry Washington, han reconocido el fuerte impacto que tuvo este manual en sus carreras. Si aún no lo conoces, te recomiendo su lectura. Mientras tanto, aquí tienes un resumen de las dos prácticas fundamentales del libro, basadas en las dos modalidades más típicas del juego infantil: la exploración y la experimentación. Sabiamente, esta pionera del playfulness describe sus ejercicios como juegos y también como prácticas espirituales. Sobre todo NO te las tomes como obligaciones. Recuerda que son espacios para el disfrute, meditaciones creativas, regalos que te haces.

REGLAS

1. El primer juego, la «cita con el artista», consiste en sacar de paseo a tu artista interior para ver una obra de teatro, visitar un museo, pasear por el bosque, descubrir un barrio desconocido o hacer cualquier otra actividad inspiradora.
2. Agenda una cita al menos una vez por semana, y defiéndela de cualquier tentación interna o presión externa. Como los supervivientes en las pelis de zombis, tienes que construir barricadas y sacar la escopeta para proteger tu refugio creativo. (Hablaré más de este refugio en el capítulo 8.)
3. Acude a solas a esta «cita con tu artista» para no distraerte y seguir tu propio ritmo e intereses. Y apaga el móvil o ponlo en modo avión.
4. Una vez allí, no se trata de encontrar algo concreto, ni de acumular cultura para demostrar a los demás lo que sabes, ni tampoco de obedecer a la moda o a la crítica. Se trata de seguir tu curiosidad dondequiera que te lleve, de alimentar la imaginación hambrienta, de absorber nuevas ideas para así sentirte viva o vivo. ¡Disfruta!
5. Además de este juego semanal, Cameron recomienda escribir, en cuanto te levantes cada mañana, tres páginas manuscritas con lo primero que se te pase por la cabeza. Da igual lo que escribas en estas páginas matutinas. No tiene por qué ser divertido, original o coherente. Es simplemente un ejercicio de escucha en el que vuelcas lo que va saliendo (como si se tratara de un dictado de las musas) para así liberar tu creatividad. Julia Cameron confiesa que se ha convertido para ella en su particular forma de meditación.

6. Aunque Cameron propone este ejercicio para artistas de todo tipo, hay que recordar que ella es guionista. En mi opinión, el ejercicio podría adaptarse a otros géneros. En vez de escribir tres páginas, un pianista aficionado podría dejar que sus manos recorran el teclado libremente, tocando lo que quieran y como quieran. Un dibujante podría dejar que el lápiz se mueva solo. Una bailarina podría ir liberando su cuerpo poco a poco, con o sin música. Un escultor podría crear una obra cada mañana con plastilina. En cualquiera de estos casos, el énfasis se pone en la escucha, dejando que la creación salga sola. Permitimos que todo sea bienvenido, incluso la mayor CACA (uso esta palabra tan amada por los pequeños a propósito, para que sepas que voy en serio).
7. Durante estas dos prácticas puede que sientas pereza, culpabilidad, vergüenza, miedo o frustración. Estos frenos emocionales provienen de tu zombi interior, que tratará de detenerte por todos los medios. Escúchale, pero no le hagas caso. Tú a lo tuyo.
8. Según vayas adquiriendo familiaridad con estas prácticas, quizá brote la semilla de algún proyecto creativo en tu corazón: un cuadro, un cuento, un vídeo, una canción. Dedícale a este proyecto un tiempo todos los días, o varias veces a la semana. Intenta que sea tan fabuloso como puedas hacerlo, pero no te preocupes por el resultado. Que sea solo por diversión. Y cuando termines, prueba con el siguiente que te inspire.

5

LO MÁS EXTRAÑO DE *STRANGER THINGS*

> Hemos creado un mundo que está literalmente volviendo locos a muchos jóvenes, y dejando a muchos otros incapaces de desarrollar la confianza y las habilidades que necesitan para ser adultos responsables.
>
> PETER GRAY, psicólogo

El título de *Stranger Things*, la serie favorita de mi sobrina Eva y de toda su generación, no exagera.

En este homenaje televisivo a la era dorada de Steven Spielberg y Stephen King, suceden cosas REALMENTE EXTRAÑAS. Un salvaje monstruo devora a varios habitantes del pueblo de Hawkins. A Will Byers, de doce años, este horrible ser, el Demogorgon, lo rapta y se lo lleva a una oscura dimensión: el Mundo del Revés.[1] Al mismo tiempo, una niña sin nombre, conocida como «Once» por el número que lleva tatuado en un brazo, usa sus poderes telequinéticos para escapar de los misteriosos agentes gubernamentales que la persiguen. ¡Y todo esto en los primeros tres episodios de la temporada 1!

1. Ahora finalmente entenderás el origen de esta leyenda del Mundo del Revés que cuentan los niños y las niñas en susurros.

Pero quizá no hayas reparado en lo más extraño de todo, al menos desde el punto de vista de nuestra época. Este pequeño detalle es aún más alucinante que el despiadado Demogorgon, los cuerpos poseídos por el Azotamentes o incluso el mefistofélico esfínter interdimensional del laboratorio nacional de Hawkins. Porque no se lo inventaron los hermanos Duffer al escribir el guion. Te prometo que es absolutamente real.

Agárrate a la silla:

Los niños y niñas en los años ochenta iban por ahí
TOTALMENTE LIBRES.

Lo sé. Es fuerte. ¿A que te entra un escalofrío solo de pensarlo? Los nuevos amigos de Once —Mike, Lucas y Dustin— se mueven a sus anchas por el salón de recreativos, el supermercado, las calles del pueblo y TODOS LOS ALREDEDORES. Incluso Erica, la hermana pequeña de Lucas, a sus nueve años es ya la reina del centro comercial Starcourt, exigiendo probar los nuevos sabores de la heladería Scoops Ahoy junto con su pequeña corte de amigas.

Aunque hoy en día todo esto parece una fantasía, un disparate a la altura de la trama de *Splash* o *Los cazafantasmas*, en 1983 no lo era en absoluto. Por eso volvemos a encontrarnos la misma sorprendente libertad infantil en otras películas y series ochenteras. ¿Recuerdas *ET, el extraterrestre*? Al pequeño Elliot también se le permitía explorar el mundo hasta donde le llevara su bicicleta. ¿Cómo, si no, iba a ayudar a su amigo alienígena a construir un «teléééfono-caaasa» en pleno bosque? ¿Y qué me dices de las rocambolescas aventuras de *Los Goonies*? ¿O de la mítica serie televisiva española *Verano azul*? Tito y Piraña, a sus ocho años, jugaban al *pinball* en cualquier bar de Nerja mientras sus padres se echaban la siesta.

Mis veranos azules

Cualquier persona de mi generación recordará esta fabulosa vida libre, junto con los videoclubes, las cabinas telefónicas y las cintas que se rebobinaban con lápiz.

En mayo de 1980 cumplí los nueve años. Fue poco después cuando me mudé con mi familia a Los Ángeles, California, a escasos kilómetros de la casa donde Elliot escondió a su querido ET en el armario. Recuerdo dar vueltas por todo el barrio junto con mis hermanos y nuestro amigo Joey, un chaval que vivía en la casa de enfrente. Jugábamos al fútbol americano y a montar divertidas guerras con las vecinas, intercambiando «granadas» fabricadas con el barro del jardín por encima de la valla de madera que nos separaba. Cuando llegó Halloween, transformamos el garaje en una casa encantada, su túnel del terror era una caja de frigorífico decorada; sus restos humanos, unos simples huesos de pollo. Incluso fundamos una empresa, con logotipo y folletos diseñados a mano, que ofrecía a un módico precio servicios como la limpieza de tu coche y el cuidado de tus hijos. Llegaron a pagarme por hacer de canguro antes de cumplir los diez años.

Cada verano que volvíamos a España sucedía lo mismo —excepto lo de montar empresas a pie de casa, un pasatiempo muy norteamericano—. De hecho, el nivel de aventura se multiplicaba, sobre todo cuando me quedaba en Eugui, un pintoresco pueblo en el Pirineo navarro.

—Hala, ¡todos fuera a jugar! —ordenaba mi tía Pili.

En las enormes casas de piedra de Eugui, rodeadas de colinas verdes y frente a un enorme pantano, vivían un montón de mis primos y primas. Al menos diez tenían una edad parecida a la mía, y junto con todas sus amistades formábamos una buena tropa. A veces nos hacíamos con el colosal frontón cubierto, cuyas paredes retumbaban con nuestros gritos, el chirrido de las zapatillas contra el suelo y los golpes de balones, pelotas y palas de madera. Otras veces organizábamos, en casa de mi tía Pepa, sesiones de una edición del Monopoly ambientada entre piratas que se llamaba «La ruta del tesoro». Pero a menudo tomábamos el pueblo entero, recorriendo las calles en una versión multitudinaria del pillapilla o montando un «encierro» con la mitad haciendo de toros y la otra mitad de valientes corredores.

A la hora de la merienda volvíamos hambrientos a casa para recibir un gigantesco bocadillo con media tableta de chocolate dentro. Y luego nos echaba mi tía de nuevo:

—¡Larrrrgo!

Ni ella ni nadie sabía, en aquellas tardes infinitas, dónde estábamos o qué hacíamos. Ni por supuesto existían los móviles. Nos podía haber sucedido CUALQUIER COSA ahí fuera, igual que a los chavales de *Stranger Things*. Y justamente eso era lo emocionante del asunto.

Puede que en mi memoria las leyendas se hayan agigantado, pero recuerdo que una vez nos pilló una granizada con pedruscos de hielo del tamaño de un puño, salvando el pellejo a duras penas bajo los aleros de los caseríos. Otro verano contrataron a mi tío Guillermo para trasladar el antiguo cementerio a un nuevo emplazamiento. Durante semanas lo espiamos mientras desenterraba huesos y calaveras (no de pollo..., ¡DE VERDAD!) que se colaban por las noches en nuestras pesadillas. También imitábamos a Tarzán en el bosque, saltando de los árboles para agarrarnos a unas «lianas» leñosas que tenían la mala costumbre de romperse al recibir el peso de un pequeño simio humano.

Pero lo más emocionante, sin lugar a dudas, fueron las aventuras en las cuevas. Sí, en el bosque del valle de Esteríbar había cuevas, algunas de ellas bastante profundas. ¿Contenían tesoros y criminales escondidos, como las que recorría Tom Sawyer con su amiga Becky? Nunca llegamos a descubrirlo. Evidentemente mantuvimos estas misteriosas cavernas en secreto. Ningún adulto conocía su existencia. ¿Para qué preocuparles? Recuerdo que en una ocasión conseguimos hacernos con una vieja linterna para explorarlas más a fondo. Solo el niño más pequeño de la expedición, mi primo José Javier, cabía por el agujero más estrecho.

—¡Que no! ¡Que no *cabo*! —decía el pobre.

—¡Que sí! Ponte de lado. Mete ahí la pierna y el brazo. Venga, todos a empujar...

Afortunadamente, todo salió bien (aparte de la linterna que se quedó sin batería en el peor momento). De hecho, no recuerdo que nadie se hiciera daño en esos veranos salvajes, más allá de cortes, magulladuras y el trocito de diente que perdió mi primo Jaime de un palazo en el frontón, lo que le dejó una sonrisa muy original.

A esas edades, nuestras aventuras en Eugui fueron más entusiasmantes que cualquier película de Hollywood. Conservo esos veranos en el corazón como algunos de los períodos más felices e intensos de mi vida. Y lo curioso es que no estoy contando nada excepcional. Hasta hace pocas décadas se jugueteaba en las plazas, en el campo, en el almacén abandonado. Era normal ver pandillas infantiles correr de un lado para otro, independientes, inventándose sus propios pasatiempos.

Si saco el tema en cenas y reuniones, todo el mundo lo recuerda con nostalgia. La choza que construimos en el bosque, los partidos de fútbol en plena calle, cuando exploramos aquella casa «de los fantasmas», los saltos sobre una colosal montaña de arena desde el segundo piso de una obra. El polluelo de búho que salvamos, las expediciones para robar cables de cobre de la fábrica, ¡y el guarda que intentaba impedírnoslo!

Sin embargo, ya en los años ochenta se estaban colando en el inocente mundo infantil cosas MUY EXTRAÑAS.

Temporada 1: La irrupción del Azotaniños

En *Stranger Things* una siniestra fuerza sobrenatural penetra en nuestra realidad desde el Mundo del Revés y progresivamente va expandiéndose, reforzándose y tomando el control. Con el tiempo logra poseer las mentes de numerosos ciudadanos del pueblo de Hawkins, Indiana, manipulándolos para actuar según sus terribles designios. El Azotamentes, un colosal bicharraco lleno de tentáculos, les convierte en zombis sin voluntad propia.

Algo parecido ha sucedido en el mundo real.

La libertad infantil que existió hasta mi infancia se ha ido restringiendo paulatinamente por el influjo de un ser monstruoso que podríamos denominar el «Azotaniños». Pero, al igual que en *Stranger Things*, esta bestia infernal no nació en los años ochenta. Muchísimo antes de que yo naciera había ya montado asaltos horripilantes. En otras palabras: no estamos viviendo la primera temporada de esta historia, sino más bien la cuarta o la quinta.

La despiadada crueldad del Azotaniños se desató por primera vez durante lo que podríamos llamar la «Era de los Trabajos Forzosos». Durante milenios, en casi todas las culturas, se les impedía jugar libremente a la mayoría de los niños y las niñas, y se les obligaba a trabajar para sus familias o comunidades, cuando no para dueños esclavistas. Estas labores a menudo debían realizarlas en condiciones penosas y bajo pena de golpes o latigazos si desobedecían. Con el auge de la industria en el siglo XIX, la explotación llegó a un límite verdaderamente terrorífico.

Pero cuando todo parecía perdido, un puñado de héroes del playfulness —entre ellos el escritor Charles Dickens, el fotógrafo Lewis Hine y la defensora de los derechos del trabajo Frances Perkins— consiguieron despertar las conciencias de las clases dirigentes. Escandalizadas por las imágenes de caritas mugrientas entre las tinieblas de un verdadero Mundo del Revés lleno de minas subterráneas, engranajes colosales, fuego, humo y ruido infernal, finalmente prohibieron o limitaron el trabajo infantil en buena parte del mundo.

Hoy en día, en los países más pobres, «solo» uno de cada cinco niños realiza trabajos que amenazan su desarrollo saludable. Sin embargo, como en la serie de los hermanos Duffer, la derrota del Azotaniños duró bien poco. Liberamos a la población infantil de las cadenas laborales para encerrarla en otra siniestra institución diseñada por adultos zombificados.

Temporada 2: Los niños a la cárcel

Once, la joven protagonista de *Stranger Things*, ha vivido casi desde su nacimiento en las instalaciones del laboratorio nacional de Hawkins. Un grupo de científicos se la arrebató a sus padres para cultivar sus extraordinarios poderes sobrenaturales. Permanece encerrada durante toda la infancia, junto con otros niños y niñas con talentos «especiales», bajo la atenta mirada de unos señores de bata blanca. Durante una época vive tan aislada que cuando finalmente logra fugarse, a los doce años, apenas sabe hablar y se comporta como una niña pequeña. Nunca tuvo la oportunidad de desarrollarse normalmente.

Lo más triste de todo es que Once, durante buena parte de su infancia, ni siquiera se cree prisionera. No ha conocido otra realidad que las instalaciones del laboratorio, con su alegre Sala del Arcoíris en la que pasa el día con sus compañeros. A los espectadores de esta serie todo esto nos resulta extraordinariamente cruel. Pero ¿es tan distinto de la vida de cualquier niña contemporánea? ¿No será que nos identificamos con Once justamente porque nos recuerda a algo que conocemos demasiado bien? ¿A ese otro confinamiento forzoso en una alegre Sala del Arcoíris, donde se nos obligó durante años a desarrollar nuestros talentos bajo la mirada severa de un grupo de adultos?

La infancia, hoy en día, es sinónimo de colegio. Pero esta extraña institución es en realidad un invento bastante reciente. Antes de la industrialización no existían aulas, maestras ni exámenes, excepto para un minúsculo porcentaje de la humanidad —principalmente los niños de familias adineradas que se libraban ya entonces de los trabajos forzosos—. Incluso en Inglaterra, uno de los países pioneros de la educación reglada, solo el 4 por ciento de la población infantil conocía el pupitre y la pizarra alrededor de 1750. ¿A que esto nunca te lo enseñaron en clase de Historia?

Hoy en día nos parece tan normal eso de encerrar entre altos muros a los seres humanos «de edad escolar» que me está costando mucho escribir esta sección. Como le sucede a Joyce, la desesperada madre de Will Byers en *Stranger Things*, me expongo a que me traten de loco por mis disparatadas ideas. Yo mismo temo haber perdido la cabeza. ¿Cómo voy a comparar a nuestras sacrosantas instituciones educativas con la cárcel? ¡Menuda barbaridad!

Afortunadamente no soy el único en hacerlo. Me apoya el eminente psicólogo norteamericano Peter Gray. De hecho lo afirma con una contundencia pavorosa, de verdadero escalofrío, en un libro que aboga por el final de esta «barbarie»:

> Cualquiera que haya estado en el colegio sabe que es una cárcel, pero casi nadie que haya superado la edad escolar habla de ello. No es de buena educación. Damos pasitos nerviosos alrededor de esta verdad porque reconocerla nos haría parecer crueles y apuntaría el dedo hacia gente bienintencionada dedicada a una labor que creen esencial. ¿Cómo es posible que toda esta gente tan simpática envíe a sus hijos a la cárcel o trabajen en una institución que encarcela a los niños?

Seguramente el anterior párrafo te parecerá una exageración, si no una escandalosa herejía. El cole puede que sea un rollo, pero no podemos compararlo con el confinamiento forzoso que sufre la desdichada Once. Sin embargo, conviene tomar en serio a Peter Gray. No hablamos de un periodista conspiranoico tipo Murray Bauman, ese personaje medio chiflado de *Stranger Things* que ayuda a destapar las fechorías del laboratorio secreto de Hawkins. Gray es profesor emérito del Boston College, ha firmado un popular libro de texto sobre psicología que ya va por su octava edición, y ha coeditado otro libro para Oxford University Press. Además, escribe una columna mensual para la revista *Psychology Today*.

Por otro lado, Peter Gray no ha llegado a su provocadora conclusión a la ligera. Ni tampoco por motivos puramente teóricos. Tardó años en aceptarla, investigando y reflexionando a partir de una experiencia personal traumática: la rebelión radical de su hijo de nueve años.

Scott llevaba la mitad de su corta vida resistiéndose. Si su maestra le enseñaba la forma «correcta» de resolver un cierto tipo de problema matemático, él buscaba un método alternativo. Cuando le explicaron las reglas de puntuación, se inventó las suyas propias. Si no le veía el sentido a la tarea asignada se negaba a hacerla. Y lo más grave de todo: últimamente el chaval se había aficionado a levantarse del pupitre, abandonar el aula y tratar por todos los medios de fugarse del edificio. Como la propia Once, se negaba rotundamente a seguir colaborando.

Finalmente, durante la enésima reunión en el despacho del director, sucedió algo que le cambió la vida a Peter Gray. Además de su hijo, su mujer y el propio director del colegio, estaban presentes dos de las maestras de Scott, una psicóloga infantil y el consejero escolar del centro. Siete adultos empeñados en convencer al niño rebelde de que debía dejarse de tonterías de una vez por todas, someterse al régimen escolar como manda la ley, obedecer sin rechistar. Pero cuando terminaron sus razonables discursos, Scott los miró fijamente y les gritó las siguientes tres palabras:

—*Go to hell!*

O sea, '¡Idos al infierno!'.

Si Scott hubiera tenido los poderes telequinéticos de Once, supongo que en ese momento se hubiera producido un torbellino de libros, bolígrafos y pisapapeles voladores. Pero tampoco hizo falta. Las tres palabras de su hijo y la hirviente emoción que las alimentaba fueron suficientes para provocar un giro de 180 grados en la actitud de Peter Gray:

> Inmediatamente comencé a llorar. Supe en ese instante que tenía que estar del lado de Scott, no en su contra. Miré a través de mis lágrimas a mi mujer y vi que ella también lloraba, y a través de sus lágrimas pude ver que pensaba y sentía lo mismo que yo. Los dos supimos entonces que teníamos que hacer lo que Scott llevaba mucho tiempo pidiendo —sacarle no solo de ese colegio sino de cualquier lugar remotamente parecido—. Para él, el colegio era una cárcel, y no había hecho nada para merecer el encarcelamiento.

A partir de entonces todo cambió. Los padres de Scott acabaron enrolándole en un sorprendente programa escolar alternativo, del que hablaré más adelante. El niño finalmente empezó a disfrutar de su vida cotidiana y a aprender de verdad. Al mismo tiempo, la carrera académica de Peter Gray se desvió hacia un tema poco investigado en psicología: las ganas de jugar que el propio colegio parece estar diseñado para reprimir. Con el tiempo, los resultados de su trabajo le han llevado a aceptar la visión de su hijo Scott: que el colegio realmente se asemeja bastante a una prisión.

En qué se parece el cole de tus hijos al confinamiento de Once

Gray pone el foco en la obligatoriedad del sistema educativo. Es cierto que muchas niñas y niños dicen que les gusta el colegio, o por lo menos partes de él. Sobre todo la interacción con sus amistades y esos elementos lúdicos que tienen más peso en la primera fase de la escolarización: los juegos, las pinturas, los cantos, los cumpleaños, los disfraces. Como Once cuando juega con los cochecitos en la Sala del Arcoíris, no se sienten prisioneros. Pero el primer día que intenten rebelarse descubrirán que la asistencia no es voluntaria: si hace falta los encierran ahí a la fuerza, por mucho que lloren, griten o pataleen.

Detestar el colegio, lejos de ser una rareza, se va convirtiendo en la norma con el paso del tiempo. En un importante estudio de 2016, en el que participaron más de tres mil colegios e institutos norteamericanos, se comprobó que la experiencia educativa ha dejado de enganchar a uno de cada cuatro estudiantes para cuando llegan a los doce años. A partir de esa edad, la misma que tenía Once cuando se fugó del laboratorio, la motivación escolar se precipita vertiginosamente. Entre los dieciséis y los diecinueve años, solo un tercio de los estudiantes se sienten implicados, mientras que otro tercio permanecen desconectados y el último tercio —como Scott u Once— SE RESISTEN ACTIVAMENTE al proceso educativo. Esto lo saben de sobra muchos sufridos progenitores.

Reconozcámoslo: tienen sus motivos para odiarlo. Mientras que la evolución les ha instalado en el cerebro un fortísimo instinto lúdico, el colegio —por mucho que se introduzcan metodologías divertidas o participativas— es lo opuesto al juego. La vida ahí dentro se define por sus continuas reglas, imposiciones y deberes. Por su falta de libertad. Cada alumna, cada alumno debe hacer exactamente lo que le ordenan dentro y fuera de las clases. Si no obedece se le castiga de una forma u otra. Y es que, como a los niños del laboratorio de *Stranger Things*, no les metieron ahí para divertirse. Los adultos tienen otro plan para ellos, un plan muy serio: desarrollar sus capacidades mentales. Además, en el caso del colegio convencional hablamos de capacidades bastante más aburridas que la telequinesia. En definitiva, les obligan a aprender cosas que no han elegido libremente. Por lo tanto, ¿cómo van a motivarse?

El Azotaniños ha dado con la solución: mediante el TERROR. Esta siniestra institución antijuego les examina continuamente y les amenaza con espantosas consecuencias si no dan la talla. En su particular escuela, Once debe enfrentarse a estresantes pruebas en las que compite con los demás sujetos experimentales, como tratar de encender una bombilla con su energía mental. Ella es incapaz de hacerlo y sus compañeros se mofan. El doctor que la «cuida» también expresa su decepción. La niña se siente una inútil. Todo esto es muy familiar para el público de la serie, que ha vivido su infancia como una continua serie de pruebas evaluadas mediante estrellitas, notas, premios y castigos. Como vimos en el anterior capítulo, esta forma de proceder asfixia el placer natural del aprendizaje espontáneo y fomenta la inseguridad.

El colegio no es solo una preparación para el Mundo del Revés de los adultos, con sus prisas y su competitividad, sino que pertenece plenamente a él. Desde muy jóvenes se nos advierte que todo nuestro futuro —nuestra mismísima felicidad— depende de las calificaciones que obtengamos. Se nos asusta con la visión terrorífica de los perdedores del sistema: gente desempleada o explotada en trabajos precarios y miserables. Mientras tanto se nos castiga ya en el presente, igual que a Once a los ocho años, empleando esas mil formas de decirnos que NO VALES COMO LOS DEMÁS.

—Con esos hermanos tan listos que tienes no sé cómo has salido tú así.

Esta puñalada verbal se la asestó una profesora a mi hermana Maite cuando tenía doce años. Nunca la ha olvidado, como tampoco habrás olvidado cuchilladas similares en tus propias carnes. Yo era uno de los hermanos «listos». Pero aun así también recibí algún que otro palo: malas notas marcadas en bolígrafo rojo, exámenes suspendidos, fracasos continuos en el ámbito deportivo, conciertos de piano desastrosos.

Una de las mayores tragedias de este sistema es que a casi nadie le interesa aprender lo que le enseñan. Exactamente como le sucede a la joven prisionera de *Stranger Things*, que jamás muestra un ápice de motivación por todo eso que fascina tanto a los científicos del laboratorio nacional de Hawkins. Estudias solo para obtener la nota que necesitas. Para asegurarte un futuro decente, quedar bien con tus padres y obtener los premios que te ofrecen si logras la calificación que quieren ellos. Por eso es tan común hacer trampas en los exámenes o recurrir al ChatGPT para escribir los ensayos.

Según encuestas anónimas en Estados Unidos, el 95 por ciento de los estudiantes reconoce hacer trampas y el 70 por ciento confiesa hacerlas de forma sistemática. Antes era un problema de los «malos estudiantes», pero últimamente, con la creciente competitividad para entrar en carreras y universidades prestigiosas, las triquiñuelas son más habituales entre los mejores alumnos. Igual que los zombis adultos, hacen las cosas solo por el resultado, perdiéndose el proceso —que es donde está el juego y el verdadero aprendizaje—. ¿O es que recuerdas algo de lo que te empollaste la noche anterior de cualquiera de tus exámenes?

Otro mal endémico es el acoso escolar. Once, como muchos estudiantes, sufre *bullying* por parte de sus compañeros. Solemos atribuir el fenómeno a ciertos chicos problemáticos. Creemos que debe erradicarse este tipo de violencia. Pero hay buenas razones para creer que el acoso surge —casi inevitablemente— del propio sistema escolar. Sus jerarquías, humillaciones y falta de libertad lo promueven diariamente. Por eso es habitual este tipo de acoso en otras instituciones en las que «encerramos» a las personas y las sometemos a reglas y castigos. Por ejemplo se da mucho —aunque te sorprenda— en las residencias de ancianos, donde los malotes octogenarios campan a sus anchas, insultando, agrediendo y manipulando a sus víctimas. Y, por supuesto, en las cárceles de verdad.

El playfulness contraataca

¿Ha sufrido alguna que otra derrota el Azotaniños durante esta trepidante segunda temporada? Desde luego. Peter Gray no es, ni mucho menos, el primer héroe en enfrentarse a él. La guerra contra el Mundo del Revés educativo comenzó nada más fundarse los sistemas escolares modernos. Jean-Jacques Rousseau, ya en el siglo XVIII, escribió:

> Respeta la infancia y no te apresures a juzgarla, para bien o para mal... Un hijo mal instruido está más lejos de la sabiduría que el que no ha recibido ninguna instrucción. Te alarma ver cómo desperdicia sus primeros años sin hacer nada. ¿Cómo? ¿Acaso no es nada ser feliz? ¿No es nada saltar, jugar y correr todo el día? Nunca estará tan ocupado en toda su vida.

Algunos de los más célebres defensores del playfulness, como la médica y educadora Maria Montessori, el filósofo Francisco Giner de los Ríos o el escritor Lev Tolstói, llegaron a fundar modelos de escuela más libres, y a demostrar su eficacia.

Hoy en día cada vez más personas inscriben a sus hijos en escuelas progresistas —como las Montessori, Waldorf o Reggio Emilia—, optan por educarlos en casa (el *homeschooling*) o incluso deciden EVITAR LA TENTACIÓN DE EDUCARLOS, dejando que aprendan por su cuenta (el *unschooling* o 'desescolarización' que recomendaba el pedagogo Iván Illich). Sin embargo, estas opciones en general suelen ser demasiado costosas para la mayoría, ya sea en dinero o en tiempo de crianza, y quedan reservadas para una pequeña élite de la sociedad, o para quien esté dispuesto a mudarse a Finlandia.

Una de las pocas excepciones es el modelo de la Sudbury Valley School, una peculiar institución educativa fundada en Boston en 1968. Fue justamente allí donde Peter Gray llevó a su hijo Scott después de su rebelión definitiva. Como buen padre, Gray se asustó un poco al visitarlo por primera vez. Vio a grupos de chavales trepando por los árboles, dando vueltas en bicicleta, pescando en el río o practicando la esgrima. Parecía el recreo, pero le informaron de que no lo era. La vida en Sudbury es así. TODO ES RECREO. O sea, no hay clases, maestras, deberes ni exámenes. Al menos las escuelas Montessori o Waldorf proponen un currículum —por progresista que sea— dirigido por adultos. Aquí, no. Aquí cada niño y cada niña hace lo que le da la real gana desde que llega hasta que se va. Es como si hubieran nombrado directora a Pippi Calzaslargas.

Pensarás que en un colegio así nadie aprenderá nada. Peter Gray también lo temía. Por eso decidió aplicar sus conocimientos como psicólogo académico para investigar la eficacia de esta atrevida institución educativa. Lo que descubrió lo dejó atónito: todos los alumnos y todas las alumnas aprenden a leer, a escribir y a hacer las operaciones matemáticas fundamentales. Aprenden, de hecho, más que en cualquier otro colegio, porque lo aprenden todo de verdad, motivados por una pasión genuina. Los pequeños copian a los mayores. Los mayores ayudan y cuidan a los pequeños. Todos colaboran para divertirse, y sin darse cuenta se desarrollan en todas las direcciones posibles. Como hemos visto, es esta la forma natural de aprender. Nada de obligaciones, castigos o premios. Simplemente jugar durante horas y horas. Y así fue como Gray se convirtió en un estudioso y defensor del juego libre.

¿Qué resultados educativos consigue este no colegio? Es difícil saberlo, porque no se examina jamás a los estudiantes ni se impone una estructura de materias tradicionales para poder compararlos. Sin embargo, Peter Gray ofrece algunos datos objetivos que hacen saltar por los aires los cimientos de nuestro sistema educativo convencional. Por ejemplo, el 75 por ciento de los alumnos y alumnas de Sudbury acaban cursando estudios universitarios, a menudo en instituciones prestigiosas. Y por lo visto no suelen tener ninguna dificultad para adaptarse porque, aunque les quede alguna laguna de conocimiento, son rapidísimos aprendiendo cualquier cosa que se les ponga entre ceja y ceja.

Eso sí, suelen quejarse de que ven a los demás universitarios muy poco motivados. Les parecen zombis, alienados de todo lo que hacen.

Peter Gray ha comprobado que los graduados de Sudbury tienen un éxito impresionante a la hora de acceder a empleos que los motivan y les permiten independizarse, en una gran variedad de ámbitos: los negocios, las artes, las ciencias, la medicina y los servicios. Pero quizá los resultados más importantes no tienen nada que ver con lo que consideramos éxito en nuestro Mundo del Revés. Tienen más que ver con la virtud y la felicidad. De este laboratorio de aprendizaje sale gente apasionada, creativa, resuelta, resiliente, cooperativa, hábil, vigorosa, activa, comprometida, solidaria. Gozan de una vitalidad que llama la atención entre los muertos vivientes del siglo XXI. Parecen inmunes al síndrome zombi.

Los centros Sudbury son el secreto mejor guardado del mundo educativo. Desde que lo descubrí he consultado con varias pedagogas y con la directora de uno de los colegios más innovadores de España. Al citar este modelo, la respuesta ha sido siempre la misma:

—¿Cómo?

Me sorprendió descubrir que ni siquiera estas expertas lo conocían. Aunque quizá no debería sorprenderme, ya que este radical modelo les dejaría sin trabajo, junto con las profesoras, maestros y demás profesionales del aprendizaje. Sin embargo, lleva funcionando desde hace más de medio siglo y se va extendiendo poco a poco. Actualmente hay más de cuarenta colegios de este tipo en Estados Unidos, Canadá, Francia, Bélgica, Alemania, Israel, Australia y Japón. Si la legislación vigente no lo impidiera, sin duda habría muchos más.

Mientras tanto, cientos de miles de educadoras, maestros, padres y madres atrapadas en este sistema tratan de reformarlo como pueden: metodologías innovadoras y participativas, programas antiacoso, sesiones de mindfulness para controlar el estrés... Es cierto que gracias a estas iniciativas el colegio tradicional ha suavizado su autoritarismo y reducido el malestar. En las aulas del siglo XXI son impensables los métodos más crueles de otras épocas: castigos físicos, ejercicios de memoria y un sometimiento casi total al maestro.

Pero, en esencia, el terrorífico engendro del Azotaniños sigue siendo el de siempre. Te encerramos aquí dentro, te obligamos a aprender nuestro currículum, te examinamos para ver si cumples el nivel, y si no lo cumples te tratamos como un producto defectuoso. Por eso los fans de *Stranger Things*, al ver a Once escapar de su siniestra cárcel, se sienten tan identificados. Además, la joven protagonista hace amistad en el mundo exterior con una pandilla de niños que aún viven una cierta libertad fuera del ámbito escolar. Corren los gloriosos años ochenta...

Temporada 3: El Azotaniños devora el juego libre

El monstruoso sistema carcelario-educativo no ha dejado de crecer desde que se fundó, expandiendo sus tentáculos hasta el último resquicio del planeta y de la vida infantil. Pero, al igual que el cambio climático, sucede a un ritmo tan lento que cuesta darse cuenta.

Por ejemplo, Peter Gray cuenta que en su propia niñez (durante los años cincuenta) disfrutaba de dos recreos diarios de media hora más un descanso de una hora para comer. Y el horario total era de seis horas. En otras palabras, durante todo un tercio de la jornada escolar, el pequeño Peter podía dedicarse a jugar libremente, con un nivel de autonomía que ahora escandalizaría a cualquiera. ¿Subirse a un árbol? Claro que sí. ¿Lanzar navajas? Sin problemas. ¿Abandonar el recinto del colegio? El portón de entrada permanecía siempre abierto.

En los años ochenta yo también frecuenté un colegio norteamericano. Mis profesores no nos hubieran dejado lanzar cuchillos o salir a la calle, pero recuerdo pasatiempos bastante brutos que nadie frenaba, como amontonarse unos sobre otros o jugar a *warball* ('balonguerra'), un divertidísimo deporte que consistía en eliminar a los jugadores del equipo contrario golpeándolos con enormes balones. Aunque no nos soltaban tanto como a Peter Gray (media hora de recreo, una hora para comer), daba tiempo para un buen número de persecuciones, balonazos y amontonamientos peligrosos.

Fue en los noventa cuando las cosas empezaron a cambiar drásticamente. Un artículo de *The New York Times* hacia finales de siglo advertía en el titular: «Muchos colegios están acabando con el juego de los niños». Daba voz a expertos que denunciaban la creciente tendencia de reducir o incluso eliminar POR COMPLETO los recreos escolares. ¿Por qué se tomaban estas medidas tan draconianas? Por el inexorable influjo de la competitividad zombi.

En la ciudad de Atlanta, por ejemplo, ya se estaban construyendo escuelas SIN PATIOS PARA JUGAR. «¿Qué es el recreo?», pregunta Tonya, de cinco años, al periodista. Desde las 8.00 hasta las 14.30, Tonya seguía clases supervisadas. Ni siquiera durante el descanso para comer, de media hora, se le permitía jugar libremente. Como el resto del alumnado, debía permanecer sentada a la mesa incluso después de terminarse el postre.

El superintendente de los colegios de Atlanta, Benjamin Canada, justificaba así el cambio:

> Nos hemos centrado en mejorar el rendimiento académico. Eso no se consigue dejando que los chavales se cuelguen de las barras del patio escolar. En vez de darles 30 minutos para que lo desperdicien como les apetezca, tiene más sentido enseñarles una habilidad, como el baile o la gimnasia.

El Azotaniños había poseído por completo al señor Canada. Quizá fuera un caso extremo, pero su forma de ver el juego como una pérdida de tiempo se ha ido imponiendo en nuestro Mundo del Revés, y la tendencia de reducir o eliminar los recreos no ha cesado de difundirse. Actualmente solo tres estados norteamericanos (de cincuenta) requieren que los colegios ofrezcan recreos, y otros diez lo «recomiendan». En comparación con las dos horas de libertad con que gozaba Peter Gray en los años cincuenta, o la hora y media que tenía yo en los ochenta, actualmente hay miles de alumnos y alumnas a los que apenas se les concede un respiro.

Aunque el ataque al recreo no ha sido tan extremo fuera de Estados Unidos, también se ha ido degradando en otros lugares. En el Reino Unido, el tiempo semanal para descansar y jugar entre clases se ha reducido unos 45 minutos desde los años noventa. Aquí en España, la psicóloga y experta en juego Silvia Álava me ha contado que en muchos colegios esta pausa se está convirtiendo en un almuerzo sedentario. Piden a los padres que preparen trocitos de fruta o verdura en un táper, y proyectan dibujos animados mientras los alumnos se los comen, hipnotizados por la pantalla. La idea es evitar dulces, chocolatinas y los envoltorios del clásico bocadillo —lo cual está fenomenal para la salud y el medio ambiente—. Pero el resultado es que hay muchas niñas y niños que han perdido la costumbre de jugar activamente en este valioso oasis lúdico.

En cualquier caso, lo del recreo es solo uno de los indicios del inquietante crecimiento global del Azotaniños y su colosal entramado carcelario-educativo. Desde los años ochenta se han ido ampliando los horarios lectivos. Ha surgido una enorme oferta de actividades extraescolares. En verano se ofrecen campamentos educativos, artísticos y deportivos que supervisan profesionales debidamente acreditados. En parte esta tendencia responde a las necesidades prácticas de madres y padres, pero también tiene que ver con una nueva visión de la educación que la socióloga Annette Lareau llama la «crianza concertada».

Consiste en ponerse la gorra de mamá-*coach* y espolearlos desde el banquillo para que corran como pequeños zombis apresurados, preparándose para la carrera profesional desde ya:

> —Venga, campeón: ¡ese examen de matemáticas!, ¡esa sonata de Mozart!, ¡ahora otras diez flexiones... con una mano! ¡Vamoooos, que ya te queda poco para acabar primaria y empieza lo buenooooo...!

He conocido, y seguro que tú también, a niñas de ocho años con agendas tan apretadas como las de una ministra: patinaje, pintura, karate, chino, tenis, ballet. Y este fenómeno ya no se limita solo a las familias de clase alta y media. Los estudios indican que la nueva tendencia del Azotaniños se está extendiendo, aunque en menor medida, a toda la sociedad.

Por otro lado, los deberes han ido en aumento. La socióloga Sandra Hofferth ha dedicado buena parte de su carrera a estudiar el uso del tiempo de la población infantil en Estados Unidos. En una de sus investigaciones, comparó datos de 1981, justamente cuando mi pandilla de Los Ángeles nos dedicábamos a intercambiar granadas de tierra con nuestras vecinas, con datos de 1997. En solo dieciséis años, el tiempo dedicado al colegio había aumentado un 18 por ciento, y los deberes un 145 por ciento. Mientras tanto, el tiempo de juego se había reducido en un 25 por ciento. En un estudio posterior, Hofferth comprobó que entre 1997 y 2003 esta tendencia había continuado, con un aumento de los deberes de otro 32 por ciento y una reducción del juego de un 7 por ciento. En total, el tiempo que dedicaba un niño o niña a jugar en 2003 no llegaba a las 11 horas semanales.

El auge de la crianza paranoica

Al inicio de *Stranger Things*, Once consigue fugarse de su laboratorio-cárcel. Por primera vez en su vida entabla amistad con una pandilla de niños. Pero poco después el policía de Hawkins, Jim Hopper, se hace cargo de ella y la esconde en una cabaña en medio del bosque. Le prohíbe terminantemente salir de casa sola. Protege todo el entorno con alambres y trampas. No le deja juntarse con sus amigos bajo ningún concepto. Ni siquiera para salir en Halloween disfrazada de fantasma. El bueno de Hopper actúa con las mejores intenciones. Adora a Once y teme que los agentes del Gobierno la secuestren de nuevo. Pero la realidad es que ha vuelto a encerrarla en otra cárcel.

Las nuevas generaciones bien pueden identificarse con este estilo de crianza, el de los hiperpadres o padres-helicóptero. El sociólogo Frank Furedi habla directamente de «crianza paranoica». Se trata de la extensión lógica de la ansiedad zombi al terreno parental, basado en el miedo de que ALGO TERRIBLE PUEDA SUCEDERLES A MIS QUERIDOS RETOÑOS. ¡Menuda irresponsabilidad la de mi tía Pili y su generación! ¡Todas esas pandillas sueltas por ahí, haciendo QUIÉN SABE QUÉ, o CON QUIÉN, o DÓNDE! ¡Peor que lo de viajar en coche sin cinturón ni sillita ni nada!

Mi madre y su hermana Pili crecieron en Elzaburu, un pequeño pueblo navarro, en una España pobre de posguerra, en medio de una dictadura. Eran las dos hijas más pequeñas de nueve hermanos y hermanas. No tenían un retrete en casa, así que tenían que hacer sus necesidades en la oscuridad de la cuadra, entre los animales. Además de ir al colegio, su madre les hacía levantarse al alba para ordeñar vacas o sacar a las ovejas, entre otras «actividades extraescolares».

Desde el punto de vista del juego, sin embargo, vivían vidas mucho más aventureras. En sus ratos de ocio exploraban el pueblo y sus alrededores libremente. Montaban en burro. Se subían a los tejados para lanzarse sobre montañas de paja. Aprendieron a fabricar sus propias pelotas, con canicas e hilo, para jugar en el frontón. Pasaban horas y horas correteando, charlando y riendo en pandilla.

Pero con el paso de las décadas todo esto fue cambiando. Aunque yo aún llegué a respirar esa misma libertad infantil durante mis veranos en el pueblo de Eugui, en las ciudades los horripilantes tentáculos del Azotaniños comenzaban a colarse por las alcantarillas y a asfixiar a los más jóvenes. A mí me alcanzó en California de forma brusca. Después de nuestras guerras amistosas con Joey y las vecinas bajo las altas palmeras de Century City, mis padres se mudaron al valle de San Fernando cuando cumplí los diez años. En esa zona del valle ninguna pandilla infantil exploraba la zona en bicicleta. Nadie jugaba en la calle. De hecho, lo primero sobre lo que nos advirtió el señor Dils —nuestro vecino de al lado— fue que necesitábamos hacernos con una pistola.

—¿No han visto los anuncios de MISSING CHILDREN[2] en los cartones de leche? ¿No han seguido las noticias sobre los asesinos en serie? ¿Los pederastas satánicos? ¿Los violadores, drogadictos, ladrones?

El tentáculo del Azotaniños manipulaba al señor Dils como a una marioneta.

Como mis padres se negaron obstinadamente a visitar la armería local, Dils acabó instalando un sistema de alarma que podíamos activar desde cualquier habitación. La única vez que lo utilizamos fue sin querer, lo que provocó la precipitada llegada del vecino con su revólver, temblando y en calzoncillos. Pero sus palabras tuvieron un efecto inmediato. Desde sus primeras advertencias se nos prohibió alejarnos del propio jardín de casa. ¡Menos mal que junto con mis tres hermanos y dos hermanas podíamos montar el circo en el propio salón!

Mientras tanto, los telediarios informaban sobre accidentes terribles —como el trágicamente célebre Alfredino Rampi, el niño italiano que ese mismo año cayó en un pozo y nunca volvió a salir. Todo lo que era más divertido se volvió peligroso. ¿Construirse una casa en un árbol? ¿Con martillo y clavos? ¿A tres metros de altura? ¡De ninguna manera! La inquietante voz del Azotaniños se filtraba en la oscuridad de la noche a través de los oídos de padres y madres de todo el mundo: «No los dejéis solooooos. Ni un minutoooo. O nunca os lo perdonarééééis...». ¿Cómo no iban a cerrar los anárquicos parques de chatarra que ideó Carl Theodor Sørensen? ¡Eso era de locos!

Hoy en día, la ansiedad parental se ha vuelto la norma. Da igual que todas las estadísticas nos digan que la criminalidad violenta ha caído de manera drástica (casi un

2. 'Niños extraviados'.

50 por ciento) desde los años ochenta. O que las posibilidades de que un desconocido secuestre a un menor se acerquen a una entre un millón (de estos casos, la mayoría son adolescentes y el 92 por ciento logran volver a casa). O que los parques de chatarra provoquen MENOS accidentes serios que los convencionales de toboganes. O que los niños se lesionen MÁS cuando participan en deportes organizados por adultos que cuando juegan a su aire, sin nadie que los espolee para superar sus límites físicos y emocionales: «¡¡VAMOOOOS, QUE TÚ PUEDEEES!!». Da igual todo esto porque el Azotaniños ha insuflado un miedo irracional en nuestros corazones.

Gracias a los telediarios me he tragado infinitas noticias sobre raptos, abusos, accidentes y asesinatos de menores, pero aquí están pasando COSAS MUY EXTRAÑAS sobre las cuales nadie informa. Las calles y las plazas se han vaciado. El griterío infantil ha dado paso a un inquietante silencio. Como si un cruel monstruo se hubiera tragado a toda la chiquillería. ¿Explorar cuevas en el bosque? ¿Colarse en fábricas abandonadas? ¿Hablar con desconocidos? A partir de los años noventa todo eso se acabó, no solo en Estados Unidos sino en todas partes. Según datos de las Naciones Unidas, solo el 27 por ciento de los niños a nivel mundial juega en la calle habitualmente, en comparación con el 71 por ciento de la generación de sus abuelos.

Mi sobrina Eva, por ejemplo, era perfectamente capaz de volver a casa desde el colegio a pie o en bicicleta. Seguramente a partir de los seis o siete años. Al fin y al cabo, en un ranking de la Economist Intelligence Unit, Madrid es una de las veinte ciudades más seguras del mundo. Sin embargo, a esas edades yo recogía a Eva todos los martes para acompañarla a casa. En esta tarea, recordarás, sustituía a sus padres, que se encargaban de ello el resto de la semana.

Fue así hasta que Eva estuvo a punto de cumplir los doce años, y supongo que esta rutina habría continuado si su familia no se hubiera mudado a Islandia en 2020. Nunca me cuestioné el asunto. Era lo que hacía todo el mundo. Tengo una amiga que dejó que su hijo Tomás saliera a la calle a pasear al perro con diez años, y a desplazarse solo al colegio (cogiendo el metro) con once. Las demás madres la miraban como si fuera un bicho raro, porque ninguna les daba tanta libertad a sus hijos.

—¿Qué ha pasado? —me pregunta mi amiga—. Antes todos hacíamos estas cosas...

En Estados Unidos el triunfo del Azotaniños ha sido aún más completo. Allí en 2022 llegaron a ARRESTAR A UNA MADRE, Heather Wallace, por dejar que su hijo de ocho años volviera solo a casa, un trayecto de menos de un kilómetro por una zona tranquila y sin apenas tráfico de la ciudad de Waco, Texas. Un estudio de la Universidad de Míchigan descubrió que el 50 por ciento de los progenitores norteamericanos con hijos entre los nueve y los once años no apartarían la vista de ellos ni siquiera para ir a coger un paquete de papel higiénico DESDE EL SIGUIENTE PASILLO DEL SUPERMERCADO. ¡Esto en el país de Tom Sawyer, que a esa edad se colaba en los cementerios por las noches y viajaba con Huckleberry Finn por el Misisipi! El Azotaniños debió de partirse de risa al leer el informe.

Junto con el modelo de la crianza concertada que mencioné antes, este estilo de educación paranoica explica por qué a principios de los años noventa comenzó a aumentar a toda velocidad el número de horas que dedicaban las madres al cuidado de sus hijos. En Estados Unidos pegaron un salto desde las 12 horas semanales en 1993 hasta las 18 horas semanales a finales de la década. Entre las familias con mayor nivel educativo, más propensas a adoptar el modelo mamá-*coach*, la media superaba las 21 horas. Y todo ello a pesar de que las madres comenzaron a ingresar en masa en el mercado laboral, y que los padres también dedicaban cada vez más horas a las tareas de cuidado. Combinar cualquier carrera profesional con la crianza se ha vuelto, en el siglo XXI, una empresa verdaderamente heroica.

Esta prudencia extrema se vio reflejada también en las normativas escolares. No es solo que hayan prohibido las navajas y el *warball*. En algunos colegios YA NO PERMITEN JUGAR AL PILLAPILLA. No bromeo. Algunos por el riesgo de lesiones. Otros por el de herir la autoestima del niño o niña al que pillan. Hay escuelas donde no se ha eliminado del todo, pero se permite exclusivamente bajo supervisión adulta, o siguiendo un complejo reglamento: «¡Solo se puede tocar con un dedo! ¡Hay que incluir a todos! ¡Está prohibido invadir otros juegos! ¡Cualquier desacuerdo se resuelve con piedra, papel o tijera!».

Las dramáticas consecuencias del confinamiento infantil

Once es una niña triste, solitaria, traumatizada. Su piel pálida apenas ha visto la luz del sol. Cuando consigue escapar sufre problemas serios para relacionarse con sus nuevos amigos. Tiene doce años pero se expresa como si no hubiera cumplido los cinco.

Los efectos del confinamiento forzoso que estamos imponiendo a toda una generación de jóvenes parece haber tenido un resultado similar. Solemos atribuir esta crisis de salud mental infantil a las nuevas tecnologías, en parte con razón. Pero el smartphone (del que hablaré en la siguiente sección) es solo la última manifestación del Azotaniños. Los problemas comenzaron mucho antes.

Jean Twenge, una psicóloga experta en este ámbito, ha

descubierto en sus estudios que la probabilidad de sufrir ansiedad o depresión clínica ha ido aumentando de forma continuada, tanto en niños como en adolescentes, DESDE HACE UNOS SETENTA AÑOS. Un joven norteamericano de principios del siglo XXI —que aún no conocía ni WhatsApp, ni Facebook ni YouTube— tenía entre cinco y ocho veces más probabilidades de sufrir una patología de este tipo que un joven de los años cincuenta. Desde mediados del siglo XX hasta la difusión masiva del iPhone (a principios de la década de los 2010), el suicidio se multiplicó por cuatro entre las personas menores de quince años.

El origen de este malestar no está claro. Seguramente influyen numerosos factores, entre ellos el auge de las nuevas tecnologías. Pero una pista humea como la huella de una bestia infernal: el locus de control. En psicología se refiere a la medida en que sientes que tienes control sobre tu vida. Si crees que lo que te sucede depende sobre todo de circunstancias ajenas a ti, se dice que tienes un locus de control «externo». Si, por el contrario, sientes que tu vida depende principalmente de tus propias decisiones, se dice que tienes un locus de control «interno».

En psicología damos suma importancia a esta variable porque sabemos que influye decisivamente en los trastornos de ansiedad y depresión. Las personas ansiosas temen que algo terrible pueda suceder en cualquier momento, algo que no podrán controlar. Las depresivas se hunden bajo la certeza de que, hagan lo que hagan, no servirá de nada. La falta de control, en ambos casos, es clave.

Jean Twenge ha constatado que entre los jóvenes de nueve a catorce años se produjo en Estados Unidos un progresivo descenso en el locus de control a partir de 1960. Esta tendencia refleja, como un espejo, el aumento de depresión y ansiedad que sufren desde entonces. A principios del siglo XXI el joven medio tenía un locus más externo que el 80 por ciento de sus coetáneos de 1960. La cuestión es ¿por qué?

No creo que la cosa tenga mucho misterio. ¿Cómo va a sentir una niña de doce años que controla su vida cuando los adultos le planifican cada minuto de su jornada y no la sueltan ni para ir al siguiente pasillo del supermercado? Peter Gray tiene claro quién es el culpable aquí. En su magistral libro *Free to Learn* apunta el dedo hacia la maléfica bestia de los tentáculos viscosos, o sea, al declive del juego infantil en esta época. Como numerosos educadores, madres y psicólogas, coincido plenamente con él.

No podemos demostrarlo directamente, ya que para hacerlo tendríamos que montar un experimento tan diabólico como los del laboratorio nacional de Hawkins. Pero, como ya he mencionado, sí se han llevado este tipo de crueles procedimientos con ratas, y también con monos. En ambos casos, los desdichados sujetos se han vuelto asustadizos o agresivos, incapaces de relacionarse normalmente.

Ahora, aunque no se haya respetado un protocolo formal y riguroso, en cierto sentido también hemos hecho lo mismo con *Homo sapiens*, dejándonos guiar desde hace medio siglo por la seductora voz del Azotaniños. Los hemos confinado en el colegio y en casa. Los hemos obligado a seguir nuestro currículum, sin darles apenas voz ni voto. Les hemos impedido que den rienda suelta al instinto más poderoso de la infancia, el impulso lúdico, crucial para un desarrollo sano y completo. En definitiva, los hemos tratado con una crueldad que recuerda al maltrato de Once.

Contra semejante fuerza maligna, esta verdadera conspiración adulta contra el juego libre, hay pequeños grupos de rebeldes que aún resisten: movimientos de crianza libre, grupos vecinales que consiguen crear barrios más seguros para el juego, luchas para recuperar el recreo y para mejorar las instalaciones escolares, en línea con la visión infantil.

En el colegio de mis sobrinas Clara y Sofía, emplazado en un barrio popular de Londres, una madre tenaz ha conseguido transformar el patio —pequeño y cubierto de asfalto— en un paraíso del juego parecido al de los parques de chatarra. Para conseguirlo, Anna Salmi se alió con una asociación conocida como Outdoor Play and Learning ('juego y aprendizaje al aire libre'), que lleva veinte años creando entornos de juego creativos en más de 800 colegios del Reino Unido, consiguiendo mejoras asombrosas en el comportamiento y el bienestar del alumnado, y una reducción de hasta un 80 por ciento en accidentes. Su metodología no requiere mucho presupuesto, ya que proponen enriquecer estos espacios con materiales industriales o deportivos reciclados, juguetes abandonados, sábanas viejas o elementos naturales como el barro y las piedras. Inicialmente, Anna se encontró con muchas resistencias en el Windrush School —sobre todo el miedo a los «riesgos» de jugar con este tipo de materiales—, pero ahora cuenta con todo el apoyo de la comunidad escolar. De hecho, el Windrush se ha convertido en un referente para otros colegios de la zona. Mis sobrinas están encantadas.

Recientemente me dejaron colarme en el patio durante la hora del recreo y fue una experiencia alucinante. Un grupo de niños y niñas había construido un gigantesco fuerte con varios cientos de cajas de plástico azules apiladas, y lo defendían con escopetas y cañones que en realidad eran trozos de madera y tubos de plástico. Otra pandilla había fabricado un coche con cuatro carretes industriales de los que se usan para conservar los cables. Sobre un pequeño escenario, veinte niñas bailaban la Macarena, acompañadas por la música de un iPad. Y entremedias correteaban Iron Man, Spiderman, una princesa, y decenas de figuras con y sin disfraz. Vi a una niña escondiéndose en una maleta, otra que jugaba a lanzar un palo, seis o siete usos originales del Hula Hoop, una enorme sábana oscura que se agitaba por dentro, dos chavales compartiendo mensajes secretos mediante un larguísimo tubo de plástico negro que otros empleaban como obstáculo para saltar. También había zonas de escalada, un arenero y otra zona para jugar con el barro, todas ellas llenas de actividad. En definitiva: la mayor explosión de playfulness que he visto en toda mi vida.

Este tipo de iniciativas me dan esperanzas, y al final de este capítulo compartiré algunas pistas sobre cómo emprenderlas. Pero lo malo es que el Azotaniños sigue hambriento, y siempre acaba encontrando nuevos resquicios por los que colar sus asquerosos miembros. Últimamente ha aprendido a infiltrarse por los cables y los circuitos electrónicos. Los padres más ansiosos se alegran ante esta inquietante utopía: pueden monitorizar a los bebés en la cuna, instalar controles parentales en los dispositivos electrónicos, seguir sus pasos por GPS, controlar qué páginas web visitan, leer todos sus mensajes electrónicos, recibir actualizaciones diarias de sus notas y su comportamiento en el colegio mediante cómodas aplicaciones. Sin embargo, el Azotaniños 2.0 está zombificando a sus hijos e hijas a tal velocidad que acaban angustiándose aún más al presenciar la metamorfosis.

Llegó el estreno de la temporada más terrorífica...

Temporada 4: Invasión de los zombiniños

El eminente psicólogo Jonathan Haidt ha publicado recientemente un alarmante libro cuyo título describe a la juventud del siglo XXI como *La generación ansiosa*. En él, afirma que las tecnologías digitales están provocando un «gran recableado» en los cerebros infantiles de consecuencias devastadoras. Es como si hubiéramos sometido a toda una generación —la llamada generación Z— a un nuevo experimento aún más retorcido que los anteriores. Según este profesor de la Universidad de Nueva York, el procedimiento consiste en sustituir la clásica *play-based childhood* ('infancia basada en el juego') por una *phone-based childhood* ('infancia basada en el móvil'). Haidt advierte de que este experimento ha sido un «fracaso catastrófico» que debemos detener cuanto antes.

Las evidencias que reúne en su libro asustan aún más que el monstruoso Demogorgon que escapó del laboratorio de Hawkins y raptó a Will Byers. Decenas de gráficos muestran que entre 2010 y 2015, justamente cuando los smartphones llegaron a nuestras vidas, millones de jóvenes quedaron atrapados como el inocente Will en un verdadero Mundo del Revés: una dimensión salvaje y a menudo tenebrosa.

Antes de la revolución digital ya nos habíamos acostumbrado a que los pequeños de nuestra especie se quedaran abducidos durante dos o tres horas al día por un primitivo antepasado del móvil: el tubo de rayos catódicos o «televisor». ¿Cómo no les iba a fascinar? Este espejo mágico les otorgaba un poder de visión remota casi tan increíble como el de Once. Eso sí, había un precio que pagar: la pantalla de luz se los tragaba por completo y se los llevaba a otro mundo, dejando en el sofá un cuerpo hueco con cara de zombi. La tele era una especie de portal interdimensional, como la brecha en el espacio-tiempo que permitía a los científicos de Hawkins acceder al Mundo del Revés.

En esta otra dimensión, las niñas y los niños vivían aventuras trepidantes sin necesidad de ejercitar el cuerpo, la creatividad o las habilidades sociales. En otras palabras:

SIN NECESIDAD DE JUGAR. El historiador del juego Howard Chudacoff considera que la llegada del televisor a los hogares norteamericanos en los años cincuenta marcó el final de la brevísima era dorada del juego libre que había comenzado con la prohibición del trabajo infantil.

Este rudimentario tubo de rayos catódicos fue la primera victoria en un nuevo asalto del Azotaniños. Le siguieron otras hipnóticas pantallas en las décadas sucesivas: ordenadores, videojuegos, teles digitales y tabletas. Todos estos portales interdimensionales preocuparon a psicólogas y educadores, que advertían sobre los peligros de zombificar a las nuevas generaciones, los perjuicios sobre cuerpos y mentes infantiles que no se ejercitaban como antes. Uno de los efectos más visibles (y mejor validados empíricamente) fue el histórico aumento que se produjo en la obesidad y el sobrepeso infantil. Sobre los efectos cognitivos y sociales hubo más debate, pero muchos expertos auguraban que aquello no podía ser bueno para el desarrollo del cerebro joven.

Entonces, el 9 de junio de 2007, el visionario de la tecnología Steve Jobs presentó al mundo su último invento: el iPhone. Parecía fantástico. De hecho, era fantástico: una especie de navaja suiza de la electrónica que en pocos centímetros cúbicos combinaba teléfono, cámara de fotos, reproductor de música, ordenador conectado a la web y hasta linterna. Solo que, gracias a este revolucionario dispositivo, el Azotaniños consiguió colar un portal interdimensional en cada bolsillo, una boca hambrienta que chilla y tiembla sin parar para volver a chupar a su dueño hacia sus adentros. Entramos en una nueva fase de la pesadilla.

Las encuestas dicen que los jóvenes con cuentas en redes sociales pasan una media de siete horas al día sumergidos en diversas pantallas por motivos de ocio (o sea, sin contar los trabajos escolares por vía digital). Hablamos de

UNAS CINCUENTA HORAS POR SEMANA. Pero la situación es aún más preocupante, porque mientras que antes tu hija tenía que despegarse físicamente del televisor o el portátil para unirse a la cena familiar, ahora esta brecha en el espacio-tiempo la lleva incorporada. Hace que su carne vibre literalmente con cada nuevo aviso. Incluso si consigue resistir la tentación de echarle un vistazo, lo más probable es que siga con la mente perdida en aquella extraña dimensión.

Es fácil que la mente se pierda. Hay que tener en cuenta que de media los adolescentes norteamericanos reciben casi doscientos avisos al día según algunos estudios: uno cada cinco minutos. En el caso de usuarias más asiduas, la cifra se acerca a uno al minuto. Se entiende así cómo es posible que el 25 por ciento de los *teenagers* afirmaran en 2015 estar online «casi constantemente». En 2022 lo confesaban el 46 por ciento, casi LA MITAD de toda esta generación. En el resto del mundo occidental, la situación es parecida, según los datos de los que disponemos.

No hace falta que nos lo diga Jim Hopper, el policía de Hawkins: los jóvenes han ido desapareciendo uno a uno del mundo real. A principios del siglo XXI, los norteamericanos entre quince y veinticinco años pasaban diariamente más de dos horas y media con sus amistades. Esta cifra fue cayendo progresivamente durante una década, y luego comenzó a desplomarse de manera estrepitosa, desde 130 minutos al día en 2010 a poco más de 40 en 2020.

Numerosos indicadores de conexión con la vida real han ido cayendo de esta manera. Los miembros de la generación Z se sacan menos el carnet de conducir, beben menos alcohol, participan menos en trabajos remunerados. En los casos más extremos de adicción, apenas interactúan con sus familias, o incluso ni salen de sus habitaciones, excepto para comer o visitar el cuarto de baño. En Japón se conoce a estos eremitas digitales como *hikikomori*, pero el término comienzan a adoptarlo también muchos chicos en Occidente.

La juventud se está desvaneciendo, sin dejar huella de su paso por este mundo.

Atrapados en una dimensión oscura

Podría parecer exagerado comparar el mundo virtual que ofrecen los smartphones y las tabletas con las tinieblas del Mundo del Revés. Sin embargo, tengo motivos contundentes para hacerlo. La irrupción de estas sofisticadas tecnologías coincide con una verdadera crisis de salud mental entre los miembros de la generación Z. Desde 2010 los síntomas de depresión se han disparado entre los adolescentes: en Estados Unidos, un 145 por ciento entre las chicas y un 161 por ciento entre los chicos. Esta explosión de malestar subjetivo lo confirma el simultáneo aumento sin precedentes en las hospitalizaciones de jóvenes por autolesiones (188 por ciento chicas; 48 por ciento chicos) y los suicidios (167 por ciento chicas; 91 por ciento chicos). En el resto del mundo se ha repetido el mismo drama en el mismo periodo.

Los gráficos que muestra Jonathan Haidt a lo largo de todo su libro indican que el cambio ha sido repentino. Rompe o intensifica cualquier tendencia anterior. Algo importante tiene que haber sucedido en ese momento histórico, hacia 2012 aproximadamente, algo que impactó profundamente en la psique de esta generación. Y numerosos estudios experimentales parecen confirmar que se trata, efectivamente, del efecto de estas tecnologías: al aumentar su uso, el problema se intensifica; al reducirlo, disminuye. Haidt describe lo que está sucediendo como un tsunami de sufrimiento. Para mí es la Muerte Viviente del siglo XXI, que finalmente logra penetrar en los cerebros más despiertos y los corazones más vivaces del planeta. El logro más espantoso del maléfico Azotaniños.

Pero ¿por qué resultan tan nocivas estas realidades virtuales? ¿No acuden ahí los jóvenes justamente para divertirse, para socializar, para explorar el mundo a su manera y en plena libertad? ¿No se trata, al fin y al cabo, de una nueva forma de jugar y aprender, más acorde con la realidad de nuestra era digital?

En parte, sí. Los videojuegos, por ejemplo, permiten a niños y niñas vivir fantasías alucinantes: volar por los aires, visitar otros planetas, luchar contra titanes. Los estudios científicos confirman que —como sucede con cualquier actividad lúdica— este nuevo género permite cultivar habilidades, actitudes y conocimientos. Jugar en mundos virtuales está asociado con mayor capacidad cognitiva, memoria de trabajo e incluso desempeño escolar. Permite reforzar la cooperación y el control de impulsos automáticos, además de reducir los síntomas de soledad y depresión. Varios metaestudios han comprobado, además, que el consumo moderado de estos pasatiempos ayuda a aliviar los síntomas de la ansiedad y la depresión. Una de estas investigaciones confirmó estos efectos incluso en el caso (no puedo resistir la tentación de mencionarlo) del popular *Plants vs Zombies.*

Peter Gray considera que si no fuera por este resquicio de libertad digital, los problemas de salud mental entre los jóvenes serían aún peores. Pero aun así los videojuegos pueden ser tremendamente nocivos. No tanto por los tiroteos, palizas y salvajadas *gore* de algunos títulos populares, ya que no se han encontrado evidencias consistentes de que la violencia en juegos como *Fortnite* aumente la agresividad entre las personas de carne y hueso. Al fin y al cabo, los niños siempre han disfrutado imaginándose como piratas despiadados, atravesando el corazón de sus enemigos con la espada y arrojando los cuerpos sin vida a los tiburones. La clave del asunto, igual que con el hipnótico televisor, tiene que ver con la moderación.

Son tan fabulosas estas ludotecas digitales que pueden llegar a absorber a sus usuarios por completo. Según algunos estudios, el 41 por ciento de los chicos dedican más de dos horas a su afición, mientras que el 17 por ciento dedican más de 4 (como veremos, las chicas suelen engancharse más a las redes sociales). Los casos más patológicos se refugian en el videojuego para evadirse de su vida cotidiana, o directamente caen en la adicción (aproximadamente, el 7 por ciento, según Jonathan Haidt).

El problema no es tanto lo que estos chavales HACEN en sus mundos virtuales, sino lo que DEJAN DE HACER en el mundo físico. Nada puede sustituir lo que nos aporta jugar en el planeta donde evolucionó el *Homo sapiens* a lo largo de millones de años. Luchar en una lejana galaxia con una espada láser imaginaria puede reforzar la concentración y los reflejos, pero no la fuerza *real* —la de los músculos del cuerpo, que necesitan ejercicio diario—. Ni tampoco la flexibilidad, el equilibrio o la resistencia al dolor. Para eso es necesario luchar en un combate de los de toda la vida, llamémoslo esgrima, judo o voleibol.

De la misma manera, los fanáticos de los *e-sports* se pierden las ventajas de la comunicación cara a cara —necesaria para desarrollar la empatía—, el contacto con la naturaleza —comenzando por la luz del sol y su vitamina D— y poder contar con una pandilla fija de amistades —que te conocen y te apoyan— en vez de una gran red de jugadores más o menos anónimos. Por no hablar de la experiencia de inventar tus propias historias y juegos, en vez de vivir aventuras en un mundo preconfeccionado por adultos.

Conozco a un niño que es un crack jugando a este tipo de fantasías digitales interactivas. Pasa incontables horas imaginándose como un tipo duro capaz de aguantar heroicamente en cualquier entorno, librando batallas espectaculares con alienígenas y dragones. Pero, en la vida real, le dan pavor los insectos, no sabe trepar a los árboles y tuerce el gesto ante las verduras. Si tuviera que defenderse en alguna pelea con golpes físicos, o sobrevivir en una situación catastrófica, temo que sus habilidades con los mandos de la consola le servirían bien poco. Y cuando no tiene una pantalla delante se aburre. ¿Hablo de alguno de mis sobrinos? No. Hablo de mí a los once años. Bueno, de mis sobrinos también. Solo que ellos dedican mucho más tiempo que yo a estas actividades ficticias.

El principal fallo de los videojuegos, por lo tanto, tiene que ver con lo que se pierden sus devotos fans al limitar el juego a los entornos virtuales. Y es un problema que se repite en otros ámbitos del universo digital. Sus consecuencias más graves tienen que ver con las relaciones humanas.

Relaciones extrañas

Once, privada de una infancia normal, apenas sabe relacionarse con sus nuevos amigos del pueblo de Hawkins. Como ya vimos en el capítulo 2, la psicóloga Sherry Turkle advierte que a los jóvenes del siglo XXI les está pasando lo mismo. El título de su libro *En defensa de la conversación* lo dice todo. Las nuevas generaciones están dejando de conversar cara a cara. Prefieren intercambios rápidos y asincrónicos: textos, emojis, audios y vídeos. El resultado, según su análisis de cientos de estudios, es que se están aislando y dejando de cultivar capacidades básicas como la empatía, la concentración y la confianza para tomar la palabra en público.

Aunque se supone que estos teléfonos inteligentes nos conectan más que nunca, el resultado entre sus usuarios más fervientes acaba siendo un importante aumento de la soledad, como recogen las encuestas. Esta paradoja queda patente desde las primeras interacciones entre un bebé y sus padres —zombificados también por las nuevas tecnologías—. El bebé necesita, por encima de todo lo demás, el afecto de sus cuidadores, la base segura desde la cual comenzará a explorar el mundo. Pero esta base amorosa requiere interés, atención, presencia. Por este motivo, tenemos que considerar una tragedia que el 68 por ciento de las madres y padres confiesen estar distraídos por sus móviles «a veces» o «a menudo» en presencia de sus hijos. Estos dispositivos que prometen acercarnos nos acaban alejando.

La misma paradoja se aplica a uno de los ámbitos lúdicos más fascinantes y complejos de la experiencia humana: el sexo. Hoy en día los chavales de diez años ya empiezan a alucinar con el mundo prohibido que destapa el porno. Este tipo de contenido, al dar salida a uno de los instintos primarios más poderosos, engancha rápido: uno de cada cuatro chicos adolescentes reconoce consumir pornografía habitualmente (el uso entre las chicas es entre cinco y diez veces menor). Pero a pesar de toda esta exposición al *Kamasutra* digital del siglo XXI, ¿aprenderán algo útil sobre las verdaderas artes amatorias?

Más bien lo contrario. En el porno se pasa directamente del encuentro casual en una verdulería a una orgía en la trastienda entre el dueño con mostacho, su forzudo mozo de almacén, dos jóvenes clientas y una caja de pepinos. Pero en la vida real las cosas no suceden como en *Pepino Royale*, una mala noticia que los chicos descubren bien pronto. Llegar a la intimidad entre dos (y no digamos cuatro) personas suele implicar una enorme cantidad de tiempo, esfuerzo y habilidad. Una enorme cantidad de JUEGO. Para tener éxito tienen que aprender a leer miradas y gestos, dejar caer invitaciones sutiles, proceder con calma, tacto y paciencia. Si llegan a la fase de besos y caricias (sí, amigo, esta fase es importante), tendrán que comportarse aún con más cuidado y empatía. (*SPOILER*: el clásico guion pornográfico de «te la chupo gustosamente y me la metes directamente» no va a ayudarte.)

Como el videojuego, el porno ofrece la ilusión de alcanzar tus mayores fantasías, pero sin el esfuerzo necesario para aprender lo que se necesita de verdad, sobre todo para construir relaciones sólidas, cariñosas y equilibradas. Con moderación no tiene por qué tener consecuencias nocivas, pero a la larga deja a los chavales desvalidos e incompetentes —y no solo en el terreno sexual, sino en el relacional—. Según numerosos estudios, los consumidores compulsivos de porno suelen experimentar una satisfacción sexual menor, sentir menos atracción por los seres humanos de carne y hueso, evitar más a menudo el sexo verdadero y disfrutar menos de sus relaciones interpersonales en general. Por lo tanto, no debería extrañarnos que los miembros de la generación Z se estén retirando también del ámbito sexual. Desde los años noventa, pero sobre todo desde la difusión de los teléfonos inteligentes hacia 2013, el Azotaniños ha conseguido lo que parecía imposible: que los jóvenes lo «hagan» cada vez menos.

Como el porno y los videojuegos para los chicos, las redes sociales son un auténtico imán para las chicas, porque desde la preadolescencia ellas buscan una continua interacción y validación social. Suelen pedir su propio smartphone hacia los once o doce años, explicando desesperadamente a sus padres que «todas» sus amigas están al otro lado de ese espejo mágico, haciéndose selfis y compartiéndolos a la velocidad de la luz en redes como Instagram y TikTok. Se quedan absolutamente deslumbradas por todo lo que ofrecen estas apps, más o menos como ese emoji de la carita con dos estrellas por ojos. ¡Y con razón! Ahí dentro puedes crear tus propios vídeos musicales, volverte más guapa con filtros favorecedores, conectar con gente famosa, incluso VOLVERTE una persona famosa, una glamurosa *influencer*. ¿A quién se le habrá ocurrido toda esta maravilla?

Desafortunadamente, querida niña, se le ha ocurrido a un ser maléfico y cruel: al mismísimo Azotaniños. Desde que Apple permitió en 2008 que cualquiera desarrollara apps para su nuevo y revolucionario iPhone, miles de empresas se lanzaron a una guerra despiadada por tu atención. Lo cual es como decir tu mente, tu vida o, en términos poéticos, tu mismísima alma, ya que a lo que atiendes refleja tus gustos, tus afinidades, tus secretos más íntimos, y acaba definiendo tu experiencia. ¿Para qué querrán tu alma? Te lo explico.

Primero, para atraparte en su esquina particular del Mundo del Revés digital, hipnotizándote con contenido que te resulta irresistible. Cuanto más usas Instagram, TikTok o cualquier otra red social, mejor te conoce por dentro. Como Vecna, el horripilante villano despellejado de *Stranger Things*, acaba sabiéndolo todo de ti. Así es como te manipula. ¿Te fascinan las ballenas? Aquí tienes otro vídeo de una madre y su adorable ballenato de dos toneladas, cantando en un mar turquesa. ¿Estás triste? Anímate con estos mensajes *buenrollistas*. ¿Te ves gordita? Apúntate a la nueva dieta de treinta días... ¡Es fácil y está de moda!

El segundo motivo que hace babear a TikTok o Instagram cuando ve tu alma tierna es porque puede vendérsela al diablo —perdón, quería decir a organizaciones tan despiadadas como el propio Vecna—. ¿Que cómo va a hacer eso? Pues muy fácil. Tú misma has firmado un mefistofélico contrato permitiendo que puedan ofrecer esta suculenta parte de ti a cualquiera que pague el precio estipulado (ese rollo infumable de los términos y condiciones que ni siquiera ojeaste antes de hacer clic en «acepto»). Ahora todas ellas te conocen mejor que tu familia y tus amistades. Además, tienen el permiso para aparecer ante tus ojos y tus oídos siempre que quieran, como el espeluznante careto de Vecna y el sonido de su viejo reloj de pared. Cientos de anunciantes, políticos, *influencers* de moda y vendedores de dietas adelgazantes te perseguirán allá donde vayas, intensificando tus miedos, tus vicios, tus opiniones extremas. Mientras te quedes en este Mundo del Revés virtual, no hay escapatoria.

Sabemos —por confesiones de exempleados y documentos internos filtrados— que en Facebook (ahora Meta), dueña de Instagram, los diseñadores sabían perfectamente que el cerebro preadolescente es muy vulnerable a la validación social. Sabían que niños y niñas de estas edades aún no han desarrollado del todo la corteza prefrontal, justamente la zona que necesitan para resistir un buen chute de dopamina —la droga natural implicada en los procesos de adicción—. Sabían que sus poderosas técnicas para engancharlas tenían el potencial de empeorar problemas como la anorexia o la falta de autoestima. Pero en vez de proteger a estas personas vulnerables, explotaron cada debilidad para obtener el máximo beneficio. Un plan diabólico, ¿no crees? A la altura del ultravillano infernal de *Stranger Things*.

Para las chicas preadolescentes, no estar en las redes es como no existir. Significa no tener vida social, porque toda esta generación se ha mudado en bloque al Mundo del Revés electrónico. En otras palabras, están casi obligadas a participar en estas redes. (Y en la misma medida sus padres están obligados a facilitarles el teléfono móvil necesario para acceder a ellas. ¿O es que quieren condenarlas al ostracismo?)

Una vez entran ahí, las nuevas usuarias siguen obligadas a crear y compartir contenidos, uniéndose a las últimas tendencias —desde coreografías virales hasta «desafíos» como tirarse un cubo helado de agua por la cabeza o comerse una mazorca de maíz insertada en un taladro que gira a toda velocidad—. Necesitan saber lo que todo el mundo está haciendo, compartiendo, visualizando y escuchando, día a día, hora a hora, minuto a minuto. Uno de sus temores continuos es el FOMO (*Fear Of Missing Out*, o 'miedo de perderse algo'). Por eso les cuesta tanto soltar el teléfono.

Las redes sociales pueden ser muy entretenidas, hay que decirlo, pero tienen poco que ver con el verdadero juego. Al contrario: plataformas como TikTok o Instagram convierten el móvil en una oscura inversión del juguete. Sobre todo porque cada publicación se evalúa mediante corazones, *likes*, reposteos y comentarios. Como ya hemos visto, la evaluación puede ser mortal para el disfrute lúdico, según quién te evalúe. En las redes, cada vez que publicas una foto o un vídeo, lo normal es que lo puedan juzgar cientos o incluso miles de personas.

Además, una vez publicado un post es posible que nunca puedas retirarlo. Que se quede ahí PARA SIEMPRE. Incluso si es TU PEOR MOMENTO. Es como si mi yo de quince años se quedara atrapado día y noche en esa fiesta de baile que pasé agarrado a la pared. Con la posibilidad de que cualquiera —no solo mis amigos, o las chicas presentes, sino un público infinito— pudiera mofarse de mí. El sueño de convertirse en una *influencer* tiene un reverso tenebroso: la realidad del 99 por ciento que no lo son. O incluso la pesadilla de sufrir una avalancha de críticas, burlas o ataques: el llamado «troleo».

La amistad tradicional es una base segura de amor que puede llegar a suplir la lejanía de mamá y papá. Pero una red social no es un grupo de amigas queridas. No la han diseñado psicólogas bienintencionadas para maximizar el bienestar. Al contrario, se parece más al amenazante mundo del colegio pero en versión acelerada e infinita: pruebas y exámenes continuos con puntuaciones instantáneas cada pocos minutos.

Esto significa que se vuelve mucho más difícil bailar solo por bailar. Bailas la coreografía de moda porque hay que bailarla. Para conseguir más puntos. Con miedo de meter la pata y volverte viral por los motivos equivocados. Y lo mismo sucede con todo lo que haces y compartes en red. Así todo tu tiempo libre —fiestas, viajes, comidas— puede convertirse en una especie de empleo no remunerado. Toda una generación se está dedicando día y noche a analizar tendencias y producir contenido para plataformas como Instagram o TikTok.

De hecho, según un estudio, el 13 por ciento de las jóvenes entre doce y dieciséis años invierte más de cuarenta horas semanales en este «trabajo» (en el caso de los chicos la cifra es la mitad, en torno al 6-7 por ciento). Su vida entera —sobre todo las partes más íntimas y personales— se ha vuelto un negocio para acumular corazones digitales y seguidores. Por eso hay niños de diez años que hablan como *brand managers*. Son esclavos de un infernal sistema que no les da respiro, hasta tal punto de que —como muestran numerosos estudios— cada vez duermen menos, con el consiguiente perjuicio para el bienestar, la concentración y las relaciones sociales. Y los expertos advierten que la inteligencia artificial otorga a este sistema un poder sin precedentes. Advierten que todo esto no ha hecho más que comenzar.

Si la adolescencia siempre fue una fase difícil, llena de inseguridades, en el Mundo del Revés digital llega a ser una auténtica pesadilla. Tienes que salir en las fotos y vídeos tan exitosa, guapa, delgada, maquillada y editada como las *influencers* de moda. No puedes cometer un fallo o te triturarán *haters* y *trolls* anónimos. En estas exigentes olimpiadas sociales, es casi inevitable sentirse insuficiente ante las diosas que se suben al reducido podio del éxito. Una encuesta ha preguntado desde 1991 a los jóvenes norteamericanos de ambos sexos si se sienten satisfechos consigo mismos. Durante veinte años esta cifra se mantuvo más o menos estable. Pero de pronto, a partir de 2012, se precipitó vertiginosamente: del 72 al 62 por ciento para chicos, del 68 al 58 por ciento para chicas, en solo siete años.

Teniendo todo esto en cuenta, no resulta tan sorprendente que las cifras de ansiedad, de depresión, de autolesiones y de suicidios se hayan disparado en estos años. Atrapados en este siniestro Mundo del Revés, los jóvenes están perdiendo hasta el último resquicio de libertad. El Azotaniños los había encerrado en el colegio y los había sacado de las calles, difundiendo miedos exagerados y modelos de crianza controladores. Ahora incluso su ocio se ha transformado en una esclavitud. Ha llegado lo que nunca nos hubiéramos podido imaginar: la era de los zombiniños.

Temporada 5: La reconquista del juego libre

Al final de la cuarta temporada de *Stranger Things*, Once y su pandilla creen haber acabado con el maléfico Vecna. Pero la ilusión dura bien poco. De pronto nubarrones negros cubren el cielo. Un gigantesco terremoto sacude el pueblo de Hawkins, abriendo una brecha interdimensional de proporciones colosales que escupe fuego por doquier. El Mundo del Revés penetra por completo en el nuestro. ¿Ha triunfado el mal? ¡Claro que no! Once dirige su mirada hacia la tormenta con expresión desafiante. Los fans confiamos en su victoria y la de sus amigos. Aún nos espera la última y conclusiva temporada.

Como esta mítica heroína de nuestros tiempos, yo también confío.

En 2020 atravesamos una pandemia global que parecía el fin del mundo. Sin embargo, a pesar de sus terribles consecuencias, aquí seguimos. Aún más: creo que durante aquella tragedia aprendimos unas cuantas lecciones. No hablo solo del correcto lavado de manos, que también. Nuestra generación redescubrió la importancia de los besos, los abrazos y las caricias que se nos negaron durante meses y años. De cuidarnos las personas en momentos difíciles, unas a otras. Y también de cuidarnos a nosotras mismas.

Además, por primera vez en la historia moderna, la salud mental dejó de ser tema tabú. Se hablaba de ello en familia, entre amigos, en las terrazas de los bares y cafeterías. Los principales medios comenzaron a publicar artículos sobre la «otra pandemia», la que he bautizado en este libro —muy en serio— el síndrome zombi. Soledad, distracción, ansiedad, depresión. Mientras tanto, las empresas comenzaron a programar actividades para promover el bienestar. Visitar al psicólogo se volvió casi tan normal como visitar al podólogo. Ya no hacía falta esconder la caja de antidepresivos.

Más concretamente, a partir de entonces hemos aceptado que algo terrible está sucediendo en la niñez. Como cuando al final de la cuarta temporada de *Stranger Things* el terremoto sobrenatural difunde la verdad más allá de Hawkins, Indiana. «La salud mental de los jóvenes de todo el mundo está en crisis», se ha lamentado recientemente David C. Saunders, psiquiatra infantil, en uno de los estudios globales más ambiciosos sobre el tema. Según esta investigación basada en datos de más de doscientos países, el

13,4 por ciento de las personas entre los cinco y los dieciocho años sufre alguna patología diagnosticable. Hablamos de UNA DE CADA OCHO. La revista médica *The Lancet* habla de una «tendencia alarmante» que ha entrado en una «fase peligrosa».

Sin embargo, como hemos visto, el problema no comenzó con los confinamientos por el COVID-19. Ni tampoco con los móviles y demás tecnologías digitales. Jonathan Haidt afirma que debemos volver a una infancia basada en el juego, pero ni siquiera en los míticos años ochenta podía describirse así la infancia. En 1948 solo el 9,5 por ciento de los adolescentes respondían en afirmativo a la frase «La vida me resulta agotadora buena parte del tiempo». En 1989, mucho antes de la irrupción de los móviles o internet en sus vidas, este porcentaje se había elevado al 35. El porcentaje se incrementó del 16,2 al 41,6 por ciento en relación con la frase «Trabajo con una gran cantidad de tensión». Y del 4,1 al 23,4 por ciento ante la inquietante declaración «Temo perder la salud mental».

Estamos comenzando a caer en la cuenta, por fin, de algo evidente: que a los niños y a las niñas hay que dejarlos jugar en libertad. Que la infancia humana se diseñó, durante el largo proceso evolutivo, precisamente para el playfulness. Que hay una infinidad de habilidades y actitudes vitales que SOLO se pueden aprender jugando. Mientras escribía este manuscrito, el 11 de junio de 2024, las Naciones Unidas convocaron por primera vez en la historia la celebración del Día Internacional del Juego, «un momento unificador a nivel global, nacional y local para elevar la importancia del juego», además de un llamamiento «para crear políticas, formación y fondos que ayuden a integrar el juego en la educación y las comunidades de todo el mundo».

La convocatoria no se ha materializado sin más. Veinte fundaciones y organizaciones que promueven la dimensión lúdica y los derechos de la infancia han consultado a más de diez mil niños y niñas de todo el mundo para darles voz. Las nuevas generaciones exigen que se cumpla su derecho al juego, recogido en la Convención sobre los derechos del niño de 1989. Se enfrentan a esta tormenta maligna con la mirada desafiante de Once. Y no se van a conformar con la simple declaración de un día internacional.

Cualquier niña, cualquier niño, tiene poderes tan increíbles como los de la heroína de *Stranger Things*. Pero solo pueden cultivarlos si los adultos les damos un amplio espacio para hacerlo, el mismo espacio que les hemos arrebatado. Para ello, el primer paso es conocer las dimensiones y la forma que podría llegar a tener este espacio. ¿Cómo sería una infancia verdaderamente basada en el juego? ¿Qué aspecto tendría un nueva era dorada del playfulness? ¿Es posible tal cosa? ¿Es deseable?

Te invito a adentrarte en el tanque de flotación. No hay nada que temer. Es una simple piscina de agua salada que emplea Once para viajar por el tiempo y el espacio. Solo tienes que tumbarte en la oscuridad y déjate sostener por el agua templada. Luego cierras los ojos y te abres al silencio. En este estado de privación sensorial tu imaginación quedará libre para volar.

Vamos a volver al pasado, a un pasado muchísimo más remoto que los familiares años ochenta. Antes de los teléfonos móviles, la tele, la radio e incluso la electricidad. Antes del colegio y sus deberes. Antes incluso del trabajo, el dinero, el estatus y la propiedad privada que mueven nuestra economía. Antes de que naciera el maléfico Azotaniños. Antes del Mundo del Revés.

En este tiempo remoto es posible encontrar comunidades donde los niños y las niñas eran completamente libres. Y también sus madres y sus padres. Donde la vida entera se vivía en clave de juego.

Juegos de playfulness

DÉJALOS CRECER

Tiempo: Más que quitarte tiempo, este ejercicio puede ahorrarte mucho tiempo...

Materiales: Lo quc sirva para cada aventura.

Descripción: En 2008 Lenore Skenazy, una columnista del periódico *The New York Sun*, dio permiso a su hijo de nueve años para volver solo a casa desde Manhattan, en metro y en autobús —una ruta hasta el barrio de Queens que habían recorrido muchas veces juntos—. Horas después de publicar un artículo sobre la experiencia, los medios describieron a Skenazy como «LA PEOR MADRE DE AMÉRICA». Lejos de amedrentarse, esta periodista escribió un libro que se convirtió en todo un movimiento: *Free Range Kids* ('Niños criados en libertad', como las gallinas que ponen los huevos ecológicos). Ahora, junto a Peter Gray y Jonathan Haidt, ha fundado el proyecto *Let Grow* ('déjalos crecer'), al que te invito a apuntarte. Ya seas madre, padre, tía o educador, la idea es contribuir como puedas a la autonomía que necesitan las nuevas generaciones para convertirse en seres humanos completos y resueltos. ¿Te da miedo? Normal. Es lo que sucede con cualquier aventura descomunal. Para tu tranquilidad, miles de familias y colegios ya lo han llevado a la práctica con éxito.

REGLAS

1. Diseña, imprime y recorta una tarjeta como la siguiente para cada hijo o hija:[1]

LICENCIA PARA JUGAR

¡No estoy perdido/a ni me han abandonado!

MI NOMBRE: ____________________

FIRMA DE MI MADRE/PADRE: ____________________

TELÉFONO DE MI MADRE/PADRE: ____________________

Tengo permiso para estar aquí por mi cuenta. ¡Llame al teléfono si quiere!

2. En cuanto puedas y te atrevas, anímalos a que corran pequeñas aventuras sin tu supervisión: subirse a un árbol, dar una vuelta en bici, fregar los platos, cuidar de una hermana pequeña... Puedes acordar con ellos cada proyecto y cómo afrontarlo (por ejemplo, si deben ir acompañados por su pandilla). Cada semana pueden escoger un nuevo proyecto que vaya ampliando sus horizontes y reforzando su confianza. Por cierto, es importante que cada desafío lo escojan ellos, y no tú.
3. Las ideas son infinitas. Hay aventuras con animales (sacar al perro de paseo, buscar y adoptar insectos...), de exploración en el barrio (cruzar la calle, hacer un

1. A través del código QR al final del libro encontrarás una licencia imprimible y más ideas.

mapa, visitar la biblioteca...), útiles (sacar la basura, poner la lavadora, tender la ropa...), culinarias (preparar una merienda, cocinar una cena para toda la familia...), sociales (montar un club, organizar un evento...), deportivas (subir una montaña, aprender a jugar al voleibol...), creativas (construir un refugio, confeccionar una prenda...), y muchas muchas más.

4. El desafío de Let Grow también se puede instaurar como «deberes» semanales en una clase o todo un colegio: «Ve a casa y haz algo que nunca hayas hecho por tu cuenta». Miles de colegios ya se han apuntado a este movimiento, con resultados excepcionales. En <Letgrow.org> ofrecen un kit (de momento solo en inglés) para iniciar este tipo de proyectos, con un montón de ideas y recomendaciones.

EL CLUB DEL JUEGO LIBRE

Tiempo: Según como lo organices, esta iniciativa también puede ahorrarte mucho tiempo.

Materiales: Cualquier cosa que sirva para ejercitar el cuerpo, la mente y la imaginación.

Descripción: Este maravilloso club es un espacio de libertad recurrente donde los peques pueden poner a prueba sus habilidades, su resiliencia y su imaginación. En las notas encontrarás enlaces a algunas de las numerosas iniciativas de este tipo que ya están marcha.

REGLAS

Si tienes una casa con jardín privado, prueba a montar ahí una fiesta de juego no dirigido, invitando a toda o parte de la chavalería del barrio. Si te gusta la experiencia, puedes abrir este espacio de playfulness con regularidad (por ejemplo, los viernes por la tarde) o incluso todos los días. ¡Un club de juego libre! Si colaboráis varias familias os podéis turnar para aseguraros de que siempre haya algún adulto supervisando.

También puede abrirse en las instalaciones de un colegio, durante los recreos y antes y después del horario lectivo. El club puede ofrecerse como una actividad extraescolar más, en este caso no dirigida. Puede emplazarse en el patio o —cuando hace mal tiempo— en un gimnasio o aula. Lo importante es que los niños y niñas puedan jugar durante este tiempo como les dé la gana. Solo hay dos normas: (1) no pueden hacerle daño a nadie intencionadamente y (2) si se van tienen que avisar a la persona que supervisa el espacio.

Otra opción es reservar para este propósito una zona común de una urbanización o edificio de pisos, un patio abandonado del barrio, un descampado local o incluso una tienda cerrada de una calle comercial.

1. También podemos fomentar los espacios seguros de juego en las ciudades desde los ayuntamientos: zonas verdes o peatonales, ludotecas públicas, *maker spaces*.
2. En todos estos clubs de juego, lo ideal es que el espacio cuente con piezas sueltas, o sea, elementos que permitan colaborar, construir y crear. Como en el caso que he citado del colegio de mis sobrinas, pueden ser materiales reciclados y elementos naturales.
3. En estos clubs de juego libre suele haber uno o más adultos presentes, pero nunca dirigen ni intervienen en los juegos. Este rol a veces se conoce como *playworker* ('trabajador del juego'). Como mencioné en el capítulo 4, se encargan de proteger el espacio de la interferencia adulta y de actuar en caso de emergencia. Si ven alguna actividad especialmente arriesgada pueden acercarse para preguntar a los jugadores: «¿Habéis considerado los riesgos? ¿Qué podría suceder aquí?». De esta forma dan a los propios niños y niñas la responsabilidad de cuidarse y tomar precauciones.
4. Lo ideal es que los móviles y otros dispositivos no entren en estos clubs.

VOLVER AL PLANETA TIERRA

> **Tiempo:** El que dediques a tu hijo/hija.
>
> **Materiales:** Tus dispositivos electrónicos y los suyos.
>
> **Descripción:** Jonathan Haidt compara la infancia digital con crecer en Marte: las niñas y los niños están creciendo en un entorno para el que no fueron diseñados evolutivamente, expuestos a todo tipo de peligros. ¿Cómo mantenerlos en el planeta Tierra? Aquí he resumido las propuestas que Haidt incluye en su libro, basadas en sus estudios y en las recomendaciones de organismos oficiales.

REGLAS

1. Procura no usar las pantallas delante de tu bebé hasta que cumpla dos años. Cuando pasas tiempo con él, trata de estar siempre presente y dedicarle tu atención (o sea, tu amor). Evita usar las pantallas como canguro o para tranquilizarle. Según vaya creciendo, y mientras viva contigo, establece la norma de que las pantallas permanecerán apagadas siempre en co-

midas y actividades conjuntas, y también una hora antes de acostarse.

2. Hasta los dieciocho meses limita el uso de pantallas a conversaciones de tipo videochat con familiares y personas conocidas, siempre en tu compañía. Después, hasta los veinticuatro meses, puedes comenzar a introducir programas educativos.
3. Entre los dos y los cinco años limita el tiempo recreativo de pantalla a 1 hora diaria y 3 horas en días de fin de semana. A partir de esta edad establece un límite razonable, en torno a las 2 horas diarias de entretenimiento digital. Lo más importante es que no descuiden las actividades físicas y sociales en el mundo real, ni el necesario reposo nocturno.
4. Los más jóvenes deberían emplear las pantallas en zonas comunes, bajo tu supervisión. Mientras tanto, aprende a usar los controles parentales y filtros de contenidos disponibles en los dispositivos para cuando no lo estén. Tampoco hace falta llegar al extremo de monitorear sus mensajes y movimientos online como la Stasi.
5. Smartphones solo a partir de los catorce años. Redes sociales solo a partir de los dieciséis. Para conseguirlo sin condenar a tu hijo o hija al ostracismo social, la clave es acordar estas normas con los padres y madres de sus amistades con muchos años de antelación.
6. A partir de los dieciséis años pueden ir desarrollando más autonomía y poniendo sus propios límites. Pero no dejes de hablar con ellos sobre los beneficios y los riesgos de estas tecnologías tan poderosas. Y presta atención a las señales de uso adictivo o problemático. Las prohibiciones sobre el uso en comidas, durante actividades conjuntas y antes de dormir deberían mantenerse.

6

EL PARAÍSO LÚDICO

> Los parakana adultos no interfieren en la vida de sus hijos. Nunca les pegan, los regañan o se comportan agresivamente hacia ellos, física o verbalmente, ni tampoco les ofrecen elogios o evalúan su desarrollo.
>
> Yumi Gosso, antropóloga

Cuando hablamos de la Historia con mayúscula, nos limitamos a contar la historia de las CIVILIZACIONES, esa rocambolesca sucesión de imperios, reinos y repúblicas que han luchado ferozmente por dominar el planeta Tierra y todo lo que contiene, emocionantes batallas entre hordas de zombis cada vez más terroríficas... La crónica del Mundo del Revés.

Toda esta extraordinaria serie de acontecimientos se puso en marcha a partir de la Revolución neolítica, hace algo más de diez mil años. Fue entonces cuando un puñado de ingeniosos humanos de Mesopotamia inventaron la agricultura, dejaron de vagar en pequeñas grupos y se asentaron en los primeros poblados fijos. Estos asentamientos fueron creciendo hasta que surgió el primer gran Imperio, el sumerio, con sus imponentes ciudades, poderosos monarcas y ejércitos de esclavos.

Los libros de texto nos transmiten la idea de que antes de esta revolución no había sucedido gran cosa. Al menos nada muy emocionante. Y si sucedió es difícil saberlo, ya que no se había inventado aún la escritura para dejar constancia de ello. Sin embargo, el *Homo sapiens* lleva por aquí bastante más tiempo. Aproximadamente unos doscientos mil años. O sea, unas diez mil generaciones. Por lo tanto, la historia que solemos estudiar, la de reyes y siervos, guerras y tratados, profetas y herejes, representa solo un 5 por ciento de la verdadera historia. Durante el restante 95 por ciento fuimos simples nómadas que vivíamos a la intemperie o nos refugiábamos en cuevas como las de Altamira, inmortalizando con pigmentos ocres y carbón vegetal nuestras gestas cazadoras.

¿Cómo vivimos durante aquellos incontables milenios? La respuesta nos parece evidente: MAL. A los zombis del siglo XXI nos resulta imposible aguantar unos pocos minutos sin teléfono. ¿Cómo imaginarnos entonces toda una existencia sin luz eléctrica o televisor? ¿Sin tan siquiera un hogar permanente? ¿Sin coche, supermercados, ducha caliente, libros, papel higiénico, analgésicos..., CHOCOLATE? Todo el santo día correteando desesperadamente por la sabana en busca de antílopes. Y para colmo expuestos a la naturaleza más salvaje, llena de insectos, serpientes y depredadores monstruosos como el famoso tigre dientes de sable que abundaba en el Pleistoceno.

Además, solemos tener una idea bastante pesimista de la naturaleza humana. Suponemos que antes de extenderse nuestra gloriosa civilización aquello debía parecerse a una despiadada batalla de todos contra todos. El filósofo Thomas Hobbes describió la vida arcaica como *solitary, poor, nasty, brutish and short* ('solitaria, pobre, desagradable, brutal y corta').

Esta visión sigue vigente hoy en día. Nos imaginamos al hombre de Cromañón como un bruto que arrastra a su pareja por los pelos, mazo en mano. En el cine, una de las pocas escenas memorables que retrataron esta época nos la brindó Stanley Kubrick en *2001: Una odisea del espacio*. Muestra a uno de nuestros antecesores peludos inventando la primera herramienta, un hueso, y acto seguido empleándola para aplastarle los sesos al jefe de la banda rival. La naturaleza humana nos parece una lógica extensión de las salvajes luchas jerárquicas entre chimpancés, lobos y otros mamíferos sociales, que solo en tiempos modernos hemos conseguido superar gracias a la religión, la ley y otros mecanismos inhibidores. En palabras de Hobbes, *homo homini lupus*.[1]

Libros superventas como *El pueblo feroz* del antropólogo Napoleon Chagnon o *Los ángeles que llevamos dentro*, del psicólogo evolutivo Steven Pinker, han aportado datos inquietantes sobre las tribus cazadoras que parecen apoyar la teoría de Hobbes. Según Chagnon, el 30 por ciento de los hombres yanomamö —una tribu aislada del Amazonas— morían en guerras sangrientas, mientras que el 44 por ciento habían matado a otro ser humano. Pinker presenta un gráfico con las tasas de muerte violenta entre numerosas tribus de cazadores-recolectores, que según su cálculo rondan el 15 por ciento. Esta cifra parece concordar perfectamente con el porcentaje de esqueletos en excavaciones arqueológicas prehistóricas con señales de agresión humana: el 15 por ciento. Uniéndose al coro hobbesiano, el popular geógrafo Jared Diamond considera que la mayoría de los pueblos tribales viven en un estado de guerra continua, y que con toda seguridad la vida de nuestros lejanos antepasados fue así de brutal.

1. 'El hombre es un lobo para el hombre'.

Una utopía en la sabana africana

¿Es cierta esta visión tan pesimista? Con tantas evidencias parecería un atrevimiento dudar de ello. Sin embargo, yo comencé a hacerlo en 1993, durante una de mis primeras clases de introducción a la Antropología Social en la London School of Economics.

No pude evitar apuntarme a esta asignatura optativa. Mi padre había estudiado Antropología en la Universidad de Oxford. Me llamó «Eduardo» en honor a su tutor y mi padrino, el célebre pionero de esta disciplina, sir Edward Evans-Pritchard. Para colmo, mi madre trabajó durante una época en un lugar fascinante para un niño de tres años: el museo etnográfico Pitt Rivers, cuyas abarrotadas vitrinas exponían cabezas reducidas, tótems de los nativos americanos, canoas del pacífico y una botella que supuestamente contenía una bruja. Decidí que necesitaba saber qué había de cierto en todas aquellas historias tan exóticas que me habían contado sobre los nuer y los kwakiutl.

Aquella fría mañana de enero se subió al podio del gran salón de actos un señor de baja estatura, gafitas y barba generosa. James Woodburn llevaba casi cuarenta años estudiando a uno de los últimos pueblos del mundo que aún vivía como nuestros antepasados de la Edad de Piedra: los hadza de Tanzania. El veterano profesor me impresionó desde el primer momento, no solo por su rigor intelectual, sino porque hablaba de estos seres humanos con pasión y hasta con reverencia.

Además, lo que contaba contradecía por completo la idea del cavernícola salvaje que supuestamente llevamos todos dentro. ¿Era posible? ¿Cómo es que nunca me había hablado mi padre de esto? Según Woodburn, estos indígenas de la sabana africana vivían como reyes —reyes de un reino pacífico y amable—. No tenían apenas riqueza material, era cierto, pero se contentaban con poco. ¿Morir de hambre? Para nada. Vivían en una zona donde no faltaban animales, frutos y tubérculos, un tesoro natural abundante. De hecho, conseguían alimentarse con el esfuerzo de tres o cuatro horas al día, un «trabajo» que a menudo se parecía al ocio de los monarcas de antaño: la caza y los paseos en plena naturaleza. El resto de la jornada lo dedicaban a socializar y divertirse. Gozaban de una fabulosa riqueza de tiempo.

Además cada uno era realmente rey o reina, ya que no existía un jefe de la tribu, ni jerarquías de ningún tipo. Todos los miembros del grupo eran completamente libres para decidir qué hacer cada día y con quién pasar el rato. Ningún hombre podía imponer su ley sobre una mujer, y mucho menos arrastrarla por los pelos. Compartían todas sus posesiones sin que tuviera que ordenárselo ningún mandamiento, sacerdote o texto sagrado. Era una sociedad verdaderamente igualitaria.

Lo que más me sorprendió fue su insólito pacifismo. A diferencia de los yanomamö o cualquier otra sociedad tribal de las que yo había oído hablar, los hombres hadza no entrenaban como guerreros. Cada grupo se llevaba bien con las demás comunidades. De hecho era habitual juntarse con grupos vecinos para comer, cantar y celebrar fiestas. A menudo algún miembro de una banda decidía unirse a otra, o casarse con alguien de fuera. ¿Para qué pelearse si no había tierras, ni coronas, ni riquezas por las que luchar?

Me quedé atónito ante las lecciones del profesor Woodburn. Los hadza no eran perfectos, desde luego. Su nomadismo radical significaba, por ejemplo, que a las personas ancianas o enfermas a veces se las abandonaba a merced de los leones. Sin embargo, a pesar de detalles tan crudos como este, daban ganas de mudarse a aquellos parajes de Tanzania.

Para colmo, este asombroso pueblo no era un caso único. Woodburn nos habló de los !kung del desierto del Kalahari, los batek de Malasia, los agta de Filipinas, los nakaya del sur de la India, los yiwara del desierto australiano, y en el Amazonas los parakana, aché y hiwi. Si no fuera por la presión de los pueblos «más desarrollados» que desde hacía siglos los rodeaban, probablemente existirían muchos más.

Todos ellos compartían un estilo de vida sorprendentemente similar, a pesar de encontrarse en lugares muy distantes entre sí. De hecho, se parecían tanto que los antropólogos a menudo se referían a ellos como si se tratara de una misma cultura: la cultura cazadora-recolectora. O, para ser más precisos, la cultura cazadora-recolectora *de retorno inmediato*.

Cazadores puros y cazadores mixtos

Este concepto del retorno inmediato lo propuso el propio Woodburn en 1982, en uno de los artículos antropológicos más citados e influyentes sobre los nómadas, titulado «Egalitarian Societies» ('sociedades igualitarias'). Mi sagaz profesor fue el primero en darse cuenta de que los pueblos que vivían realmente al día, consumiendo inmediatamente lo que cazaban o recolectaban (o sea, que obtenían un retorno inmediato de su trabajo), eran todos tan igualitarios o más que los propios hadza.

No podía decirse lo mismo de todas las tribus cazadoras. Los célebres yanomamö, como los sioux de los wésterns americanos, no se alimentaban exclusivamente de la caza y las plantas silvestres. También invertían grandes esfuerzos en tareas con un retorno que se demoraba en el tiempo, como la agricultura o la ganadería. Si posees una plantación de maíz, o una manada de caballos, te conviene defender esta propiedad con lanzas y flechas. Tendrás que preparar además reglas de herencia y de matrimonio, junto con sistemas de castigo en caso de incumplimiento. Casi inevitablemente surgirá una diferencia de poder entre la gente como tú —los dueños de tierras o animales— y la que no posee tal fortuna. Es el fin de la utopía comunitaria, el primer terremoto que anuncia la irrupción del Mundo del Revés.

La confusión entre estas dos categorías, las sociedades igualitarias y los cazadores no igualitarios, explica en parte esa idea tan extendida de que los pueblos prehistóricos vivían en un estado de guerra permanente. Sobre todo porque la inmensa mayoría de las tribus cazadoras, en tiempos recientes, han pertenecido al tipo mixto. Los cazadores han ido recurriendo a otras formas de subsistencia, a menudo forzados a ello por leyes que les impiden cazar, por la pérdida de tierras ancestrales o por la degradación del medio ambiente. Los yanomamö que estudió Napoleon Chagnon, por ejemplo, obtenían la mayoría de sus calorías de plátanos y bananas cultivadas. En cuanto a los datos arqueológicos de Steven Pinker, veinte de los veintiún cementerios prehistóricos que analizó pertenecían al periodo posterior a la invención de la agricultura y la domesticación de los animales.

Análisis nuevos también han hallado que las demás evidencias de Pinker —como una alta tasa de homicidios entre algunas tribus igualitarias del Amazonas— resultaron ser erróneas. En realidad las víctimas de estas «guerras» murieron a manos de ganaderos locales y otros miembros de nuestra civilización contemporánea, que luego culpaban a los «agresivos» nómadas. Una vez más, tratamos de «salvajes» a unos pueblos que llevan siglos sufriendo la expropiación, la esclavitud y la violencia de los colonos que los rodean. Nuestra mentalidad zombi nos impide ver la realidad que se esconde tras la propaganda de los vencedores.

La verdadera naturaleza humana

La existencia de pueblos como los hadza o los hiwi demuestra, como mínimo, que es posible vivir en armonía. Por lo tanto, la naturaleza humana no puede ser tan terrible como suele pensarse. De hecho, en tiempos recientes disciplinas como la etología, la psicología y la historia han comenzado a desmontar la tesis de Hobbes con pruebas contundentes. El *Homo sapiens*, según esta visión, logró su posición dominante no por su brutalidad, sino precisamente por haber desarrollado una extraordinaria capacidad para la empatía, la cooperación y el altruismo (si te interesa este asunto, te recomiendo el magnífico ensayo *Dignos de ser humanos* de Rutger Bregman, del que hablaré en el capítulo 7).

Además, la extraordinaria homogeneidad de las culturas de retorno inmediato nos permite suponer, con bastante confianza, que esta pacífica utopía hippie no es ninguna excepción, sino que fue la norma durante los doscientos mil años que precedieron a la agricultura: el 95 por ciento de la VERDADERA historia de la humanidad. El cavernícola de la Edad de Piedra no fue un guerrero bruto. Ni mucho menos.

¿Cómo debemos imaginarnos entonces la vida del ser humano en esta fase arcaica? Desde luego no debió parecerse mucho a la de los zombis del siglo XXI. Según los etnógrafos que han estudiado a los nómadas contemporáneos, estas personas viven plenamente conectadas las unas con las otras, en redes sociales de las de verdad, tejidas con fuertes lazos de confianza. Viven integradas además con la naturaleza, que las provee de todo lo que necesitan como una madre generosa. A pesar de los peligros reales de su entorno, se mueven por él sin prisas ni ansiedad. Más bien parecen genuinamente felices y equilibradas.

Aquí tienes una descripción típica de Colin Turnbull, un antropólogo que hizo su trabajo de campo con los mbuti del Congo:

> Era un pueblo que había encontrado en el bosque algo que hacía que su vida no simplemente valiera la pena, sino que fuera, aun con todas sus dificultades y problemas y tragedias, algo maravilloso, lleno de alegría y felicidad, libre de preocupaciones.

Quienes han convivido con los pueblos cazadores puros, en África, Asia, Australia y las Américas, coinciden en admirar la increíble resiliencia, buen humor y calma con los que se enfrentan diariamente a una existencia desprovista del más mínimo lujo o comodidad. No se quejan durante sus largas excursiones en busca de alimento, incluso cuando pasan un día entero sin comer. Jamás se muestran arrogantes. A pesar de todas las *fake news* que han difundido Hobbes, Chagnon, Diamond y Pinker, la violencia física en el mundo nómada es rarísima. De hecho, casi nunca llegan siquiera a enfadarse los unos con los otros. Lo que sí hacen mucho es sonreír y reír, a menudo a grandes carcajadas alrededor del fuego nocturno.

Existen además datos empíricos que nos permiten comparar el bienestar mental de estas poblaciones con el de nuestras sociedades industrializadas. Por ejemplo, en las últimas décadas varios investigadores han recorrido el mundo con medidas de felicidad como la que he incluido al final del capítulo 2 (si aún no has completado el test, te animo a hacerlo ahora). Gracias a sus estudios, hemos descubierto el hecho sorprendente de que los pueblos nómadas, a pesar de su pobreza material, parecen ser más felices que la mayoría de la gente que dormimos en mullidos colchones, conducimos automóviles y tenemos la nevera llena de comida. Mientras que la media global de felicidad está en torno al 4,9 en una escala del 1 al 7 (1 = muy poco feliz; 7 = muy feliz), entre los hadza y los inuit alcanza o supera la cifra de 5,8. Además, otros pueblos indígenas cercanos al estilo de vida nómada, como los himba o los masái, también suelen tener un nivel de felicidad por encima de la media en países «civilizados».

Valores genuinos

Los valores fundamentales de los cazadores puros son tres, y se corresponden perfectamente con las reivindicaciones de la Revolución francesa —*liberté, égalité, fraternité*—, excepto que en este caso no se trata solo de palabrería romántica. Realmente ponen estos ideales en práctica. O, mejor dicho, los defienden con ahínco, precisamente para evitar que las tendencias «salvajes» del ser humano, como el egoísmo, la dominación y la agresividad, puedan emerger.

El primer valor nómada es el que los define como sociedades igualitarias. Entre los nómadas, nadie tiene más riqueza que cualquier otro miembro del grupo. No existen llaves, muros ni cajas fuertes. Cada cual tiene solo las posesiones que puede llevar consigo en sus largas caminatas.

Tampoco hay jefes. Los deseos y las necesidades de cualquier miembro tienen el mismo peso que los de cualquier otro. Las decisiones que afectan a todo el grupo se toman en asambleas que integran las voces incluso de niñas y niños. Existen también los *influencers* nómadas, pero su autoridad no se basa en un rol fijo sino en su sabiduría, empatía y capacidad para integrar distintos puntos de vista. En general, nadie puede elevarse por encima de los demás.

Evidentemente hay personas más hábiles, inteligentes o creativas, y estas diferencias se conocen. Pero un poco como en las pandillas de amigos, a esas personas «excepcionales» se les suele tomar el pelo, rebajándolas para evitar el nacimiento de la temida jerarquía. Si un hombre !kung consigue cazar un antílope especialmente grande, él mismo bromeará sobre la pieza.

—¡Menuda birria de animal! ¡Si no es más que huesos y pellejo!

Y los demás se unirán a la broma.

—No da ni para merendar.

—Le diste sin querer, ¿eh?

—Menudo paquete estás hecho...

El segundo valor nómada, derivado del primero, es la autonomía. En otras palabras, cada cual hace lo que le da la gana —siempre que no prive de libertad al otro—. ¿Que dos se quieren? Forman pareja. ¿Que una se cansa? Pues se acabó. ¿Que te aburres del grupo? Basta con unirte a otro. De esta manera, la composición de parejas y de grupos va cambiando continuamente, sin necesidad de divorcios traumáticos, separación de bienes o problemas de custodia.

Defienden la libertad hasta tal extremo que ni siquiera una madre puede decirle a su hijo lo que debe o no debe hacer. Así lo cuenta Elizabeth Marshall Thomas en relación con los niños !kung:

> Casi nunca lloraban, probablemente porque no tenían muchas razones para llorar. Nadie les gritaba, ni les pegaba, ni les soltaba tortas, ni les castigaba físicamente, y era muy raro que se les regañara. La mayoría no escucharon una palabra

crítica hasta que se acercaban a la adolescencia, y en esos casos la regañina, si realmente lo era, se transmitía con voz suave.

Aún más sorprendente: en estas sociedades ni siquiera suelen darse consejos. Está mal visto interferir, aunque sea mínimamente, en las decisiones de los demás.

El tercer valor es el de compartir. Entre los nómadas todo se comparte por igual: la comida, las herramientas, los conocimientos. No es que sean parangones del amor universal, es que no tienen ningún respeto por ese concepto tan arraigado entre nosotros del «mío» y el «tuyo». ¿Recuerdas cómo te robaba la ropa tu hermana? ¿O los cigarrillos tu amigo? Pues es algo así, excepto que no puedes enfadarte porque a los dos minutos harás lo mismo con tu primo. Compartir es ley de vida entre los nómadas. Se considera un deber más que un acto de generosidad.

Igualdad absoluta. Autonomía total. Reparto libre de todo. En otras palabras: todo lo contrario a nuestra grandiosa civilización, basada en el poder de unos sobre otros, las jerarquías piramidales y la propiedad privada. ¿Entiendes por qué lo llamo el Mundo del Revés?

La infancia más divertida jamás inventada

Quizá te estés preguntando por qué llevo ya medio capítulo presentándote a estas sociedades tan exóticas. El motivo es sencillo: sus gentes viven inmersas en un mundo extraordinariamente lúdico.

Como ya he mencionado, en tribus como los hadza ni siquiera los padres pueden decirles a sus hijas o hijos lo que deben hacer. ¿Cómo será entonces su infancia? ¿A qué se dedicarán estos niños y niñas día tras día, libres para hacer lo que se les antoje? Te podrás imaginar la fiesta.

Peter Gray envió un detallado cuestionario a diez de los principales antropólogos especializados en cazadores-recolectores puros para conocer sus hábitos lúdicos. Cuando preguntó cuánto tiempo libre tenían los niños para jugar, en el grupo que había estudiado, los diez encuestados dieron básicamente la misma respuesta: TODO.

Karen Endicott, por ejemplo, comentó lo siguiente en relación con los batek de Malasia:

> Los niños tenían libertad para jugar todo el tiempo; nadie esperaba que hicieran ningún trabajo serio hasta la tardía adolescencia.

Esto sí que es una infancia basada en el juego. Cero colegio. Cero deberes. Cero exámenes. Todo el día correteando con tus amistades, explorando el mundo y metiéndote en mil aventuras. Libre absolutamente para investigar lo que más te interese, en un entorno natural lleno de esos animales que la mayoría vemos solo en películas de dibujos animados, en documentales o en el zoo. Si la juventud de los años ochenta resulta envidiable, la de la prehistoria se acerca aún más al verdadero paraíso.

Además de jugar todo el tiempo, chavales y chavalas nómadas lo hacen prácticamente sin limitaciones. A partir de los cuatro años se les considera perfectamente autónomos, y pueden, por tanto, unirse a la pandilla que quieran para hacer todas las travesuras que se les antoje, a menudo lejos de cualquier supervisión. Nadie les dice cuándo tienen que volver al lugar de acampada para comer o irse a la cama. Se les permite merodear por todo el territorio, manejar el fuego, incluso emplear cuchillos y otras herramientas peligrosas. (Para que a nadie le dé una taquicardia, la etnografía también recoge algunas excepciones: ¡los dardos venenosos suelen mantenerse fuera de su alcance!)

Tanta manga ancha puede parecernos excesiva, incluso irresponsable, sobre todo en la era de los hiperpadres. Algunos dirán que se trata de una prueba más de lo «salvajes» que llegan a ser estos pueblos. ¿No se les echan a perder estas personitas? ¿No se vuelven insoportablemente caprichosas, rebeldes, descontroladas, holgazanas? Así responde Elizabeth Marshall Thomas, una de las más reconocidas expertas sobre los !kung del Kalahari:

> Quienes opinan así no tienen ni idea de lo exitosas que pueden ser estas medidas. Libres de frustración o ansiedad, alegres y cooperativos..., los niños !kung son el sueño de cualquier madre o padre. Ninguna cultura puede haber educado niños mejores, más inteligentes, más simpáticos, más seguros de sí mismos.

En estas sociedades, los adultos confían en que sus hijos e hijas ya sabrán lo que deben hacer. Creen firmemente que dejarlos sueltos es el método más eficaz para que vayan aprendiendo sobre el mundo que les ha tocado habitar. A lo largo de siglos y de milenios, parecen haber comprobado lo que algunas psicólogas y educadores llevan tiempo defendiendo: que estos pequeños seres humanos están diseñados por la naturaleza para inventarse su propio currículum. No hace falta sentarles frente a una maestra durante horas, cinco días a la semana, para «educarlos».

El colegio más divertido de la historia

¿A qué juegan en estas sociedades? Como en todo el mundo, los niños y las niñas nómadas se dedican sobre todo a hacerse los mayores. Buena parte de sus actividades lúdicas tienen que ver con cazar animales y encontrar plantas comestibles, a menudo con herramientas de juguete que les fabrican los adultos a su escala.

Los !kung del Kalahari dedican incontables horas a imitar a los antílopes, defenderse de leones imaginarios, seguir huellas sobre la arena y buscar frutos o hierbas. Al principio estas expediciones son solo ejercicios de fantasía, pero con el tiempo los pequeños cazadores-recolectores van contribuyendo a la despensa común con frutos y pequeños animales comestibles. Aparte de esto hacen de todo: trepan por los árboles, elaboran escaleras con lianas, construyen chozas, balsas y herramientas, y experimentan con las tradiciones de música, baile, conversación y cuentos de su cultura.

En definitiva, los pequeños nómadas se preparan para la vida adulta, desarrollando las habilidades necesarias para la supervivencia en su entorno natural y social. Podríamos decir que estos juegos son su colegio, un colegio sin profesores ni exámenes ni horarios, pero que parece funcionar, dotando a cada «estudiante» de una enorme cantidad de conocimientos teóricos y prácticos. En este divertidísimo sistema educativo no hay presión alguna por saberse la lección. A nadie se le evalúa ni se le castiga. Se aprende sobre todo explorando, experimentando y reflexionando, mediante la prueba y el error. Aunque también, desde luego, se imita y se escucha a los adultos.

En general, los profesores suelen ser niños o niñas un poco mayores, ya que, a diferencia del colegio reglado, nadie los segrega artificialmente por edad. Los de cuatro siguen a los de siete, los de siete a los de diez, y los de diez a los de trece. En cuanto a los adultos, también desempeñan un papel importante como modelos y recursos. Nunca dirigen los juegos ni interfieren en ellos, pero permiten —con mucha paciencia— que los pequeños participen en las actividades del campamento, como la preparación de la hoguera y de los alimentos, o el cuidado de los bebés. Como en cualquier sociedad, las criaturas son curiosas y hacen muchas preguntas que los mayores no dudan en responder.

A lo mejor pensarás que en una sociedad tan sencilla tampoco habrá gran cosa que aprender. Pero ¿has intentado alguna vez seguir el rastro de un impala por la sabana, distinguiendo sus huellas de todas las demás marcas en la arena? Los hombres y mujeres que cazan (sí, las mujeres también emplean el arco y la flecha en varias de estas culturas) se conocen al dedillo el comportamiento de hasta trescientas especies de mamíferos y pájaros. Distinguen a los animales no solo mediante la vista, a gran distancia, sino por los sonidos que emiten y los rastros que dejan en cualquier superficie.

Los etnógrafos suelen hablar de este conocimiento enciclopédico con admiración. Aún más asombro provoca su pericia con el arco y la flecha, a la que ningún antropólogo ha logrado acercarse. Algunos investigadores han sugerido que cada miembro de estas tribus contiene en su mente el equivalente a varios doctorados: botánica, etología, medicina, meteorología, geografía, psicología, artes escénicas... Los !kung no disfrutan del lujo de poder recurrir a internet o a un libro como este. Se lo aprenden todo de verdad.

Por lo tanto, el modelo Sudbury que cité en el anterior capítulo no es ninguna novedad, ni por supuesto un experimento alocado. Sus fundadores simplemente adoptaron a nuestro contexto el modelo educativo que ha acompañado al ser humano durante casi toda su existencia, un modelo con cientos de miles de años de historia, que funciona a la perfección.

Lecciones de vida

Además de conocimientos técnicos, el juego proporciona a los jóvenes nómadas lecciones importantísimas sobre la vida. Permite desarrollar en altísimo grado capacidades fundamentales que en nuestro sistema educativo moderno suelen descuidarse. Dialogar. Colaborar. Negociar. Tomar decisiones. Cuidar a los demás. Gestionar el propio mundo emocional. Quien domina estas artes nunca caerá en el síndrome zombi.

Por ejemplo, el hecho de jugar en grupos mixtos de edad proporciona a los más mayores la posibilidad de cuidar de los más pequeños. ¿Qué oportunidades tienen hoy en día los niños (y me refiero sobre todo a los niños en masculino) de cuidar de otros niños o niñas más pequeños? A no ser que tengan algún hermano menor, casi ninguna. En el colegio separamos a los estudiantes por edad, y sus amistades acaban formándose ahí. En deportes y otras actividades extraescolares suele pasar lo mismo. Esta estrategia educativa, junto con las continuas evaluaciones, exámenes y torneos deportivos que vertebran nuestro sistema, refuerza una actitud sumamente competitiva.

Pero en los juegos de edad mixta la cosa cambia radicalmente. Imagínate un partido de fútbol con jugadores desde los cuatro a los doce años. Si los más grandes juegan a ganar se aburrirán pronto. Mientras tanto, los pequeños se frustrarán o incluso podrían lesionarse. Un juego así se colapsa inevitablemente a los pocos minutos. Para que todo el mundo se divierta, para que el propio juego pueda sobrevivir, hay que tener en cuenta las habilidades de cada jugador. Esto significa que los mayores tienen que bajar el nivel. Así los pequeños jugarán con gran emoción, esforzándose al máximo para acercarse a la pericia de los mayores, mientras que los mayores disfrutan con su rol de educadores y cuidadores, y se divierten de lo lindo con las ocurrencias, energía, errores y fantasía de los peques.

El juego libre es un ejercicio continuo de empatía y cooperación, justamente porque cada jugador es libre de abandonarlo en cualquier momento. El grupo entero debe esforzarse para que cada participante se lo pase bien, prestando mucha atención a sus deseos y necesidades particulares. Hay que aprender a negociar y llegar a acuerdos que contenten a todo el mundo: ¿qué hacemos hoy?, ¿a qué jugamos?, ¿con qué reglas? Esto no es nada fácil. Supone un desafío de empatía casi imposible, que además se repite una y otra vez.

Pero, afortunadamente, los niños y las niñas cuentan con un superpoder que los motiva a superarlo: su irresistible instinto lúdico. Si quiere divertirse uno, tiene que divertirse el grupo entero. Imagínate lo que una actitud así, y la consiguiente práctica de empatía y colaboración, puede conseguir a lo largo de semanas, meses y años de juego casi ininterrumpido.

Equipos unidos de verdad

En nuestra civilización occidental, el juego suele ser sinónimo de ganar y perder. Jugar significa sobre todo competir, ya sea en torneos de fútbol, timbas de cartas o sesiones de *Super Mario*. Incluso en el caso de actividades aparentemente no competitivas, como la pintura o la música, nos parece natural elaborar rankings y premiar a los «mejores».

Sin embargo, entre los pueblos igualitarios no existen los juegos competitivos. Para estas gentes pacíficas, jugar significa explorar, crear, cantar, bailar y contar historias. Parecería lógico, considerando la importancia de cazar con arco y flecha entre los hadza, organizar torneos como el que convocó el príncipe Juan de ficción para atrapar a Robin Hood. Pero no lo hacen.

Lorna Marshall cuenta que los !kung se lo pasan pipa lanzando y recogiendo durante horas el *zeni*, un trozo de cuero alargado con una piedra atada a un extremo y una pluma al otro. Lo lanzan lo más alto que pueden con un palo y luego tratan de recogerlo con el mismo instrumento. Nosotros enseguida lo convertiríamos en un deporte olímpico, pero, según Marshall, los !kung no juegan así. Ni se les ocurre compararse. Juegan solo para pasar un buen rato, y sin embargo alcanzan con el tiempo una impresionante habilidad para lanzar y coger el *zeni*.

La mayoría de los juegos, en estas sociedades, requieren una coordinación muy precisa. Para poder lanzar a una niña o un niño por los aires mediante el tronco flexible de un árbol joven, como hacen los mbuti, tienen que colaborar un montón de chavales. Lo mismo sucede con la mayoría de los bailes de estas tribus, o con las expediciones lúdicas de caza. La infancia de los nómadas constituye un curso intensivo en eso que el mundo empresarial hoy en día denomina «trabajo en equipo». Un curso que dura toda la infancia, toda la juventud, toda la vida.

La niña estoica del Kalahari

Quizá lo más llamativo que aprenden los pueblos nómadas en este «colegio» al aire libre sea la gestión emocional. En contraste con la actual crisis de ansiedad, depresión y demás trastornos en la población infantil de nuestro Mundo del Revés, los niños y las niñas de estos pueblos parecen gozar de una salud mental inquebrantable.

Ya he mencionado el legendario buen humor que demuestran los adultos ante sus continuas privaciones y desafíos. Sonríen en presencia de leones de carne y hueso. No se quejan nunca, incluso en las peores circunstancias. Se comportan como auténticos héroes y heroínas. Pero... ¿y la población infantil?

Elizabeth Marshall Thomas cuenta el asombroso (pero nada atípico) caso de una niña !kung que metió el pie en el cepo que un biólogo había colocado para atrapar una hiena. No podía moverse de ahí: los dientes de acero del cruel instrumento, anclado firmemente al suelo, le habían atravesado el pie. La antropóloga describe así sus impresiones cuando finalmente rescataron a la pequeña:

> Siempre recordaré su calma mientras la trajimos de vuelta al campamento y curamos su herida. Había estado sola, indefensa y dolorida durante muchas horas en un lugar frecuentado por hienas, pero actuaba como si nada hubiera sucedido, absolutamente nada. Más bien charlaba sobre esto y aquello, despreocupadamente. Para mí, tanta compostura en tales circunstancias no me parecía posible, y recuerdo preguntarme si los sistemas nerviosos de los !kung no serían superiores a los nuestros. Pero claro que sus sistemas nerviosos eran iguales que los nuestros. Lo que era superior era su autocontrol.

¿Cómo había desarrollado esta niña semejante estoicismo? Los monjes budistas más avanzados llegan a conquistar una ecuanimidad parecida, pero solo después de un entrenamiento riguroso de meditación. En neurociencia, hay evidencias consistentes de que estos extraordinarios atletas del mundo interior llegan a reconfigurar sus cerebros. Por un lado, debilitan la conexión entre las zonas que sienten el dolor físico y las que evalúan el dolor como «terrible» o «insoportable». Por otro, fortalecen el nexo entre la corteza prefrontal y la amígdala, lo cual permite un mayor control sobre las reacciones emocionales. Esculpir así la estructura cerebral requiere mucha práctica. Los monjes zen que demostraron estas capacidades en el laboratorio habían pasado miles de horas sentados sobre el cojín.

¿Es posible que esta niña !kung hubiera logrado una hazaña similar sin haber conocido jamás a un maestro zen? Eso parece. ¿Cómo? Mediante la práctica intensiva, durante años y años, del playfulness. Esta es la conclusión de Peter Gray, que se basa a su vez en las teorías del psicólogo ruso Lev Vygotsky. Según Vygotsky, el juego es la forma natural de aprender a gestionar los impulsos y las emociones, esas fuerzas interiores que a los zombis del siglo XXI se nos descontrolan tan fácilmente. Los estudios que ya he citado sobre la privación del juego en ratas y monos indican que jugar desarrolla las partes del cerebro que gestionan emociones como el miedo y la ira. Justamente lo que les sucede a quienes meditan.

Si de verdad es así, la «escuela» ultralúdica de los pueblos nómadas puede considerarse también el gimnasio emocional más eficaz jamás inventado. ¿Por qué no suponer que una niña pueda desarrollar, en pocos años, capacidades tan impresionantes como las de los yoguis? Y además pasándoselo pipa. Se me ocurre que a nuestros atribulados hijos e hijas del siglo XXI, más que lecciones de mindfulness y gestión emocional, les bastaría vivir sus propias aventuras sin tanta supervisión.

Imagínate que jugaras al escondite a los seis años y nadie te encontrara. ¿Cuánto tiempo podrías permanecer ahí en el sótano, sin comer, sin beber, y con el cuerpo agazapado entre cajas? ¿Una hora? ¿Tres horas? La madre de Reuben Bowman, un niño de Melbourne, Australia, llamó a la policía a las seis de la tarde, porque Reuben llevaba varias horas escondido sin aparecer. Pero no dieron con el muy travieso hasta las siete de la mañana siguiente: ¡trece horas más tarde! Tuvieron que intervenir con perros rastreadores, ya que Reuben ignoró durante toda la noche a los agentes que gritaban su nombre.

El disfrute del juego es un gran motivador que permite a los niños superar incomodidades, miedos, frustraciones, cansancio y dolores, y los acostumbra con el tiempo a casi cualquier situación. Los pequeños mbuti que dedican toda su infancia a explorar una jungla tropical llena de insectos y serpientes, o que se lanzan por los aires empleando árboles a modo de catapulta, tienen oportunidades diarias para superar miedos, golpes y privaciones mientras se divierten.

Lo mismo sucede en el inhóspito desierto del Kalahari donde creció la estoica niña !kung que acabamos de conocer. Si ni siquiera se inmutaba con el pie atravesado por los dientes de un cepo, ¿cuántos otros dolores habría aprendido a soportar durante sus largos días, semanas, meses y años de juego libre? Hay que tener en cuenta que, a diferencia de cualquier otro tipo de sociedad, en los pueblos nómadas las niñas participan en juegos físicos como correr, nadar, trepar y perseguir casi tanto como los niños. Solo en estos pueblos podemos llegar a descubrir el verdadero potencial del juego. Y, por extensión, el verdadero potencial del ser humano.

Playfulness sin fin

Desde nuestra mentalidad occidental, nos imaginamos que en algún momento la infancia de los hadza, los batek y los !kung debe terminar, dando paso a una vida adulta más seria y monótona. Antes o después, hay que graduarse del «colegio» y ponerse finalmente a trabajar. ¿O no?

Pues va a ser que no. En las sociedades nómadas no existe la frontera artificial que hemos inventado en nuestra civilización para separar el juego del trabajo. Hablaré más de esto en el capítulo 7, pero de momento quiero dejar claro que la diversión lúdica acompaña a estas gentes, y presumiblemente acompañaba a nuestros antepasados cazadores, durante toda su vida.

La incorporación al mundo «laboral» en estas culturas sucede gradualmente. Los jóvenes de ambos sexos se van uniendo poco a poco a tareas de cuidado, de caza, de recolección y preparación de alimentos, de fabricación de herramientas y de todas las demás actividades «serias». No existe ningún rito de graduación ni cambio de hábitos drástico. Al trabajar, siguen disfrutando de las mismas actividades que han aprendido a realizar con plena presencia y atención, a veces en solitario, a veces gozando de la conversación, risa y compañía de otras personas. Además, estas actividades «serias» suelen ocupar una parte reducida de la jornada, unas cuatro horas diarias, según uno de los estudios más conocidos.

Incluso cuando el trabajo se vuelve duro, lo cual no es raro en absoluto, las caras largas tan habituales en cualquier oficina corporativa brillan por su ausencia. Hay una anécdota que me encanta sobre este tema. La escritora Jean Liedloff participó hace medio siglo en una expedición por la jungla de Venezuela para buscar diamantes. Acompañaba a dos exploradores italianos y varios indígenas de la tribu taurepang que habían contratado. Aunque los taurepang no eran cazadores puros, parece que habían mantenido la actitud *playful* hacia el trabajo tan típica de los pueblos igualitarios.

En un momento de la expedición les tocó atravesar una zona de rocas con su pesada canoa a cuestas, un trabajo incómodo y peligroso. Con la excusa de sacar unas fotos, la joven Liedloff se alejó durante unos minutos para tomarse un descanso. De pronto se fijó en la escena desde su nueva perspectiva:

Ante mí veía a varios hombres ocupados con una misma tarea. Dos de ellos, los italianos, estaban tensos, con el ceño fruncido, enfadándose con todo y soltando tacos del colorido repertorio toscano sin parar. Los demás se lo estaban pasando en grande. Se reían del enorme peso de la canoa, convirtiendo la pugna en un juego, riéndose de sus propias heridas, y divirtiéndose sobre todo cuando la canoa, al tambalearse hacia delante, caía primero sobre uno y luego sobre otro, atrapándolo. El tipo que se quedaba inmovilizado contra el granito ardiente, en cuanto volvía a respirar de nuevo era siempre el que se reía más fuerte, disfrutando de su alivio... En cuanto terminé mis fotos y me uní al equipo, abandoné la opción civilizada y disfruté genuinamente del resto de esta tarea.

El fin del paraíso

Las clases que tuve el privilegio de recibir en aquel anfiteatro de la London School of Economics me marcaron de por vida. Conservo los apuntes de James Woodburn como un tesoro, y cuando me encuentro con mis compañeros de clase a menudo hablamos de los hadza con pasión y veneración.

Cada crónica etnográfica de estos extraordinarios pueblos nómadas tiene un valor incalculable. Son el mejor modelo viviente que tendremos jamás del mundo de nuestros antepasados preagrícolas. Durante el 95 por ciento de la historia, la sociedad humana probablemente fue así. O sea, exactamente como en las incontables utopías que han soñado profetas y activistas desde que los zombis comenzaron su conquista del planeta hace diez mil años. Llenas de seres tan estoicos como los ascetas, tan generosos como los santos, tan risueños como Zorba el griego. Ninguno de ellos ha pasado por un laboratorio de neurociencia, pero sospecho que también sus cerebros vibrarán permanentemente en modo gamma.

Siguen sin salir en las noticias. Ni en el cine. Ni en TikTok. Y cuando aparecen se los caricaturiza como violentos cavernícolas.

Ahora, tras milenios de desprecio y acoso, han llegado al borde de la extinción total. A lo largo de este capítulo he empleado algo llamado el «presente antropológico», hablando como si viviéramos en el mismo momento en que Elizabeth Marshall Thomas, James Woodburn o el etnógrafo de turno los estudió. Pero en realidad quedan ya pocos millares en todo el mundo, en espacios cada vez más reducidos y degradados.

Los últimos nómadas libres están sucumbiendo ante el avance de ganaderos que queman sus bosques, proyectos petrolíferos que expropian sus tierras ancestrales, y parques de safari que les prohíben la caza «furtiva». Afortunadamente hay alguna ONG, como Survival International, que los defiende, y te animo a apoyar sus heroicos esfuerzos. Pero, a pesar de ello, es bien posible que en el siglo XXI desaparezcan por completo estas extraordinarias culturas, los últimos oasis de verdadera vida en medio de este apocalipsis zombi, devorados por nuestro Mundo del Revés.

Si esto sucede será aún más fácil para algunos esgrimir el argumento de que nunca existió ninguna sociedad libre, igualitaria y solidaria; que no es posible disfrutar de la vida sin ropa de marca, teléfono móvil y cepillo de dientes eléctrico; que el acoso laboral, la violencia de género y las continuas guerras por el control planetario se deben a nuestra naturaleza animalesca. Una y otra vez, a lo largo de la historia, se ha interpretado cualquier intento de admirar la simple sabiduría de estos pueblos indígenas como una fantasía romántica, el célebre mito del buen salvaje, tan falso como la leyenda de El Dorado. Pero sería un error.

El conocimiento que tenemos hoy en día de las sociedades nómadas está basado en décadas de observaciones rigurosas, confirmadas una y otra vez por investigadores de ideologías, nacionalidades y tradiciones académicas muy distintas. Hablamos de hechos, no de opiniones. Lo que pasa es que nos cuesta aceptar que tal prodigio sea posible. Ernest Burch, que dedicó medio siglo a estudiar la cultura de los inuit, comentó al respecto:

> Es difícil incluso para antropólogos que no han convivido personalmente con uno de estos pueblos concebir cómo es que puedan existir; para quienes no sean antropólogos, es casi imposible.

Te invito a que emplees toda tu imaginación para concebirlo. A que juegues, en alguna jungla o sabana interior, con estos seres humanos que una vez fueron mayoría. Creo que si existe un futuro que merezca ser vivido, va a depender de este esfuerzo de la imaginación. No debemos perder la sabiduría de los hadza, los batek, los !kung. Su ejemplo nos muestra la vida humana en todo su esplendor.

AVENTURA TRIBAL

Tiempo: Una mañana, un día entero o más (además del tiempo de preparación).

Materiales: Variable, según la aventura a definir.

Descripción: No podemos volver a la prehistoria, pero sí podemos experimentar algo de esa vida comunitaria y aventurera en plena naturaleza. ¿Nos vamos de excursión?

REGLAS

1. Organiza un encuentro en plena naturaleza con un grupo de amistades o familiares. Puede ser un camino de pocas horas, un fin de semana largo o incluso un desafío tan ambicioso como el Camino de Santiago. La preparación forma parte de la aventura, con sus inevitables negociaciones, conflictos y complicaciones logísticas (si es un grupo grande, puede que haya que nominar a un comité organizador). Se le puede dar un título grandioso o divertido a la aventura («2031: una odisea en el Pirineo») y también al grupo («El submarino amarillo»).

2. A lo largo de toda la experiencia, rigen las normas de los nómadas: nadie cuenta más que otro; nadie puede decirle a nadie lo que tiene que hacer; los gastos se comparten equitativamente, o como se decida en asamblea.
3. Si hay personas con movilidad reducida, se puede organizar un plan más sedentario o con opciones de actividades alternativas. Podría ser una estancia de fin de semana en una casa rural alrededor de un torneo de cartas, juego de rol, fiesta temática o espectáculo creado entre todos, pero con excursiones opcionales en momentos concretos.
4. Puede que la aventura tenga un significado o conmemore alguna ocasión importante: aniversario, efeméride real o inventada, vuelta a un lugar nostálgico, meta largamente soñada, relación con un libro o película favorita.
5. Si es posible, se decide en grupo reducir o eliminar por completo el uso de teléfonos móviles, excepto para sacar fotos, orientarse y otros usos logísticos o de emergencia. Cero mensajes. Cero redes sociales. Cero consumo de vídeos o videojuegos. Lo ideal es que solo una persona lleve el aparato y lo tenga en modo avión excepto cuando sea necesario conectarlo a la red. El concepto es desconectar de la tecnología para reconectar con la realidad.
6. Durante toda la experiencia, el objetivo primordial es maximizar la diversión y el bienestar de todo el grupo, más allá de cualquier otra meta. A nivel personal, cada cual trata de vivir la experiencia a tope, ya sea en soledad o en compañía. Se busca la forma de que todo cuente y sume a la aventura: los momentos de jolgorio, de esfuerzo, de limpieza, de espectáculo, de descanso...

7. Se puede invitar a cada persona a que traiga algo para compartir en la sobremesa o alrededor del fuego. Una canción, un poema, un chiste, un ejercicio guiado, una propuesta creativa...
8. Además de este objetivo primordial y de la meta que sirve como excusa (la cima de la montaña, el aniversario...), pueden definirse otras metas: recoger setas, bañarse en el mar o la piscina, sacar fotos para un álbum, identificar aves rapaces con los prismáticos, coleccionar conchas, inventarse rimas divertidas para una canción.
9. Se puede diseñar también algún juego más sofisticado. Por ejemplo, cada persona recibe una palabra poco común (maquinaciones, rechoncho, Ganímedes...) y tratará de emplearla todas las veces que sea posible durante la excursión. Los demás tratarán de adivinar cuál era la palabra de cada uno. Otro juego sencillo es elegir un objeto que tratará de colarse entre la ropa o mochila de alguien (el «peine maldito» o el «silbato de *losers*»). Si te encuentras el objeto entre tus cosas, tienes que intentar colárselo a otra persona. Durante la cena, quien lo tenga tendrá que cantar una canción, o lo que se haya decidido.
10. El grupo organizador puede preparar alguna sorpresa a traición (pero respetando el objetivo primordial).
11. Si la excursión es un éxito, puede repetirse. Con el tiempo, puede que incluso se establezca una tribu con nombre y cultura propia que vaya pasando de una a otra generación. Mi amigo y colaborador Jesús Damián Fernández tiene una pandilla denominada «la Mafia» que lleva más de cuarenta años reuniéndose.

Parte tercera

NO HAY NADA MÁS SERIO QUE EL JUEGO

7

EN BUSCA DE LA VERDAD PERDIDA

> Todos jugamos de vez en cuando, y todos sabemos cómo es la experiencia de jugar. Pero cuando llega el momento de elaborar declaraciones teóricas sobre la definición del juego, caemos en el ridículo. Hay poco acuerdo entre nosotros, y mucha ambigüedad.
>
> Brian Sutton-Smith, pedagogo

Te propongo enfrentarte a uno de los rompecabezas más endiablados que conozco. Consiste en tratar de unir nueve puntos, dispuestos como ves, con un máximo de cuatro líneas rectas y sin levantar el lápiz del papel.

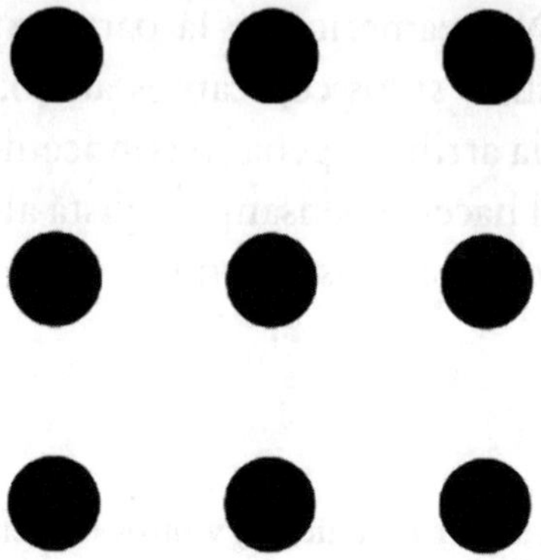

¿Qué tal? Apuesto a que después de algún intento te asaltará la tentación de googlear «nueve puntos» en tu móvil.[1] O de seguir adelante sin haber superado esta exasperante prueba de ingenio.

¡Resiste la tentación! Te animo a que perseveres con la tenacidad de Indiana Jones. Al fin y al cabo, tu vida no depende de encontrar la solución antes de que las paredes te aplasten, el suelo se derrumbe o las cobras se te suban encima. Puedes tomártelo con toda la calma del mundo. Además Indy no contaba con móvil. Tenía que arreglárselas con su propio ingenio.

Lo sé. Parece imposible. Casi tan imposible como hacerte con el ídolo dorado sin que te arrolle un pedrusco de cincuenta toneladas. Con cuatro líneas puedes cubrir siete puntos, ocho puntos... Pero ¿y el noveno? Se escapa siempre, el muy canalla. Incluso si alguna vez te aprendiste el truco de este juego, lo más probable es que no lo recuerdes.

Resolver el enigmático acertijo requiere pensar de una forma distinta. Tienes que ir más allá de los esquemas que emplea habitualmente tu cerebro para interpretar el mundo. Por cierto, la propia palabra *mundo* proyecta en tu mente —igual que en la mía— una imagen bastante engañosa. Estamos tan acostumbrados a ver el globo terráqueo con Europa y Norteamérica en la parte superior que nos resulta extrañísimo si los colocamos abajo, con Sudáfrica apuntando hacia arriba. Apenas reconocemos nuestro propio planeta, y al hacerlo pensamos: «¿Está al revés?». Molesta verlo así, ¿verdad? Incluso ofende.

1. Puedes encontrar la solución, y otros contenidos extras del libro, a través del código QR al final del último capítulo.

Sin embargo, sería absurdo hablar de un mundo «al revés» —si no fuera porque vivimos en un Mundo del Revés donde nos han inculcado ideas así de absurdas—. En el universo no existe un arriba ni un abajo. Esto lo sabemos perfectamente. Lo sabemos, pero nos sigue costando aceptarlo. Una tendencia mental fortísima quiere enderezar este mundo patas arriba a toda costa, ajustándose así al modelo que hemos interiorizado desde el jardín de infancia. Los países *serios e importantes* (o sea, los que conquistaron el mundo y dibujaron los mapas que usamos) van siempre arriba. ¿Cómo iba a ser de otra manera? En las propias pelis de Indiana Jones, la trayectoria del protagonista —en avión, dirigible o barco— se muestra con una línea roja que se alarga sobre el familiar diseño.

Ver más allá de estos modelos tradicionales requiere una visión más amplia. A veces nos referimos a esta amplitud de miras con la metáfora «pensar fuera de la caja». Esta frase resulta especialmente adecuada cuando nos enfrentamos al ejercicio de los nueve puntos, ya que la solución requiere tener en cuenta el espacio alrededor del recuadro imaginario que forman. ¿Qué sucedería si las líneas pudieran ir más allá de esta «caja»? Aquí tienes una pista interesante. Aunque te aviso que probablemente se te siga escapando la solución.

El ejercicio de los nueve puntos forma parte del famoso curso de mindfulness diseñado por Jon Kabat-Zinn. Como vimos en el capítulo 3, todos sus ejercicios pueden considerarse juegos, ya que invitamos a afrontarlos con una actitud exploratoria y experimental, sin importar el resultado. Pero este clásico rompecabezas es uno de los nexos más evidentes entre el mindfulness y el playfulness.

Lo proponemos por varios motivos. Uno de ellos es generar la frustración del fracaso, que, como ya he mencionado, es uno de los principales desafíos de la meditación. La verdadera lección aquí no es aprender a unir los nueve puntos, sino aceptar nuestra imperfección, disfrutar de la confusión, tomarnos el rompecabezas con verdadero espíritu lúdico. Gracias a esta actitud, no solo sufriremos menos, sino que podremos dudar de la mente cuando nos asegure «¡Es imposible!», «¡Soy idiota!» o «¡Jamás lo lograré!».

Igual que el espacio alrededor de la caja de nueve puntos, existen posibilidades —en el mundo y en nosotros mismos— que no habíamos imaginado ni de lejos. Hay siempre algo que se nos escapa, puntos ciegos en los que no solemos reparar. Indiana Jones los tiene siempre en cuenta. Cuando llega a la sala del ídolo dorado en la primera escena de la película, su compañero se abalanza ávidamente sobre el tesoro.

—Démonos prisa. Aquí no hay nada que temer.

Pero Indiana le frena con el brazo.

—Eso es lo que me asusta.

Te cuento todo esto porque el propio concepto del juego es un acertijo envuelto en un misterio dentro de un enigma. Desde la más tierna infancia nos han contado tal sarta de mentiras sobre el tema que hoy en día resulta casi imposible reconocer su verdadera naturaleza. Se encuentra encerrado en un laberinto de prejuicios construido y reconstruido a lo largo de los últimos 10.000 años, con más cerrojos, engaños y bichos venenosos que el Templo Maldito. Te invito, a lo largo de las siguientes páginas, a adentrarte conmigo en sus profundidades, tratando de desactivar cada una de sus trece endiabladas trampas.

¿Cómo vamos a hacerlo? Hay que encontrar la clave exacta que nos permita girar cada mecanismo, abrir la puerta y acceder a la siguiente sala. Te advierto que abrir estos cerrojos, en la mayoría de los casos, es tan difícil como poner patas arriba el mundo entero. Pero no nos queda otro remedio: vivimos en un Mundo del Revés. Además, confío en ti, igual que Sallah confiaba en su legendario amigo arqueólogo. No olvidemos las inmortales palabras del excavador egipcio ante las serpientes del Pozo de las Almas:

—Víboras. ¡Muy peligrosas! Ve tú primero...

Trampa 1: Todo el mundo sabe lo que es el juego

¿El juego? Basta con entrar en cualquier juguetería para saber de qué estamos hablando. Disfraces, muñecas, balones, cartas, dados, tableros... ¡Cualquier niña lo reconoce al instante! Jugar es eso que hacíamos en el recreo o en los ratos libres: desde las canicas a la comba, llegando en tiempos más recientes hasta las mil variantes del comecocos. Tiene que ver con la fantasía, con la risa, con ganar y perder. Puede divertirnos, sin duda, pero no sirve para nada. De hecho, tiene importantes riesgos, desde sembrar el caos a provocar lesiones.

Estas ideas de sentido común están bien para iniciar la investigación. Como cuando Indiana Jones sacaba algún polvoriento volumen de las estanterías de su despacho. Pero los pocos que se han interesado realmente por el asunto —psicólogas del desarrollo, educadores, antropólogas, historiadores— se han llevado una buena sorpresa al pisar el terreno y ponerse a excavar. Era más fácil lo del Arca Perdida.

¿Qué características tiene el juego? ¿Cuáles son sus límites? ¿Dónde está su esencia? A lo largo de este libro lo he ido definiendo como todo aquello que hacemos libremente, con interés genuino y sin apegarnos al resultado. O sea, lo que acometemos como fin en sí mismo, más allá de cualquier recompensa externa.

Estas características suelen ser bastante comunes entre los expertos del juego humano —entre ellos, Johan Huizinga, Jane McGonigal, Stuart Brown o Peter Gray—. Sin embargo, cada uno aporta sus matices. No existe un verdadero acuerdo. Y menos aún si ampliamos el círculo para incluir a otros intelectuales menos especializados, o al público en general con su sentido común.

En la introducción de este libro mencioné que otro de los más célebres expertos, Brian Sutton-Smith, reconoció abiertamente su ignorancia sobre el tema. La cita al inicio de este capítulo es un buen ejemplo de sus conclusiones al respecto. Como tantos otros pensadores que se han estrujado las meninges ante este fascinante rompecabezas, yo también me uno a su confesión. Probablemente nunca llegaré, ni llegaremos, al fondo de este antiguo misterio. Pero por lo menos ya podemos introducir la clave que desactiva el primer engaño...

Clave 1:
Nadie sabe lo que es el juego

Trampa 2:
El juego hace reír

Parece evidente que jugar fomenta la risa. De hecho, la primera vez que me topé con los estudios sobre el juego fue al investigar el sentido del humor, primero para una tesina de licenciatura, y más adelante para mi tesis doctoral en el Instituto Universitario Europeo de Florencia.

La risa, como el juego, lleva muchos siglos evadiendo a la ciencia. Hoy en día sigue siendo la única emoción humana cuyo mecanismo permanece oculto dentro del complejo engranaje del cerebro. ¿Cuál es su causa? Cientos de teorías, firmadas por intelectuales tan sesudos como Aristóteles, Cicerón, Hobbes, Kant o Freud, han tratado de describirla. La risa se ha concebido como una expresión de superioridad, como una catarsis emocional, y como una reacción a la incongruencia. Schopenhauer defendía esta última idea con tal convencimiento que llegó a declarar:

> Esta es la explicación correcta de lo ridículo... No habrá lugar a dudas de que aquí, después de tantos intentos inútiles, se ha revelado la verdadera teoría de lo ridículo y se ha resuelto definitivamente el problema que Cicerón propuso y no logró resolver.

Sin embargo, la propuesta del filósofo alemán acabó arrojándose también al montón de intentos inútiles. En el siglo XXI, la risa sigue burlándose de la ciencia como una irreverente bufona.

Una de las teorías más novedosas la propuso por primera vez James Sully en su *Ensayo sobre la risa* de 1902. A pesar de que tampoco convence a todo el mundo, quizá se haya convertido en la explicación más popular de las últimas décadas, reciclada por psicólogos como William Fry y Michael Apter. En el único libro de texto riguroso publicado sobre la comicidad, *La psicología del humor*, el respetado investigador Rod Martin presenta este fenómeno desde las primeras páginas como un «tipo de juego», aunque más adelante reconoce las dificultades para definirlo con detalle.

Lo cierto es que el origen de la risa, evolutivamente, se encuentra ahí. Los primatólogos han observado una expresión facial y vocal muy parecida a la risa en los chimpancés y en otros parientes lejanos del ser humano. Conocida como el *play face*, se activa durante los episodios de juego. De hecho, se activa precisamente para avisar de que ESTO NO VA EN SERIO. Por cierto, los juegos de los primates son prácticamente idénticos al pillapilla, los ataques en broma y las cosquillas de la infancia humana.

Hay otros mamíferos que también emplean distintas variantes de *play face*, aunque no se asemejan tanto a los de la risa humana. Si has jugado alguna vez con un perro, probablemente conozcas la clásica pose que invita a jugar: patas delanteras apoyadas sobre el suelo, trasero levantado, cola zigzagueante y boca «sonriente». Las ratas y otros roedores emiten auténticas «carcajadas», aunque son inaudibles para el oído humano ya que se producen en frecuencias ultrasónicas. Aunque parezca un chiste, el pionero de la neurociencia afectiva, Jaak Panksepp, descubrió que podía entablar amistad con sus ratas de laboratorio mediante las cosquillas.

Este origen evolutivo puede explicar buena parte de la experiencia cómica. Los humoristas profesionales parecen jugar con las palabras y los significados, liberándonos de una interpretación seria para revelar el lado divertido incluso de lo más terrible. Las inocentadas entre amigos, como soltar una tarántula de goma sobre el plato de espaguetis, también pueden interpretarse como extensiones de los ataques en broma típicos de la infancia. El humor, cuando no persigue otro objetivo que la diversión, es sin duda una actividad lúdica.

Sin embargo, hay risas que no parecen tan juguetonas. Por ejemplo, las burlas crueles que sufría Cyrano de Bergerac por ser dueño de una nariz tan voluminosa. ¿Y qué decir de los despistes, los fracasos y los pequeños infortunios cómicos? Una vez comencé una conferencia en la Cámara de Comercio Alemana en Madrid sin darme cuenta de que tenía la cremallera del pantalón totalmente abierta. Cuando el organizador me lo consiguió comunicar, tuve que hacer una broma para que el público liberase unas carcajadas que llevaban reprimiendo durante diez minutos.

Este tipo de humor, aunque haga reír, puede ser terrible. Hay incontables personas que se han enfrentado a las burlas de su entorno por asuntos bastante más graves que una bragueta abierta. Pioneros de la ciencia. Artistas incomprendidos. Grupos marginados. En estos casos se manifiesta una risa que va muy en serio. Si has sufrido alguna vez acoso, conocerás bien los efectos de la broma humillante.

Pero el problema más grave de esta teoría es que el verdadero juego, si lo observamos, no siempre hace reír. Una pareja de niñas quizá se ría al ponerse sus disfraces de astronauta. Pero cuando se meten de lleno en la fantasía, concentrándose para aterrizar la nave espacial entre enormes cráteres, la aventura puede volverse muy seria, tanto como para impresionar a cualquier adulto que las espíe. Todos los expertos han hecho notar esta gravedad del juego, tanto para quien se mete en el papel como para el público que lo observa. ¿No es *Macbeth* también una creación lúdica? ¿O el *Réquiem* de Mozart? ¿O las terroríficas películas de *Alien*?

La realidad es que el juego puede expresar todo el abanico de las emociones. La risa es frecuente, sin duda, en ciertas fases de la experiencia lúdica: momentos de fracaso, de errores, de absurdo, de superación de peligro, de darse cuenta de que la cosa va «en broma». Hablaré más de esta relación en el capítulo 8. Sin embargo, también es habitual experimentar miedo al subirse a un tobogán muy alto. O frustración al enfrentarse a un rompecabezas como el de los nueve puntos. O ternura durante una escena romántica literaria. O sorpresa al abrir una puerta nueva. O vergüenza al fallar un tiro a portería facilísimo.

Al emprender el playfulness como camino de sabiduría, existe el peligro de interpretarlo como un camino divertido, alegre y libre de emociones negativas. Pero no se trata de eso. Jugar de verdad significa afrontar la aventura de la vida con todos sus altibajos. El dalái lama se ríe y hace el payaso frecuentemente, llegando a protagonizar auténticas guerras de cosquillas o incluso a pronunciar monólogos sobre el problema de tirarse pedos en los aviones. Pero no está siempre de broma. También reconoce sentir dolores intensos en las rodillas al subir las escaleras y a menudo llora por su pueblo exiliado y por otras tragedias de nuestro Mundo del Revés.

Más que una alegría continua, lo que parece haber conquistado este hombre extraordinario es una gran presencia en el aquí y el ahora —el mindfulness—, un corazón abierto a cualquier experiencia —el heartfulness— y una ligereza que le permite soltar lo que ya pasó para disfrutar de lo que surge ahora —el playfulness—. Esto puede significar saltar con una sorprendente velocidad del llanto a la risa, o de la risa al llanto, un poco como sucede con los niños pequeños.

Ya podemos darle la vuelta al segundo mecanismo...

Clave 2:
En el juego caben todas las emociones

Trampa 3:
El juego es un fenómeno infantil

La infancia, sin duda, es el reino natural del playfulness —ese desconcertante planeta que exploramos en el capítulo 4—. Dicho esto, hay que reconocer que el juego puede acompañar al *Homo sapiens* a lo largo de toda la vida. Quiero aclarar que no hablo (solo) de disfrazarse de héroe manga, coleccionar Funkos o construir la torre de Sauron con Lego pasados los cuarenta años, tendencias que algunos intelectuales contemporáneos asocian con la creciente infantilización del mundo adulto. La inmadurez de las nuevas generaciones es un fenómeno real y constatable, pero no tanto por el éxito del Lego entre hombres hechos y derechos. Los verdaderos problemas son el creciente narcisismo, la superficialidad y la torpeza social y emocional que cité al describir el síndrome zombi. Pero ¿cómo van a madurar los jóvenes del siglo XXI si no se les proporciona el tiempo y la libertad para jugar seriamente?

El historiador Johan Huizinga escribió en 1938 un libro cuyo título nos define como una especie jugadora: *Homo ludens*. En esta sesuda obra describe la actividad lúdica como el origen mismo de toda la cultura humana. No solo los chistes y el reglamento del ping-pong surgen del juego, sino también la música, la literatura, la bioquímica y hasta el último recoveco de la erudición humana. Según este pionero de la historia cultural, incluso asuntos tan graves como el comercio, la política y la guerra provienen del mundo «no serio».

Con el tiempo, estas actividades lúdicas a menudo dejan de serlo. Por ejemplo, profesionalizamos el deporte. O un rito bello se convierte en una obligación tajante. Pero mientras lo hagamos sin un interés material, afirma Huizinga, se mantiene dentro del campo de lo lúdico. En definitiva, el juego sería todo aquello que hacemos libremente. ¿Y qué caracteriza más al ser humano que su libertad?

La tesis de *Homo ludens* tiene bastante sentido desde el punto de vista evolutivo. Somos el animal que menos depende del instinto. Nuestra flexibilidad y capacidad de aprendizaje las podemos ver reflejadas en la desbordante variedad de estructuras sociales, lenguajes, oficios, géneros artísticos, cosmologías y ceremonias que han florecido en el asombroso jardín de la cultura humana. Quizá esto explique nuestro enorme potencial para el juego a lo largo de toda la vida, lo aprovechemos o no.

En su libro *Dignos de ser humanos*, Rutger Bregman defiende la teoría de que el *Homo sapiens* logró su posición dominante en el ecosistema terrestre justamente por haber conservado una serie de características juveniles en su vida adulta: la amabilidad, la curiosidad y la capacidad de jugar. Bregman nos define como *Homo puppy* ('Homo cachorrito') porque, al igual que los perros —lobos domesticados, no lo olvidemos—, parecemos una versión más infantil de nuestros antecesores homínidos.

La antropología física ha documentado que a lo largo de los últimos doscientos mil años nuestros esqueletos se volvieron más endebles, nuestros cerebros más pequeños y, en general, nuestros cuerpos más aniñados: falta de pelo, ojos grandes, mandíbula poco pronunciada. Varios de los principales teóricos de la evolución humana han notado este proceso de neotenia. Existen bastantes evidencias de que nuestros antepasados —al igual que los neandertales, con los que compartimos el planeta durante cientos de miles de años— fueron más robustos y más inteligentes que nosotros. ¿Serían también más seriotes y aburridos? Es probable. Y quizá esto explique por qué fuimos los seres humanos —los más juveniles, los más flexibles, los más juguetones y sociables— los que sobrevivimos, por lo menos hasta ahora.

Lo paradójico es que hayamos vuelto a relegar el juego, durante estos últimos diez mil años de lento apocalipsis zombi, casi exclusivamente a los primeros años de vida. Actualmente nos parece un fenómeno infantil porque en nuestra civilización apenas hay otro momento donde nos permitimos esa deliciosa libertad del playfulness, al menos en público. Y aun entonces, como vimos en el capítulo 5, cada vez menos. En sociedades nómadas que ya hemos analizado, como los hadza o los !kung, la vida entera fluye espontánea como en un juego que nunca termina. Pero entre los muertos vivientes del siglo XXI quedan pocas reservas de verdadero disfrute.

Peter Gray propone hablar del juego adulto en términos de porcentajes. Jugar al cien por cien sería una rareza hoy en día, pero cabe la posibilidad de combinar la diversión con las responsabilidades «serias». Si te encanta cocinar y una tarde dispones de suficiente tiempo y tranquilidad para ello, quizá puedas jugar al 80 por ciento mientras preparas la comida para tu familia. O puede que, en el trabajo, si tienes la fortuna de que te apasione tu carrera, logres alcanzar un 70 por ciento de placer lúdico, o al menos un 50.

Aunque el juego puro escasee entre los adultos, el *Homo ludens* sigue hoy en día buscándose las formas de divertirse en los resquicios de su apretada agenda. De hecho, a una persona que no jugara NUNCA se la consideraría un bicho raro: un zombi sin remedio. Incluso en pleno apocalipsis, aún podemos detectar un mínimo de vidilla humana —alguna fiesta, algún chapuzón veraniego, algún hobby artístico— en las personas más afectadas por este terrible síndrome. Por lo tanto, hemos de confesar que el juego no es un asunto exclusivamente infantil, excepto posiblemente entre los neandertales. Podemos ya saltar sobre la tercera trampa del Templo Maldito...

Clave 3:
El juego nos acompaña durante toda la vida

Trampa 4:
La competición es el juego por excelencia

Vivimos en una sociedad tan agonística que cuando pensamos en jugar lo primero que nos viene a la cabeza son enfrentamientos en los que unos ganan y otros pierden: deportes como el tenis, juegos de mesa como el backgammon y clásicos del recreo como el escondite. En las batallas rituales más reñidas de nuestra civilización globalizada —las Olimpiadas, Eurovisión, los Oscar—, la victoria eleva a algunos a la gloria, mientras que empuja a los perdedores hacia la irrelevancia o incluso la humillación. Y las consecuencias pueden ser aún más graves en el caso de ciertas contiendas, como las partidas de póker, los torneos de boxeo o la «fiesta» de los toros.

Es tan común esta idea que cuando hablamos de juego en sentido metafórico —el juego político, económico, empresarial o militar— nos referimos a peleas entre dos o más contrincantes que terminan en un ranking. En nuestro Mundo del Revés, el juego solemos convertirlo en un espejo de nuestra lucha por la supervivencia zombi. Uno de los casos más extremos fue el de los sangrientos juegos de nuestra admirada civilización romana, en cuyos coliseos perdieron la vida cientos de miles de animales, gladiadores y presos. Hoy encontramos la misma brutalidad en combates ficticios, pero muy populares, como *Los juegos del hambre* o *El juego del calamar*, por no hablar de los videojuegos de estilo *Fortnite Battle Royale*, literalmente una guerra armada de todos contra todos en la que sobrevive solo un jugador.

¿Qué relación existe realmente entre jugar y competir? Es cierto que añadir la emoción de ganar o perder a cualquier actividad es una forma sencilla de *gamificarla* —una palabra que recientemente se ha puesto de moda—. Sin embargo, hay vida lúdica más allá de los rankings y los trofeos. Como vimos en el capítulo anterior, existen sociedades enteras que desconocen los juegos competitivos. Sin irnos tan lejos, basta observar a un grupo de peques emplear una sábana con intención de levantar una carpa de circo en el salón de casa para comprobar que a muchos jugadores ni se les pasa por la cabeza eso de ganar y perder.

Además, incluso en los juegos competitivos lo importante no es la victoria. Tampoco lo es participar, como advierte la bella retórica de la deportividad. Lo importante es disfrutar. Y para disfrutar jugando hay que aprender a no tomarse la competición demasiado en serio. Incluso a reírse de las derrotas. De lo contrario se esfuma esa orientación lúdica hacia la actividad en sí (y no hacia los resultados) —lo cual sería una tragedia porque CASI TODOS PERDEMOS CASI SIEMPRE—. Quizá hayas descubierto ya esta dura verdad.

El disfrute consiste en meterse en el juego hasta el punto de que la puntuación final no importe. Un verdadero jugador aprecia tanto el combate que acepta de buena gana su destino, sea cual sea. Por eso es raro el verdadero juego en los estadios deportivos o las casas de apuestas.

No quiero con esto despreciar el placer del triunfo. Celebrar los éxitos puede ser una gran fuente de alegría. Simplemente quiero dejar claro que competir no es lo mismo que jugar, y que de hecho lo vuelve más difícil. Incluso para quien quiere ganar, la actitud competitiva puede convertirse en un obstáculo. El entrenador de tenis Timothy Gallwey, tras descubrir el budismo zen en los años setenta, tuvo la idea de pedir a sus atletas que se focalizaran en cada golpe tal y como era, en vez de intentar hacerlo bien o ganar el punto. Con este método, los jóvenes tenistas progresaban con mayor rapidez, desarrollaban sus habilidades de forma natural, dejaban de lado la autocrítica y se liberaban del temor al fracaso. Su libro *El juego interior del tenis* se convirtió en un bestseller internacional, y en la biblia de la legendaria campeona Billie Jean King, entre otras grandes figuras de este deporte.

Gallwey escribió luego otros dos libros parecidos sobre

el esquí y el golf, y podría haber publicado un número infinito de variantes sobre el baloncesto, la natación, los bolos, el surf y cualquier otro deporte. Hoy en día muchos entrenadores emplean la misma estrategia —ahora rebautizada *flow* o mindfulness— para mejorar los resultados. Todo juego físico puede disfrutarse más, potenciando a su vez el rendimiento, si dejamos de juzgarnos y nos centramos en el disfrute del momento. Paradójicamente, es al soltar la idea de ganar cuando nos acercamos a la maestría. Justamente como ahora, que sin quererlo ya nos hemos hecho con la siguiente clave...

Clave 4:
La competición dificulta el juego

Trampa 5:
Jugar requiere entrar en un mundo ficticio

Solemos considerar el mundo lúdico un espacio separado o distinto del mundo real. Las persecuciones infantiles no van en serio, ni tampoco las compras inmobiliarias del Monopoly. Al construir un castillo de arena, dibujar unicornios o inventar un cuento de espías, el niño o la niña se zambulle en el mundo de la imaginación. Y lo mismo sucede con los chistes y las bromas que abundan en las conversaciones adultas.

Mi hermana Elena a veces se encuentra en la nevera tarros con extrañas pócimas preparadas por las dos «hechiceras» con las que convive, mis sobrinas Clara y Sofía. Inspiradas por Harry Potter, se dedican a investigar y replicar mezclas de hierbas, escupitajos y quién sabe qué. Elena nunca las ha pillado en medio de su aquelarre, pero deben de realizar también extraños ritos las noches de luna llena, ya que guardan con mucho celo sus calendarios lunares, elaborados con sumo cuidado y conservados entre sus pertenencias más importantes. Pasan horas y horas en este mundo de fantasía. Y aunque Elena a veces se asuste un poco, parecen tener claro que se trata de una dimensión imaginaria, ya que no se beben sus pócimas de verdad. O al menos aún no ha tenido que correr a urgencias por este motivo.

Los estudiosos del fenómeno lúdico suelen incluir el aspecto ficticio del juego en sus definiciones. Johan Huizinga, por ejemplo, dedicó en su *Homo ludens* dos de sus cinco características del juego a este aspecto:

- El juego no es la vida «ordinaria» o «real».
- El juego es distinto de la vida ordinaria en cuanto a lugar y duración.

Tengo que decir que a mí esta idea no me convence en absoluto. O mejor dicho, no la considero necesaria. Creo que nos desvía de la verdadera esencia del juego. En otras palabras, me parece otra de las endiabladas trampas del misterio.

Hay juegos con mucha fantasía, sí. Pero también hay otros en los que la cosa parece bastante más terrenal, a veces incluso literalmente. Por ejemplo, los alegres saltos de mi sobrina Eva en charcos de agua mugrienta. O la tarde en la que su hermanito menor Leo descubrió por primera vez la arena en un parque de Madrid, y dedicó un buen rato a meter las manos en ella, tirarla por los aires y metérsela en la boca.

Muchos juegos físicos, como las pruebas de equilibrio que permiten aprender el sofisticado arte del caminar bípedo, no requieren ni pizca de imaginación. Al contrario. Si el pequeño ser humano no se ancla en la realidad al máximo —fijándose en la coordinación muscular, la gravedad terrestre, el duro suelo bajo sus pies— no llegará muy lejos. Desde fuera sería fácil describirlo como algo ajeno a la vida «real», una mera práctica del «verdadero» caminar. Pero vete a decírselo al niño o a la niña, incluso a sus padres, pendientes de cada emocionante paso.

Lo mismo sucede en general con juegos de exploración, experimentos prácticos y proyectos de ingeniería lúdica como fabricarse una caña de pescar. O con la investigación de cualquier tema apasionante —planetas, mariposas, espías, motocicletas—. En estos y otros casos, el papel de la fantasía se reduce o desaparece por completo. Hay paleontólogos de seis años tan tiquismiquis que se mosquean porque en las películas de *Parque Jurásico* los velocirraptores no llevan plumas. Sin embargo, sería absurdo excluir su pasión hacia estas bestias prehistóricas del ámbito lúdico.

—¡Un momento! —podrías argumentar—. Hablar de dinosaurios requiere muchísima imaginación. ¡Desaparecieron hace 65 millones de años! Hay que imaginárselos a la fuerza.

Ciertamente. Pero lo mismo sucede con los paleontólogos profesionales. La imaginación es clave en TODA la experiencia humana, no solo en el juego. Preocuparse por una entrevista de trabajo requiere bastante fantasía, así como planificar el lanzamiento de un producto, soñar con tu próxima boda o recordar con tristeza a un familiar recientemente fallecido. ¿Alguna vez te ha asustado un asesino en el dormitorio que resultó ser un montón de ropa sobre la silla? Ahora mismo, sin ir más lejos, acabas de emplear la imaginación para proyectar en tu pantalla mental recuerdos asociados a esta pregunta. Indiana Jones jamás ha existido, pero en este capítulo le hemos vuelto a dar vida, con su sombrero, su látigo y su sonrisa socarrona.

Es algo tan habitual y automático que rara vez lo notamos. Pero la realidad más real de todas es que pasamos buena parte del día con la cabeza perdida en mundos ficticios. No hablo solo de libros como este, o de las películas, series, vídeos y demás ficciones digitales a las que acudimos para evitar el aburrimiento. En cierto sentido el propio mundo «real» es ficticio, como advierten lingüistas, filósofas y sociólogos. Ya he citado el hecho de que el globo terráqueo no tiene un arriba ni un abajo. Tampoco pueden dividirse sus tierras ni sus mares, a pesar de lo que muestran los mapas. Incluso el poderoso dinero que mueve el mundo, si dejamos de creer en él (o sea, de darle crédito) pierde su valor al instante —como ya ha sucedido tantas veces a lo largo de la historia—. Antes de que vuelva a suceder, abramos el siguiente cerrojo.

Clave 5:
Jugar nos revela que vivimos en un mundo ficticio

Trampa 6:
Jugar es fácil

Si algo no encierra ninguna dificultad lo describimos como un juego de niños. Y a primera vista es cierto que jugar parece fácil. Tirar un balón, ponerle voz a una muñeca, disfrazarse de pirata. Eso lo hace cualquiera, ¿no?

Pues va a ser que no. Porque el verdadero juego no es eso. El truco del que hablamos aquí, esto de orientarse al proceso y no al resultado, requiere un giro mental de 180 grados con respecto a la forma habitual de operar en nuestra sociedad. Será un juego de niños, pero no resulta tan fácil sacar de su escondite al niño o niña que llevamos dentro.

Por ejemplo, hemos visto en un punto anterior que para jugar hay que olvidarse de ganar o perder. Pero esto va en contra de la actitud competitiva que se nos inculca desde que nos sacan el primer balón. Por lo tanto, aunque haya muchas personas que dicen «jugar» al fútbol profesionalmente, en realidad no juegan muy a menudo. Es posible incluso que no jueguen nunca, como le sucedió a André Agassi durante su carrera de tenista obligado.

Hemos llegado al delirante extremo de que a los deportistas profesionales se les prohíba por contrato —para evitar lesiones— participar en cualquier partido fuera de su liga. Esto significa que no pueden jugar para divertirse sin más. En otras palabras, que no pueden *jugar*. ¡Nunca! Una de las pocas excepciones fue Michael Jordan, que empleó el poder de su estrellato para negociar en su contrato con los Chicago Bulls la cláusula «Love of the Game» ('amor por el juego'). Gracias a ella, Jordan disfrutó de la libertad de jugar al baloncesto cuando le diera la gana, en la cancha de cualquier parque.

Algo similar sucede con los profesionales de la música, del cine, del teatro, de la literatura o del arte. Compiten, en nuestro sistema económico, por acumular seguidores, llenar auditorios, vender sus obras, conseguir exposiciones, agentes y contratos. Sufren la presión de las fechas de entrega o de estreno, la evaluación de la crítica, el drama de la venta de copias o entradas. Tienen que ajustarse a lo que piden sus mecenas, productoras y editoriales, según criterios comerciales. De lo contrario, ¿cómo han de pagar sus facturas? No es todo glamur en estos mundos creativos. Y lo digo por experiencia.

Incluso quienes se apuntan a guitarra, a cerámica o a pádel como hobby encuentran serios obstáculos para entrar en el espíritu del playfulness. Los profesores y los entrenadores a menudo los empujan a perseguir el éxito. Sus amistades les preguntan si piensan publicar su libro, exponer su obra o convertir su hobby en profesión. Ellos mismos entrenan o trabajan duro, tomándoselo tan en serio que les cuesta disfrutar de forma despreocupada.

Algunos de los pocos espacios de juego puro, en este Mundo del Revés, son los tristes contenedores de personas que han caído en sus infiernos más profundos, o que se acercan a la muerte: comunidades de rehabilitación de toxicómanos, instituciones psiquiátricas, residencias de ancianos, centros de cuidados paliativos. Ahí, en estos oasis de paz, protegidos de la guerra continua entre muertos vivientes, finalmente pueden dedicarse al arte, a la gimnasia suave, a la conversación amable y al contacto con la naturaleza. Finalmente se les permite jugar.

Clave 6:
Jugar es (en nuestra sociedad) muy difícil

Trampa 7:
Jugar provoca el caos

Los adultos, al recordar el griterío del patio del colegio, solemos concebir el juego como una fuerza tormentosa. Cuando se desata el caos lúdico tememos por la paz y el decoro, la integridad de nuestros muebles y la propia seguridad de los pequeños jugadores. En el mundo laboral, los mánagers recelan también ante el desorden que pudiera provocar la diversión en el trabajo que ciertos irresponsables consultores promulgan. Y algo parecido sucede en regímenes autoritarios, donde se persigue a los artistas, los poetas, los filósofos y los cómicos, cuyas ideas libres cuestionan los mandamientos que llegan desde arriba.

Pero, a pesar de las apariencias, jugar es todo menos caótico. Cada juego tiene un objetivo concreto que orienta la actividad: meter el máximo número de balones en la portería, conquistar la cima de la montaña, esconderte para que nadie te encuentre. Al jugar nos orientamos al proceso, es cierto, y no nos aferramos al resultado. No obstante, ¿sin objetivo qué proceso puede haber?

Además de la meta principal, casi todas las actividades lúdicas suelen tener límites y condiciones sobre cómo alcanzarla: las reglas del juego. Sobre todo cuando el juego se comparte con otras personas. Tanto en el escondite como en el baloncesto se define un terreno del que no vale salirse. Cada género artístico está regulado por un estilo, unos materiales, temáticas adecuadas. En los campeonatos de ajedrez se cronometra el tiempo máximo de cada jugada. En el boxeo, el judo y la esgrima, todo tipo de normas limitan el nivel de violencia para minimizar las lesiones. Cualquier prueba competitiva fomenta la justicia del resultado con su minucioso reglamento: mismo número de jugadores, prohibición de tomar drogas estimulantes, penalizaciones por faltas.

Los juegos formales, como la arquería olímpica, el póker, o el Trivial Pursuit, suelen tener reglas más explícitas, codificadas en negro sobre blanco por organismos oficiales o marcas comerciales. Pero también en teatrillos de fantasía, como las *tea party* que solían montar mis sobrinas Clara y Sofía antes de volverse brujas, existen acuerdos más o menos tácitos sobre cómo proceder.

Cuando me uní a alguna de estas fiestas descubrí que no valía cualquier cosa. Por ejemplo, no podía beber de la taza si aún no me habían servido el té. Ni tampoco podía seguir bebiendo si momentos antes había exclamado con satisfacción: «¡Ah! ¡He disfrutado hasta la última gota!». Necesitaría primero que me rellenaran la taza o se rompería la ficción. Incluso si decidiéramos volar al País de las Maravillas y tomarnos un té con el Sombrerero Loco, tendríamos que respetar las disparatadas reglas del lugar, como la importancia de embadurnar el mecanismo de los relojes con mantequilla.

Hay ocasiones en que las reglas no están muy claras o no convencen a todos los jugadores, y deben explicitarse o renegociarse. Los investigadores han observado que estas discusiones pueden ocupar tanto tiempo como el propio juego. Este hecho revela la importancia de las reglas: para que el juego avance es absolutamente fundamental que exista un orden aceptado por todos y cada uno de los participantes.

Por eso mismo, el mundo lúdico es un campo de entrenamiento fabuloso —en mi opinión el mejor— para desarrollar el orden mental y el orden social, junto con la disciplina, la negociación, la memoria, la creatividad y un montón de habilidades necesarias para alcanzar este orden. Cuantas más horas dediquemos a jugar, mejor aprenderemos a crear nuestro propio orden personal y grupal. Pero si durante toda la infancia el orden se nos impone desde fuera —colegio, deberes, televisión, smartphone— luego seremos incapaces de afrontar el caos mental o el desorden social. Dependeremos siempre de que alguien nos entretenga o nos diga lo que tenemos que hacer para evitar el desastre. Nos volveremos zombis.

¿Por qué nos parece entonces el juego tan caótico? Tiene una explicación sencilla: los objetivos del juego ajeno no suelen coincidir con los nuestros. También un hogar tiene sus reglas, aunque en este caso no pertenezcan al mundo lúdico. Si la chavalería decide construir un castillo en el salón juntando sillas, cojines, mantas y otros materiales, mientras que nuestro objetivo es mantener el salón presentable, el choque no se produce entre el orden y el caos, sino entre un sistema y otro.

Mi padrino Evans-Pritchard, veterano observador de la sociedad humana, solía decir: «Puedes tener la casa ordenada o a los niños contentos, pero no las dos cosas a la vez». Ser padre o madre significa negociar y renegociar las reglas continuamente con los hijos, igual que ellos están siempre negociando y renegociando los reglamentos de sus propios juegos para promover su particular orden. Con un poco de suerte alcanzaremos un acuerdo, y quizá incluso salvaremos los muebles. A ser posible, sin recurrir demasiado a las pantallas zombificantes.

Clave 7:
Jugar promueve el orden

Trampa 8:
Jugar es una actividad hedonista

Como vimos en el capítulo 2, la adicción es una de las principales características del síndrome de la Muerte Viviente. Nuestra sociedad zombi está orientada hacia el placer inmediato, poniendo a nuestro alcance todos los posibles vicios, desde la sección de chocolatinas del supermercado hasta el variado menú de PornHub. Como los reyes más caprichosos y las reinas más maniáticas, no aguantamos la más mínima incomodidad, el más breve retraso, el más ligero dolor físico o psíquico.

Esta cultura del placer inmediato distorsiona también nuestra idea del juego, convirtiéndolo en otro vicio más. Según esta visión, el placer lúdico no haría más que empeorar el problema. La ludopatía y la adicción a los videojuegos serían solo la punta de un terrible iceberg de lujuria y desenfreno.

Pero ¿es el playfulness realmente una actitud hedonista? La respuesta no es tan sencilla como podría parecer. Por un lado, jugamos para divertirnos, para disfrutar, para encontrarnos con el placer. Sin embargo, el placer del juego posee una naturaleza distinta al mero consumo hedonista. Tiene que ver con la satisfacción del propio proceso, y no con alcanzar un vicio delicioso o un éxito soñado.

Imagínate uno de los escenarios lúdicos más amados de la infancia, generación tras generación: los grandes espacios de agua. Piscinas. Lagos. Playas. Estos lugares ofrecen oportunidades, sin duda, para el hedonismo, desde el placer primario de tumbarse al sol hasta los helados del chiringuito. Pero al mismo tiempo hay que reconocer que los juegos acuáticos suelen girar en torno a dificultades, desafíos, miedos, incomodidades e incluso dolor:

- Aguantar la respiración.
- Meterte en el agua helada.
- Dejarte revolcar por las olas.
- Bucear por un túnel en las rocas.
- Tirarte desde el trampolín alto.
- Peleas, salpicaduras a traición y persecuciones.
- Hacer surf entre las olas salvajes.
- Nadar sin manguitos. O hasta el otro lado de la orilla. O a contrarreloj.

¿Son hedonistas estas peculiares formas de diversión? Diría más bien que se asemejan a las pruebas de los yoguis o de los estoicos —el polo opuesto del hedonismo—. Tienen que ver con el aguante, con la resiliencia, con superar los propios límites. Mis sobrinas Clara y Sofía pueden resistirse a salir de la piscina durante un buen rato a pesar del picor de ojos, el agua que tragan, el cansancio evidente, la piel azul o el castañeteo de dientes que les provoca el frío. Y es que el disfrute del juego no tiene tanto que ver con el placer sensorial o la alegría de la victoria como con la satisfacción de aprender, explorar, crear y compartir. En definitiva: de desarrollarse más allá de los propios límites.

Los ayunos, flagelaciones y ejercicios de meditación de los ascetas nos parecen torturas. Pero ¿lo son realmente? Depende. Si nos los impone una orden monástica a la fuerza pueden serlo. Pero los niños y las niñas habitualmente eligen probar desafíos similares de forma espontánea y libre, transformándolos así en juegos.

Si un monje escoge su camino de austeridades con la misma libertad e ilusión, también lo convierte en una divertida aventura —a pesar de las incomodidades, dolores y dificultades que pueda encontrarse—. ¿Cómo explicar si no que el Camino de Santiago, una ardua prueba medieval para peregrinos en penitencia, se haya vuelto en las últimas décadas una atracción turística?

Las metas y reglas que cité en la anterior clave convierten el juego en un continuo ejercicio de autorregulación. Requieren la disciplina de cada jugadora y cada jugador que elige apuntarse al juego y, por lo tanto, a sus objetivos y reglas. En este ámbito de libertad se afrontan incomodidades que si nos las impusieran a la fuerza constituirían maltrato. Gracias a este entrenamiento podemos llegar a la ecuanimidad que recomendaban Séneca, Marco Aurelio y los demás filósofos estoicos. Incluso ante el dolor extremo, como vimos en el caso de la niña del Kalahari atrapada en un cepo, es posible mantener la calma.

Clave 8:
Jugar es una actividad estoica

Trampa 9:
Jugar es lo contrario a trabajar

En nuestra cultura apresurada e hiperproductiva despreciamos el juego como cosa de vagos. Nos parece una pérdida de tiempo, un sinónimo de la holgazanería, exactamente lo contrario a la actividad laboral. ¿Divertirse en el trabajo? ¿Disfrutar? ¿¿REÍR?? ¡Convoquemos una reunión urgente para prohibirlo desde YA!

Sin embargo, cualquiera que observe a un grupo de niños y niñas jugar comprobará que la palabra *holgazanería* se queda muy lejos de describir el fenómeno. ¡No se están quietos! Tanto es así que cuidar de ellos, sobre todo cuando comienzan a caminar, suele resultar agotador. Saltan, construyen, parlotean, pintan, cantan, inventan, exploran, organizan, celebran, luchan. A juzgar por el nivel de esfuerzo, de actividad e incluso de resultados, se parece bastante a lo que llamamos *trabajo*. De hecho, el juego infantil suele imitar explícitamente los trabajos adultos. Y como ya hemos visto entre los !kung y en el colegio Sudbury, estas pruebas y experimentos permiten con el tiempo desarrollar los conocimientos y las habilidades necesarias para el trabajo real. ¿Tiene sentido separar estos dos conceptos de forma tan radical?

Confieso que he dedicado buena parte de mi carrera profesional a introducir el juego en los entornos laborales, formando parte de un excéntrico movimiento global conocido como *Fun at Work* ('diversión en el trabajo'). Desde mi consultora Humor Positivo, que fundé junto con el pedagogo Jesús Damián Fernández, he podido comprobar, una y otra vez, que la seriedad no es lo mismo que la solemnidad. De hecho, la excesiva formalidad puede resultar tremendamente perjudicial. ¿A quién le apetece trabajar en un entorno rígido, agresivo y estresante?

Ya he citado algunas de las evidencias científicas —como los estudios sobre motivación intrínseca y facilitación social— que apoyan la sensatez del *Fun at Work*, por disparatado que pueda parecer a primera vista. En el siguiente capítulo proporcionaré aún más motivos para apuntarnos a esta tendencia nacida en Silicon Valley, donde los juguetes de oficina son la norma. El experto en juego Brian Sutton-Smith nos dejó una frase muy tajante al respecto:

> Lo contrario del juego no es el trabajo, es la depresión.

Sutton-Smith coincidía conmigo en considerar el playfulness un antídoto perfecto para combatir el síndrome zombi. Quienes tienen la desgracia de sufrir su versión más extrema acaban tan hundidos que no tienen ganas de hacer nada. Son incapaces de disfrutar de cualquier actividad. Les cuesta incluso salir de la cama. Tienen que cogerse la baja laboral porque es casi imposible trabajar en tales circunstancias.

Ya he mencionado que algunos psicólogos consideran el *engagement* lo contrario del *burnout*, la depresión provocada por un exceso de trabajo. Y el *engagement* —sinónimo de motivación, entusiasmo y ganas de trabajar— se parece mucho al concepto de playfulness, a ese porcentaje de la actividad profesional que, según Peter Gray, abordaríamos aunque no nos pagaran por ello. Desafortunadamente, en los espacios laborales de nuestro Mundo del Revés, el *engagement* es una rareza, mientras que el estrés abunda. En general trabajamos en espacios tóxicos que promueven la zombificación. Quizá por eso difunden, explícita o implícitamente, la perversa propaganda de que no se juega durante la jornada laboral.

Como vimos en el capítulo 3, el mindfulness —antídoto de moda contra la ansiedad y la depresión— puede considerarse también playfulness. Y es solo un ejemplo de una amplia gama de terapias experienciales, basadas en el teatro, el deporte, el arte, la música, el humor, el contacto con la naturaleza y todo tipo de actividades lúdicas. Me atrevería incluso a sugerir que la enorme variedad de terapias habladas, desde el pionero psicoanálisis de Freud, se basan en la creación de un espacio de exploración, expresión e interacción libre, viva y auténtica, un juego discursivo entre dos o más jugadores.

En algunas ramas de la psicoterapia, como las de corte humanista y existencial, este enfoque es aún más explícito. La psicóloga Betty Cannon, por ejemplo, desarrolló un método que consiste en facilitar la transición del paciente desde el «espíritu serio» que identificó Jean-Paul Sartre al «espíritu de juego». Otros psicólogos, algunos de gran renombre como Viktor Frankl o Albert Ellis, han concedido un papel importante al sentido del humor en su trabajo terapéutico, alineándose también con esta visión. Actualmente, las terapias de tercera generación, basadas en prácticas como el mindfulness (¿playfulness?), siguen explorando estas formas de combatir la depresión y otras enfermedades del alma.

Todo esto indica que Sutton-Smith estaba en lo cierto, permitiéndonos abrir la siguiente puerta...

Clave 9:
Jugar es lo contrario de la depresión

Trampa 10:
El juego peligroso hay que prohibirlo

En Estados Unidos, los ingresos hospitalarios por lesiones accidentales se han ido reduciendo notablemente entre los jóvenes. En 2018, para la franja de edad de diez a diecinueve años, eran CASI LA MITAD de los que se registraban a principios de siglo. Esto es bueno, ¿no? Significa que los padres ansiosos estamos cumpliendo con nuestro deber de protegerlos de todos los peligros que existen ahí fuera. Se suben menos a los árboles, se pierden menos, no se caen en pozos y juegan menos al arriesgado pillapilla. ¡Viva la hiperpaternidad!

En realidad, me temo que no hay muchos motivos para celebrar.

Como acabamos de ver, las niñas y los niños lo que buscan al jugar son desafíos nuevos, lo cual SIEMPRE implica arriesgarse. En el caso de juegos físicos, esto significa inevitablemente darse golpes, hacerse cortes y rasguños, quemarse la piel, recibir la picadura de algún insecto...

En el siglo XXI tratamos de evitar todo esto cueste lo que cueste. No queremos que se lastimen, que sufran, que lloren. Pero la realidad es que hacerse daño de vez en cuando es el precio que tiene crecer y fortalecerse. Impedir que se suban a los árboles les roba la posibilidad de superar su natural miedo a las alturas, potenciar su destreza física, desarrollar su confianza. Si no se pierden nunca, lejos de la supervisión adulta, jamás aprenderán a orientarse. Hasta que no jueguen con el fuego no podrán usarlo con seguridad.

Tratamos a los niños y (aún más) a las niñas como seres frágiles que debemos proteger a toda costa. Pero la realidad es que son antifrágiles, un concepto que ha popularizado recientemente el matemático Nassim Nicholas Taleb. El sistema inmunitario NECESITA exponerse a microbios para aprender a combatirlos. Un árbol NECESITA que lo agite el viento para fortalecer sus raíces. Y de la misma manera una niña NECESITA correr riesgos para luego poder desenvolverse en el mundo con seguridad, autonomía y destreza. Si impedimos que salga de casa, que escale paredes, que cruce la calle sola, se convertirá realmente en un ser frágil y asustadizo. Jamás desarrollará la resiliencia estoica que he descrito en la clave 8.

Por eso los pueblos nómadas permiten que sus hijos e hijas exploren el territorio sin límites, escojan sus propios desafíos e incluso manipulen herramientas peligrosas. Para que puedan madurar. ¿Se harán daño? Claro. Pero tampoco son idiotas. Primero observan, fijándose cómo interactúan con cada herramienta los niños mayores. Luego se acercan con cautela, haciendo sus propios experimentos. Y si fracasan o se hacen daño, se detienen y absorben el aprendizaje. En casos graves lloran o buscan ayuda.

Los pueblos nómadas confían en el sentido común de cualquier ser humano, a partir de los cuatro o cinco años, para gestionar sus propios riesgos. En Occidente los adultos creemos tener mejor criterio, pero ¿es esto cierto? Los estudios, como ya he mencionado, revelan que los jóvenes se lesionan más en los deportes gestionados por adultos que cuando juegan a estos mismos deportes solos. Si un niño se tuerce un tobillo, lo normal es que deje de jugar al fútbol. Pero ante la presión de su entrenador zombi y de las hordas de progenitores en el estadio, puede que se vea obligado a continuar. Quizá los nómadas tengan razón.

La misma filosofía inspiró tras la Segunda Guerra Mundial los parques de chatarra que cité en el capítulo 4. Aunque desaparecieron casi del todo a partir de los años ochenta, esta tendencia prudente no respondía a estudios serios sobre la seguridad de los parques. De hecho, uno de los pocos estudios que ha indagado en la cuestión encontró que se registran 4,3 veces MÁS lesiones serias en los clásicos parques de toboganes supuestamente seguros que en estos entornos libres. En 2015, una revisión de la literatura académica sobre el juego arriesgado concluyó que los beneficios para la salud mental y física son mayores que los peligros.

Afortunadamente, como ya he mencionado, nuevas iniciativas pedagógicas y urbanísticas comienzan a desafiar este modelo de crianza ansiosa. Psicólogos como Mariana Brussoni, Peter Gray y Jonathan Haidt defienden el juego arriesgado y proponen medidas de seguridad menos draconianas, como la presencia de los *playworkers* que cité en el capítulo 4. Gracias a este movimiento, empieza a difundirse la idea de que si les prohibimos todo lo peligroso, les arrebatamos el corazón del juego y de la infancia misma, condenándolos a una vida miserable. Por lo tanto...

Clave 10:
El juego peligroso hay que permitirlo

Trampa 11:
Jugar es un lujo

Hay quien cree que no es momento para jugar, o que la diversión es solo para quien se lo pueda permitir. Para gente que tenga tiempo, la vida resuelta y la felicidad en la mano. No para unos zombis miserables como nosotros, hundidos en este oscuro apocalipsis.

Una versión menos radical de la misma idea sostiene que todo lo lúdico, desde el baile a la poesía, es de prioridad secundaria. Lo primero es el alimento, el cobijo, la seguridad. LO PRÁCTICO. Abraham Maslow, uno de los pioneros de la psicología humanista, es conocido por su pirámide de necesidades. Según este modelo, las necesidades estéticas y de autorrealización —las más cercanas al playfulness— se encuentran en la cima de la pirámide. Solo podemos dedicarnos a ellas cuando todo lo demás esté cubierto.

Tengo buenos motivos para dudar de esta visión.

Los tengo grabados en la mente desde hace unos quince años, cuando me invitaron por primera vez a dar un taller sobre el sentido del humor para familiares y afectados por el cáncer. Mi primera reacción fue pensar: ¿cómo voy a abordar el tema con este colectivo, con gente que se enfrenta al dolor extremo, a cirugías terribles, a la quimioterapia, a la mismísima muerte? ¿Cómo les voy a poner a JUGAR?

Es natural suponer que para poder disfrutar, primero hay que encontrarse bien. Sin embargo, yo ya sabía, tanto por los estudios como por mi experiencia, que el humor —como el arte o la meditación— a menudo sirven justamente para enfrentarse a los grandes desafíos de la vida. Al preparar mi discurso encontré nuevas pruebas de ello. Por ejemplo, en internet existían numerosas colecciones de chistes relacionados con el cáncer que los propios pacientes se intercambian:

> ¿Cómo se le llama a una joven que contrae linfoma una y otra vez?
>
> *Una linfómana.*

Había tiras cómicas, anécdotas hilarantes e incluso tiendas online que vendían camisetas con frases como CANCER:

FUCK YOU o YOU CAN'T SCARE ME: I'VE BEEN THROUGH CHEMO.[2]

Lo más impactante para mí, sin embargo, fue conocer personalmente a los miembros de la asociación, personas que se enfrentaban a circunstancias terroríficas con una valentía sobrecogedora. Resultó que una de ellas, Jaume, era «linfómano». Había vivido la clásica vida acelerada de nuestra era zombi, dirigiendo siete empresas y siempre corriendo de un lado para otro. Hasta que el cáncer le hizo replantearse sus prioridades. Ahora vivía la vida día a día, incluso minuto a minuto. Y con mucho humor. «Yo me río hasta de mi sombra», me decía, y no eran palabras huecas.

Me contaba los dolores, las incomodidades y las humillaciones de sus experiencias médicas siempre con la sonrisa en la boca. «Estás ahí entubado, con la quimio, y dices: ¿para qué habría ido yo a esa revisión médica? ¡Con lo a gusto que estaba!». Y para Jaume, la experiencia de compartir este humor con los demás, en las reuniones de su asociación, era una necesidad tan básica como el oxígeno: «Cuando ves a alguien con un cáncer avanzado, sin esperanzas de vida, con dolores terribles, pero que a pesar de todo bromea y sonríe, es lo que más fuerzas te da para seguir adelante. Dices: si ella puede, yo también».

El taller fue un verdadero jolgorio. Nunca había conocido a gente adulta tan dispuesta a jugar y pasárselo bien. Y desde entonces me he encontrado con lo mismo cada vez que me han invitado a este tipo de asociaciones. Según mi experiencia, la gente que ha sufrido de verdad es la que más ganas tiene de reír. De hecho, aunque parezca un chiste de dudoso gusto, he encontrado mayores resistencias al tema del humor entre los altos ejecutivos, por las máscaras

2. 'Cáncer: que te jodan' y 'No puedes asustarme: he sobrevivido a la quimio'.

de seriedad que les obligan a ponerse y los egos con los que cargan, que entre los pacientes de cáncer.

Numerosos estudios han comprobado que el humor, la música y el arte brotan en los lugares menos pensados. Entre la gente más miserable y explotada. Incluso en las guerras y los campos de concentración. En estas situaciones límite, la pirámide de Maslow parece derrumbarse. De hecho, aunque esta teoría sigue siendo muy popular, los estudios empíricos que se han realizado desde que Maslow la propuso en 1943 no la han apoyado, sino más bien al contrario. Parece ser que todas las necesidades son importantes. El alimento, la seguridad y también la fiesta. No existe una jerarquía clara.

Sin duda, el ocio está mal repartido. Desde el fin del paraíso nómada algunos tienen más tiempo que otros para dedicarse a la ciencia *amateur*, a la pintura, a la lectura, al golf o al mindfulness. El cultivo de lo inútil a menudo ha sido una señal distintiva de las clases pudientes, otra forma más de marcar distancias en la jerarquía. En este sentido, jugar sí que se ha convertido en un lujo en nuestro Mundo del Revés. Pero he aquí, precisamente, la tragedia. Porque hace diez mil años todos jugábamos siempre. Los !kung pueden pasar varios días sin comer, pero NI UNO SOLO sin jugar. Por lo tanto, me parece evidente que...

Clave 11:
Jugar es una necesidad básica

Trampa 12:
Jugar es poco serio

Nos estamos acercando al desafío final. Si superamos este penúltimo engaño podremos acceder al sanctasanctórum del misterioso templo del playfulness y tratar de hacernos con su legendario tesoro. Pero te advierto que no será fácil. Lo que protege estas puertas doradas es peor que los dardos envenenados, las serpientes o el abismo sin fin que tantas veces retaron a Indiana Jones. Se trata de una trampa hecha de carne y hueso: un monstruo terrible.

Hablo de la encarnación misma de la seriedad, la responsabilidad y las prisas. Efectivamente: el gigantesco Azotaniños, devorador de la diversión, origen mismo de la Muerte Viviente. Menos mal que por el camino hemos acumulado bastante experiencia en esto de poner las cosas patas arriba.

Este engaño resulta especialmente endiablado porque se basa en una verdad innegable: jugar consiste a menudo en escoger un objetivo trivial, inútil, que carece de interés práctico. Completar una colección de chapas de cerveza, saltar medio centímetro más lejos, pintar una cesta de fruta en estilo impresionista... ¿Puede haber algo menos serio que esto, una pérdida de tiempo más ridícula?

No basta con rebatir que el juego —a veces— puede tener un objetivo importante, como aprobar un examen o diseñar una nueva medicina. Las carcajadas del Azotaniños, al escuchar tales sandeces, retumban por toda la cavernosa sala. La bestia lo sabe, y a nosotros no nos queda otro remedio que confesarlo: al aplicar el playfulness, cualquier objetivo externo se vuelve secundario. El foco debe ponerse en el proceso: la exploración, la experimentación, el puro disfrute. Hay que olvidarse del resultado.

Pero atención, porque ahora llega el giro inesperado. La contratrampa. La perspectiva que nos muestra al Azotaniños como un diminuto bichejo disfrazado de coloso.

EL PODER DEL JUEGO SURGE PRECISAMENTE DE SU TRIVIALIDAD.

¿Ves cómo tiembla Goliat? ¿Cómo da un paso atrás, palideciendo? ¿Cómo se lleva un tentáculo al cuello, presintiendo que su gran cabezota está a punto de rodar por el suelo?

Profundicemos en esta paradoja. La trivialidad es fabulosa, deliciosa, poderosa, porque nos libera de la evaluación. En el mundo del playfulness, da igual cómo lo hagas. No importa si sale bien o mal. El fracaso está permitido.

Esta liberación tiene varias consecuencias muy serias:

- Nos llena de entusiasmo, potenciando la motivación y el esfuerzo.
- Nos anima a explorar, impulsando el aprendizaje genuino.
- Nos permite experimentar, descorchando una verdadera explosión de creatividad.
- Nos conecta más fácilmente con los demás, porque nos coloca a todos en el mismo nivel.
- Nos proporciona la felicidad que todos anhelamos.

Todo esto contribuye al paradójico hecho que cité en el capítulo 4, en relación con los estudios sobre motivación intrínseca y facilitación social: jugar suele producir mejores resultados que trabajar «duro», sobre todo en contextos —como la escuela y los entornos laborales creativos— que hoy en día representan el principal foco del trabajo «serio» de nuestra sociedad del siglo XXI.

Con esta inesperada estratagema burlamos al monstruo, nos colamos entre sus piernas y metemos la penúltima llave en el cerrojo...

Clave 12:

Jugar es la forma más seria de aprender, crear, conectar y crecer

Trampa 13: Apenas hay evidencias científicas de la importancia del juego

El Azotaniños ruge, furioso, y nos persigue hasta un rincón oscuro de la última sala, una enorme biblioteca vacía. No se da aún por vencido. Exige pruebas. Pruebas fehacientes, empíricas, científicas. Se ha devorado toda la literatura. Desprecia a los cuatro teóricos de poca monta que defienden el juego. ¿Acaso alguien se acuerda de Vygotski o Huizinga? ¿A quién le importa el hijo de Peter Gray? La bestia sabe que apenas existen investigaciones serias sobre el tema, casi todas en el pequeño rincón del desarrollo infantil. Y aquí hablamos de COSAS SERIAS.

Razones no le faltan al monstruo. En psicología y neurociencia, la investigación sobre el juego brilla por su ausencia. Sorprendentemente, ni siquiera suelen citar el vergonzoso tema los expertos en psicología positiva, la disciplina que se dedica a estudiar la felicidad, el optimismo, la gratitud y otros elementos de una vida plena. En uno de los libros de texto que resume esta disciplina, *Positive Psychology*, de Charles Snyder y Shane Lopez, se cita el juego en solo dos ocasiones. En una de ellas se refiere al juego infantil: tres líneas en total. En la otra se incluye todo un párrafo (¡seis líneas!) titulado «Resultados positivos asociados con el juego». Termina afirmando lo siguiente:

> Los resultados positivos del juego infantil son innegables..., pero no valoramos el papel del juego entre los adultos. Los beneficios del juego competitivo y no competitivo no se han delineado, y este tema requiere más investigación.

Según los autores, por lo tanto, apenas se ha estudiado el playfulness, sobre todo entre los adultos. Aunque reconocen su importancia, lamentan no poder contarnos mucho más. El Azotaniños se deshace en risotadas, mostrando con sus garras la gran extensión de estanterías vacías a nuestro alrededor.

Pero ahora es cuando Indy hace chasquear el látigo.

¡ZIS! ¡ZAS!

Tenemos las pruebas. Solo que están ocultas en lugares libres de toda sospecha. Sus autores las habían enterrado bajo nombres mucho más serios que el «juego», la «diversión» o incluso el «playfulness».

Indy retira una vieja alfombra persa en el centro de la sala, descubriendo una trampilla desconocida para el propio Azotaniños. El monstruo se retuerce, horrorizado, al ver cómo el explorador abre la puerta escondida con una sonrisa pícara y deja caer su antorcha hasta el fondo. La luz parpadeante ilumina una enorme sala con las estanterías repletas de libros y revistas académicas de primer orden. ¡He aquí el tesoro del Templo Maldito!

Parte de este fabuloso tesoro científico lo he anticipado ya en anteriores capítulos. Los estudios sobre motivación intrínseca se refieren al impulso natural de jugar. Las ciencias contemplativas se han interesado por el enorme abanico de actividades que tradiciones como el budismo o el yoga nos animan a afrontar con mente de principiante —o sea, la mente curiosa, libre y despreocupada de un niño—. Y aunque la relación entre risa y juego no sea tan sencilla como a veces se cree, existe un nexo evolutivo que sigue uniendo estrechamente ambos fenómenos.

Pero aún hay más. Mucho mucho más. El Azotaniños ha cometido un error espantoso, al igual que Snyder, Lopez y yo mismo durante al menos un par de décadas. Es falso que la psicología positiva se haya olvidado del juego. Al contrario: esta disciplina ha acumulado evidencias científicas abrumadoras sobre sus beneficios. Como veremos en el siguiente capítulo, dos de sus figuras más importantes han dedicado carreras enteras al fenómeno. Cientos de investigaciones empíricas apoyan las teorías que propusieron y que hoy en día vertebran esta ciencia del bienestar.

El problema es que muy pocas personas se han dado cuenta. A veces ni siquiera los propios expertos que han contribuido a este monumental trabajo. Y los pocos que sí se han topado con él lo han disimulado lo mejor posible, como un secreto vergonzoso o una herejía impensable. He aquí el terrible poder de la maldición que cayó, hace tantos milenios, sobre el Templo Bendito del Playfulness, enterrando cualquier evidencia a favor del juego en su sótano más profundo, oscuro e inaccesible.

Pero finalmente hemos superado la última de las trece mortíferas trampas. Llegó el momento de arrojar un poco de luz sobre este enorme tesoro oculto. Agarra tu antorcha y sígueme, si te atreves, a la biblioteca secreta. No te preocupes por el bicho con los tentáculos. Derrotado, se arrastra por el suelo hacia una esquina de la sala, chorreando su líquido viscoso.

Clave 13:

Las evidencias científicas sobre el poder del juego son abrumadoras

Juegos de playfulness

DEPORTE DIVERTIDO

Tiempo: Al menos media hora al día.

Materiales: Material deportivo variable según el juego.

Descripción: Hace poco leí sobre una joven promesa del fútbol, Ignacio Martín. Este chaval canario de quince años creía cumplir su sueño cuando le seleccionaron para jugar en la cantera del Real Madrid, uno de los mejores clubes del mundo, con residencia pagada en la capital, plaza en un colegio de élite y un estipendio de 200 euros mensuales. Pero después de un año de durísimos entrenamientos, lesiones, críticas por cualquier fallo, presión brutal y peleas entre compañeros, fue para Ignacio un alivio que no le volvieran a llamar. Termina su relato con las siguientes palabras: «Llegué a la conclusión de que el verdadero fútbol, el que yo amaba con pasión, estaba en las calles, en los equipos de barrio y en los amigos que allí haces». ¿Y si le damos la vuelta a este Mundo del Revés deportivo y empezamos a jugar de verdad, como hacen diariamente los sabios pueblos nómadas?

REGLAS

1. Cambia la palabra *entrenar* por *jugar*. Cambia la palabra *competir* por *jugar*.
2. En vez de focalizarte en ganar, en los puntos, en el resultado, focalízate en el disfrute del movimiento, del equilibrio, de la fuerza. Dirige tu atención hacia el cuerpo, o la parte del cuerpo que estás usando, o la interacción entre el cuerpo y el entorno.
3. Evita el sobresfuerzo. Evita ir más allá de tus límites físicos o mentales. Para ello tendrás que conocerlos y aprender a mantenerte en el punto de equilibrio entre reposar y forzar: el punto de desafío y de crecimiento. Esto requiere mucha práctica de atención sostenida.
4. Cultiva el mindfulness, un gran aliado para aprender a afrontar los desafíos físicos sin pasarte, mediante prácticas como el yoga o el taichí.
5. Organiza o únete a juegos deportivos informales, en parques o canchas abiertas, con gente maja. Como cuando tenías siete años. No hay forma más seria o verdadera de jugar que esta. Podéis modificar o inventaros las reglas. Sois libres para jugar como queráis.
6. En juegos competitivos, haz todo lo que puedas, lo mejor que puedas, pero sin saltarte las normas, y solo por disfrutar. No importa si ganas o pierdes. De hecho, puedes alegrarte por la victoria del otro equipo. Sí, claro, puedes luchar a muerte. ¡Pero en broma, sin agarrarte al resultado!
7. No permitas que nadie abuse de ti. Ni abuses de nadie. Si te encuentras en un equipo de zombis, huye hacia un espacio más amable y divertido. O créalo tú.
8. Apúntate a deportes menos competitivos, como el surf, el esquí, el skate, la bici, las artes circenses, el

trekking y la escalada, el buceo y los juegos cooperativos del New Games Movement (si no has oído hablar de este movimiento, ¡investígalo!).

9. Baila como hacen los pueblos nómadas, o como se sigue haciendo en las fiestas populares y carnavales de todo el mundo. En las últimas décadas han surgido numerosas escuelas de danza meditativa, que tienen la virtud de dar prioridad a la experiencia en vez del resultado. Estas incluyen el Contemplative Dance de Barbara Dilley, la Biodanza de Rolando Toro Araneda, el formato 5Rhythms (o Ecstatic Dance) de Gabrielle Roth y el Contact Improvisation de Steve Paxton. Pero realmente cualquier estilo, desde el swing al hip hop, puede ser contemplativo (y lúdico) si nos dejamos llevar por el embrujo de la música, el duende del que se habla en el mundo del flamenco.

8

EL CAMINO DE BALDOSAS AMARILLAS

> Considera todo lo que haces como juego, y no pienses ni por un minuto que tienes que tomártelo en serio... He aquí el verdadero secreto de la vida.
>
> ALAN WATTS, filósofo y teólogo

El martes 15 de junio de 2004, a las 10.59, tomé una decisión aparentemente trivial que me cambió la vida. Ahora que lo pienso, más que *cambiarme* la vida me regaló incontables vidas, muchas de ellas claramente imposibles. Desde entonces he luchado con cocodrilos, he viajado en globo aerostático, he inventado fármacos milagrosos, me he enamorado de mujeres, hombres y unicornios, he muerto heroicamente mil veces —y también como un despreciable villano— antes de volver a renacer de mis propias cenizas. Para colmo, lo que experimenté aquella fatídica mañana me inició en el camino de la práctica contemplativa más divertida jamás inventada, que con el tiempo me permitió descubrir la Montaña Sagrada del Playfulness.[1]

1. Me refiero al mismo lugar que otros buscadores han identificado como Nunca Jamás, el País de las Maravillas y otros muchos nombres.

Sucedió en Dijon, Francia, en un congreso de la International Society for Humor Studies (ISHS), una asociación científica que te aseguro que existe de verdad. Hasta aquel fatídico momento, yo siempre me había limitado a las sesiones estrictamente académicas, en las que se discutían *papers* tan fascinantes como los siguientes títulos reales del encuentro de 2004:

- «Un acercamiento computacional al reconocimiento de los juegos de palabras en los chistes»
- «Correlacionando la esquizotipia, el autismo y la empatía con evaluaciones de humor violento y no violento en una muestra de estudiantes»
- «Determinación de elecciones lingüísticas y rotura de paradigmas convencionales en textos literarios cómicos»

Pero, por algún motivo, mientras hojeaba el programa entre una sesión y otra, me llamó la atención una peculiar opción en la que no había reparado hasta entonces:

- «Taller práctico: humor sin chistes»

Siguiendo una extraña corazonada, dejé de lado otras cuatro propuestas serias, me zampé el último bocado de mi cruasán y salí disparado hacia este taller, con la sensación de estar haciendo pellas.

Me recibió en la sala Doni Tamblyn, una mujer americana de pelo corto y pinta de ejecutiva. Nos contó a un pequeño grupo que durante muchos años se había dedicado a los monólogos cómicos, pero que recientemente su carrera profesional había dado un giro inesperado. Se dedicaba ahora a enseñar habilidades humorísticas en empresas, colegios y hospitales, para que los profesionales de estos entornos pudieran aprovechar sus beneficios. Y basaba este trabajo en unas dinámicas increíblemente divertidas, sencillas y accesibles a cualquiera.

—He descubierto que es posible hacer reír sin contar chistes —nos anunció—, sin tener gracia, sin tan siquiera intentarlo. Es, de hecho, el secreto de muchos de los cómicos más célebres. Pero en vez de explicaros cómo se hace, lo vamos a poner en práctica. ¡Ahora mismo!

A partir de ese momento, Doni nos puso efectivamente manos a la obra. ¡Manos, pies y cuerpo entero! Por no hablar del cerebro, ya que tuve la sensación, a lo largo de la siguiente hora, de haber estrujado hasta la última de mis neuronas. Y también de haber expandido mi corazón, derribando barreras hasta sentirme parte de una verdadera pandilla, como esas que creábamos los niños a los pocos minutos de jugar.

Doni no exageraba. Las cuatro o cinco dinámicas que nos enseñó generaron MUCHA risa en la sala. Personalmente confieso haber experimentado auténticos ataques, de esos que cuando empiezan luego son difíciles de frenar. Reí tanto, de hecho, que al final de la sesión me sentía ligero, alegre y en paz con el mundo. Me atrevo a decir que llevaba años sin haber reído así. Salí de aquella sala como nunca había salido de una sesión del ISHS: rebosante de vitalidad.

¿Qué había sucedido? ¿Cómo había conseguido esta mujer, en pocos minutos, convertirnos en amiguetes de toda la vida, vertiendo lágrimas de hilaridad como en los emoticonos que hoy en día nos enviamos por WhatsApp con tanta ligereza? ¿De dónde había sacado esos ejercicios tan desternillantes?

El secreto tenía que ver con una de las prácticas contemplativas más antiguas que existen, pero que no proviene de la mística religiosa ni de la filosofía oriental. La mayoría de sus devotos ignoran su profundidad espiritual, aunque a muchos les ha cambiado, como a mí, la vida. Te confieso que fue además la semilla de este libro que tienes en tus manos.

¿Que cómo se llama? Paciencia, querida amiga o amigo. En breve te iniciaré en el secreto. En cualquier caso, esta tradición representa solo una de las grandes etapas de un viaje iniciático que ahora te propongo. Un peregrinaje transformador al Shambhala del playfulness, el paraíso lúdico que todos los seres humanos anhelamos.

Pensarás, sensatamente, que tal cosa es imposible. ¡No podemos volver a los cinco años de edad! ¡Ni a la utopía de la Edad de Piedra! Pero no se trata de eso. En realidad, la posibilidad de jugar está siempre disponible para cualquier persona, a cualquier edad y diría incluso que en cualquier momento. Yo también había perdido la fe, hasta que Doni Tamblyn me abrió los ojos en 2004.

En este capítulo quiero reunir algunas ideas sobre cómo iniciar este peregrinaje. No es un dogma ni una serie de mandamientos. Se parece más a los cúmulos de piedras que los peregrinos dejamos a lo largo del Camino de Santiago para marcar la senda. Te invito a emprender esta aventura y a dejar tus propias pistas en los puntos críticos. A emprenderla de verdad, ¿eh? No basta con leer esta guía desde la comodidad de tu sofá.

Evidentemente, yo también he seguido los pasos de incontables buscadores. Me he basado tanto en las investigaciones científicas que han indagado en el juego como en las múltiples tradiciones lúdico-contemplativas que el ser humano ha desarrollado a lo largo de los milenios para preservar la preciosa llama de la vida, incluyendo esa iluminadora práctica en la que me inició Doni Tamblyn.

¿Va a ser fácil? En absoluto. El camino desde el Mundo del Revés hasta la montaña sagrada del playfulness es largo y tortuoso, un verdadero laberinto en el que nos perderemos una y otra vez. Pero no olvides que a los niños y a las niñas les ENCANTAN los laberintos. Saben que hay que perderse para volver a encontrarse.

Además, contamos con una brújula infalible: el propio espíritu lúdico que incorpora nuestro ADN. Si nos tomamos esto como un viaje apasionante, no importa cuántas veces nos tropecemos. Todo formará parte de la aventura. Como en el Mago de Oz, descubriremos que la verdadera magia no se encuentra en el Palacio de la Ciudad Esmeralda, sino en cada una de las baldosas amarillas del camino.

¿Empezamos?

Paso 1: Haz uso de tu libertad

A lo largo del libro he insistido en una cualidad esencial del juego: la libertad. Considero que jugar nos permite saborear, ahora mismo, la liberación de la que hablan los sabios orientales —aunque sea durante un ratito—. Es una de las pocas características en la que coinciden todos los expertos y expertas de esta materia.

El más ambicioso estudio científico sobre el playfulness en el mundo adulto lo inició un equipo de psicólogos de la Universidad de Chicago en los años setenta. Encontró algo que los dejó atónitos: el juego resultó ser más frecuente durante el trabajo que en los ratos de ocio. ¡Casi TRES VECES más frecuente!

O al menos eso creyeron inicialmente. Durante el 52 por ciento del tiempo de trabajo (excluyendo pausas para el café y otros momentos de descanso), los participantes realizaban actividades que PARECÍAN lúdicas —según los criterios del estudio—. Abordaban desafíos interesantes que les permitían motivarse, activarse y concentrarse.

Reconocían sentirse más creativos. Al trabajar de esta manera aumentaban su satisfacción y felicidad. Todo esto parecía casi idéntico a lo que hacen los niños y las niñas al jugar.

Pero ¿jugaban realmente estas personas? Había una razón poderosa para dudar de ello.

Ante la pregunta «¿Hubieras preferido estar haciendo otra cosa?», los participantes solían responder que sí. En general preferían el ocio al trabajo, incluso cuando lo malgastaban en actividades que no les aportaban satisfacción alguna. Por lo tanto, ¿cómo iba esto a ser juego? ¿¿Qué dirían los niños y las niñas??

El director de este estudio concluyó que resulta bastante difícil jugar en el trabajo. Nos cuesta disfrutar del juego en ese entorno, por divertido que parezca ser, porque lo sufrimos como una carga que se nos impone desde fuera. Jugamos por obligación, mientras que la experiencia del playfulness requiere libertad.

Las excepciones a esta regla son muy reveladoras. Uno de los casos que analizó este equipo de investigación lo cité al principio del libro: el de Rico Medellín, el empleado de fábrica que consideraba su trabajo en una cadena de montaje mejor que cualquier otra cosa. Aunque Medellín logró convertir una monótona secuencia de movimientos en un juego apasionante, lo hizo por su propia iniciativa. Ningún jefe se lo impuso. Había creado un pequeño resquicio de libertad dentro de su entorno autoritario.

Por lo tanto, el primer paso en este camino es hacer uso de la libertad que te pertenece como ser humano. Si quieres jugar en el trabajo, tendrás que apuntarte a la misión de tu empresa, buscarte otro empleo o proyecto emprendedor con el que te identifiques más o, como Rico Medellín, inventarte algún truco para disfrutar de ello. Pero probablemente sea más fácil, sobre todo al principio, jugar en lo que conocemos como «tiempo libre». Será entonces, al ponerte a jugar, cuando irás descubriendo poco a poco qué significa eso de liberarse. (Un buen ejercicio para comenzar es el primero que encontrarás al final de este capítulo.) Y cuando comiences a jugar en compañía, descubrirás también la importancia de respetar la libertad de los demás (ver los pasos 8, 9 y 14).

Por cierto, siéntete libre también de modificar o ignorar esta y todas las demás instrucciones de este capítulo. Aprovecha lo que te sirva y sigue tu propio camino. Las reglas de un juego solo valen mientras las aceptes de todo corazón.

Paso 2: Busca el *flow*

El director del proyecto de la Universidad de Chicago que acabo de citar ocultó estratégicamente el verdadero objeto de su investigación. Mihályi Csíkszentmihályi, un psicólogo de origen húngaro, sustituyó el concepto de juego por expresiones que sonaban infinitamente más serias y reconfortantes, como «experiencia óptima» o «experiencia autotélica». Aunque el término que más utilizó fue *FLOW*.

La teoría del *flow* se ha convertido en uno de los modelos psicológicos más influyentes de las últimas décadas. Difundida en el bestseller internacional *Flow: una psicología de la felicidad*, ha inspirado cientos de estudios científicos y todo tipo de aplicaciones prácticas. Martin Seligman, fundador de la psicología positiva, ha reconocido sobre este nuevo campo académico: «Csíkszentmihályi es el cerebro. Yo soy solo la voz». Aunque quizá algo exageraba, puedo dar fe de que este señor de barba blanca, afable, humilde y bonachón, a medio camino entre Santa Claus y Gandalf, era un tipo excepcional.

He tenido el privilegio de conocer personalmente a varias de las figuras más relevantes de la psicología positiva, y de todas ellas, «Mike» es el que más me ha impresionado como un sabio de los de verdad, y no un simple científico. Coincidí con él solo una vez, durante un seminario académico en Italia, pero le cogí cariño enseguida. Después de esa semana me lo hubiera llevado a casa para adoptarlo como abuelo. Cuando me enteré de que había fallecido en 2021, sentí tristeza genuina.

El concepto de *flow* surgió hace medio siglo, a partir de una serie de entrevistas que Csíkszentmihályi y sus estudiantes realizaron a personas adultas, en las que estas describían su experiencia al hacer actividades con las que disfrutaban. Lo curioso es que todas ellas analizaban estas vivencias de manera extraordinariamente similar, ya se tratara de una elegante coreografía de danza clásica o de un ruidoso desfile de moteros, una partida de ajedrez o una cirugía a corazón abierto.

La siguiente descripción es de un músico:

> Llegas a un estado de éxtasis, hasta tal punto que parece que casi no existes. Yo no tengo nada que ver con lo que está sucediendo. Simplemente estoy ahí sentado, contemplando lo que pasa en un estado de asombro y sobrecogimiento. Y la música simplemente fluye por sí misma.

¿Fluye por sí misma? Esta idea tan peculiar se repetía a menudo en las entrevistas. Una bailarina comentaba que «la energía fluye suavemente». Un escalador y poeta explicaba que en ambas actividades «eres como un flujo», insistiendo en que ahí encontraba el verdadero motivo para escalar o escribir:

> El propósito del flujo es seguir fluyendo, no subir a un pico o conseguir una utopía, sino permanecer en el flujo. No

> es avanzar sino un continuo fluir, avanzas para lograr que el flujo siga fluyendo. No hay ninguna razón para escalar, excepto la propia escalada.

Esta idea de que se escala para escalar, o que se escribe para escribir, es una de las características más típicas (y paradójicas) del *flow*. La actividad no se hace para conseguir una meta externa —fama, dinero, éxito—. Quien la acomete ni siquiera parece perseguir directamente el placer que proporciona. Actuar se convierte en la propia recompensa. Por eso Csíkszentmihályi también llamó a este curioso fenómeno la experiencia «autotélica» (*telos*, en griego, significa 'fin', 'meta').

Y lo curioso es que, a pesar de todo ello, los estudios de *flow* han comprobado que las personas que fluyen habitualmente suelen tener más éxito en distintos ámbitos de la vida, como el desempeño profesional, las relaciones sociales y el bienestar. De ahí que se conozca también el *flow* como un estado de experiencia óptima del ser humano. En psicología se considera una de las principales claves de la felicidad, concretamente del bienestar eudaimónico —que tiene que ver con el desarrollo interior y la vida plena, más allá del placer efímero—. La *eudaimonía*, un concepto central de la filosofía griega, se refiere literalmente al 'buen espíritu' que llevamos dentro, cuyo consejo hemos de seguir para alcanzar la felicidad.

Tanto científicos como yoguis han notado la similitud entre este fluir y el mindfulness, que consiste en prestar atención a este susurro interior. Pero, como ya he avanzado, se parece incluso más al playfulness, sobre todo porque suele asociarse a prácticas activas o incluso interactivas. De hecho, el propio Csíkszentmihályi consideraba el *flow* IDÉNTICO a la experiencia lúdica. Puedo afirmarlo rotundamente, tras haber encontrado una de las últimas entrevistas que concedió poco antes de morir, en la que finalmente lo confesó.

Toda esta línea de investigación comenzó en 1968, cuando Csíkszentmihályi decidió estudiar el juego junto a un grupo de sus estudiantes. Las famosas entrevistas de las que surgió el concepto las hicieron a personas que jugaban habitualmente, como ajedrecistas, deportistas, artistas, y músicos. De hecho, durante los primeros dos o tres años, antes de dar con la palabra *flow*, Csíkszentmihályi empleaba justamente la palabra inglesa *playfulness* para describir el concepto. El momento en que realizó su gran descubrimiento científico lo describe así:

> Me di cuenta de que lo importante no es la forma que adopta el juego, sino **la experiencia lúdica** que la gente vive al practicarlo.[2]

Los estudios de Csíkszentmihályi consiguieron demostrar que el *flow* (o sea, la experiencia lúdica) efectivamente nos proporciona mucho disfrute, a pesar de que el proceso no es siempre agradable. Un alpinista habitualmente sufre numerosas privaciones al escalar: frío, cansancio, agarrotamiento muscular, vértigo, ansiedad. Sin embargo, parece que la satisfacción de escalar es aún mayor. Y, como ya vimos en uno de los testimonios, no hablamos de la satisfacción de llegar al pico, sino del disfrute de escalar por escalar. Cada paso, aunque no lo parezca, se deposita sobre una baldosa amarilla. De lo que se trata, en definitiva, es de sentirse plenamente vivo o viva, un concepto que se repite tanto en la obra de Csíkszentmihályi como en las de Jon Kabat-Zinn, Thich Nhat Hanh y otros maestros contemplativos. Todos ellos se refieren al antídoto del síndrome de la Muerte Viviente.

2. Las negritas las he añadido yo.

Por lo tanto, una de las primeras claves para recuperar el juego —y la auténtica vitalidad— es identificar aquellas actividades con las que fluyes. Las que pide tu *eudaimon* o 'buen espíritu' interior. ¿Has estado alguna vez tan absorto o absorta en algo —dibujar garabatos, cocinar una lasaña, arreglar un grifo o mantener una conversación chispeante sobre la mecánica cuántica— que perdiste la noción del tiempo y te olvidaste de todas tus preocupaciones durante un tiempo? ¿Has tenido algún hobby con el que disfrutabas de verdad? ¿Qué harías aunque no te pagaran por ello ni recibieras aplausos o reconocimiento, por el puro placer de hacerlo? (Puede que el ejercicio «Tu historial lúdico», al final del capítulo 1, te ayude en esta reflexión.)

Escoge una actividad así. Puede ser una actividad física, artística, intelectual o que combine aspectos de estas tres dimensiones. A lo largo de los milenios, el ser humano se ha inventado incontables sistemas para ordenar su mente mediante la atención plena y sostenida: la caligrafía china, la novela histórica, el baile flamenco, el rap callejero, la entomología, los juegos de rol. Es lo que llamamos «la cultura», y aunque hay mucho zombi suelto que la desprecia, o la ignora por completo, constituye una riqueza incalculable. Te animo a explorar las posibilidades de esta enorme cornucopia. A probar algo nuevo que te atraiga, aunque te parezca inútil. De hecho, si es inútil, probablemente vayas por buen camino.

Paso 3: Construye tu refugio playful (y defiéndelo de los zombis)

Para obtener los beneficios del playfulness, esta experiencia óptima del ser humano, hay que jugar. Y cuanto más, mejor. Por eso los yoguis, artistas, poetas, músicos y demás jugadores serios practican diariamente. Se dedican al playfulness con regularidad en espacios físicos y temporales dedicados por completo a ello. Refugios a prueba de zombis en medio de nuestro Mundo del Revés.

Stephen King, que de muertos vivientes sabe mucho, lo explicó muy bien en su célebre guía del arte novelístico *Mientras escribo*. Cuando está enfrascado en un proyecto, King entra en su despacho cada mañana, con sus instrumentos de escritura, y CIERRA LA PUERTA. Esto significa que deja fuera cualquier distracción (tele, radio, internet...), pide a su familia que no le moleste y se centra en su novela durante varias horas, hasta haber escrito unas diez páginas. Lo hace TODAS las mañanas, sin excepción. Incluso los fines de semana, el día de Navidad y su propio cumpleaños. Pero solo por las mañanas, ya que dedica las tardes a otras actividades cotidianas y las noches, antes de acostarse, a leer.

Si todo esto te suena a austeridad monacal, te equivocas. King habla de este espacio como su *playground*, o sea, su parque de juegos. Escribe porque le chifla escribir. En otras palabras, sigue el paso 1: actuar libremente. Pero para poder hacerlo necesita defenderse de los zombis, y por eso se parapeta diariamente en su refugio lúdico. El propio acto de cerrar la puerta, de comprometerse de verdad, demuestra a los demás que se trata de un asunto grave y serio. Además, así evita el peligro del juicio ajeno. Ya tiene bastante con el suyo.

¿Dónde vas a construir tu propio refugio? ¿En qué árbol? ¿O en qué planeta? ¿Y cómo lo vas a decorar? Los pianistas tienen su esquina con el piano. Los grupos de teatro, una sala de ensayo. Los yoguis, una esterilla que les gusta colocar siempre en el mismo lugar, posiblemente ante un pequeño altar con objetos o imágenes inspiradoras. Hay artistas que se llevan lápiz y cuaderno a paisajes aislados o estudios privados para dibujar a gusto. Incluso la consulta del psicólogo, con su decoración agradable y su cómodo sofá, podría considerarse un refugio para este juego terapéutico.

Lo que más suele costar inicialmente es la regularidad, que es crítica para ir acumulando horas de vuelo. Actuar con libertad no significa jugar solo cuando te apetece. No es hacer lo que te da la gana, dejándote arrastrar por la esclavitud cotidiana de las adicciones y los caprichos superficiales. Significa comprometerte (libremente) a jugar y luego ser fiel a tu compromiso, a tu anhelo profundo de libertad, te apetezca o no. Significa liberarte poco a poco de esas partes de ti perezosas, escépticas, miedosas o resistentes. Practicar la libertad requiere virtudes como las que cultivaron Dorothy y sus amigos en Oz: coraje, amor e inteligencia.

Comprobarás que, si empiezas a visitar tu refugio diariamente, pronto surgirán los maravillosos efectos de esta práctica, y así resultará cada vez más fácil cerrar la puerta. En cualquier caso, tampoco hace falta que dediques al juego toda la mañana como hace Stephen King. Media hora al día, diez minutos, incluso un minuto bien aprovechado puede cambiarte la vida. Reserva el espacio en tu agenda y no permitas que ningún zombi te desvíe de tu objetivo o te moleste durante ese rato. Un buen momento suele ser la primera hora de la mañana, con el cuerpo descansado y la mente despejada. Y recuerda dejar el móvil apagado o fuera del refugio. Como si no existiera.

Te animo a empezar hoy mismo, o por lo menos a reservar esos espacios en la agenda. Si te resistes a hacerlo, mucho cuidado: es tu propio zombi quien gruñe.

Paso 4: Comienza con un chute de buen rollo

Imagínate que te apuntas a un experimento de psicología. La experimentadora te lleva a una sala vacía y te entrega lo siguiente:

- una vela
- una caja de chinchetas
- unas cerillas

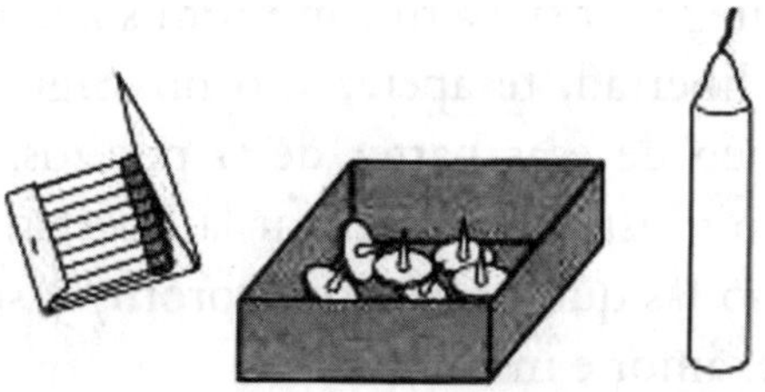

—El objetivo es clavar la vela en la pared —te explica la psicóloga—, empleando estos materiales. Pero tienes que asegurarte de que, cuando enciendas la llama, la cera no caiga al suelo.

¿Se te ocurre cómo hacerlo? Piénsatelo durante unos minutos. O busca los materiales y pruébalo. Si has dado con la solución, enhorabuena. Es una prueba bastante endiablada. Cuando la psicóloga Alice Isen sometió a un grupo de control a este rompecabezas, solo el 13 por ciento de los participantes logró resolverlo. (Si perteneces al otro 87 por ciento, sigue el código QR al final del libro para saciar tu curiosidad.)

Sin embargo, para otro grupo, Isen proyectó un vídeo corto muy gracioso justo antes de comenzar. Sorprendentemente, las cosas cambiaron por completo. Después de reír durante unos cinco minutos, el 75 por ciento consiguió dar con la solución al difícil problema. (También se incluyó un grupo de control con un vídeo más serio. En este caso, el porcentaje de éxito fue parecido a la condición original, un 20 por ciento.)

Este famoso experimento tiene más de medio siglo, pero nunca me deja de sorprender su resultado. ¿Cómo es posible que un vídeo breve, parecido a los memes cómicos que hoy en día circulan continuamente en redes sociales, pueda producir un efecto tan espectacular? Pasar del 13 al 75 por ciento no es solo una mejora estadísticamente significativa, sino una auténtica explosión de ingenio. Indica que hemos descorchado la burbujeante botella de la creatividad.

Los estudios de Alice Isen y sus colegas a lo largo de varias décadas han comprobado que este efecto puede conseguirse con otros estímulos que proporcionan un pequeño subidón emocional, como recibir una bolsita de caramelos, disfrutar de un cómic o leer una serie de palabras positivas. Además, el beneficio del buen rollo no se limita solo a la creatividad. Cuando estamos de buen humor, tomamos mejores decisiones. Recordamos mejor las cosas. Somos más generosos y sociables.

Isen demostró que el plus de la positividad puede llegar a tener consecuencias realmente serias. Incluso de vida o muerte. En un experimento con médicos descubrió que poner a estos profesionales de buen humor les permitió acertar más ante una prueba diagnóstica compleja. O sea, que si quieres hacerle un regalo a tu médico, ¡hazlo ANTES de que te examine!

Estos increíbles resultados, confirmados hasta la saciedad en laboratorios de todo el mundo, hoy en día se explican con otra de las teorías fundacionales de la psicología positiva: el modelo *broaden-and-build* ('ampliar y construir') de Barbara Fredrickson. Mientras que las emociones negativas nos dirigen hacia comportamientos concretos, necesarios para sobrevivir —la célebre lucha o huida—, las emociones positivas nos liberan de tales urgencias, permitiendo AMPLIAR nuestra forma de pensar o actuar.

Estas emociones desactivan nuestro habitual modo zombi, centrado en la supervivencia, para que podamos vivir de verdad, libre y plenamente. En vez de huir de lo desconocido, exploramos el terreno para aprender algo nuevo. En vez de seguir las rutinas seguras pero aburridas, nos volvemos más creativos. En vez de distanciarnos o pelearnos, formamos amistades. Al tomar caminos distintos y forjar relaciones, al CONSTRUIR recursos nuevos, nos desarrollamos como personas e incluso como sociedad. A la larga este crecimiento nos proporciona una considerable ventaja evolutiva.

Pero ¿qué es realmente este modo ampliado del que habla la célebre investigadora, este modo creativo, social, curioso, motivado, eficaz? Claramente, una vez más, estamos hablando del PLAYFULNESS. De hecho, la teoría de Fredrickson es casi idéntica a la explicación de juego de Karl Groos que cité en el capítulo 4, publicada cien años antes y comúnmente aceptada entre especialistas en etología y psicología del desarrollo. La única diferencia es que Fredrickson añade la observación de que las emociones positivas fomentan el modo ampliado o modo juego. Estamos de nuevo ante un eufemismo altisonante como «flow», «experiencia autotélica», «mindfulness» y «motivación intrínseca».

La recomendación práctica que se desprende de todo ello es muy sencilla: comienza con un chute de buen rollo. Este paso es crítico porque —como vimos en el anterior capítulo— no resulta nada fácil ponerse a jugar en nuestro Mundo del Revés. Si lo intentas, probablemente notarás que tu cabeza bulle con preocupaciones, que tus músculos están agarrotados, que la inquietud y la dispersión te dominan. Hay un zombi que se ha colado en tu refugio lúdico. ¡Y ese zombi eres TÚ!

Pero los estudios de Isen, Fredrickson y muchos otros psicólogos muestran que hay esperanza: basta una pequeña chispa positiva para desprenderse de las tensiones y pasar al modo juego. En los ámbitos del deporte, de la música y del arte, a esto a veces lo llaman «calentamiento», una práctica que puede ir mucho más allá del mero ejercicio físico, y aportar calma, presencia y diversión. En equipos creativos, los ejercicios rompehielos sirven al mismo cometido, al igual que los chistes iniciales que emplean muchos conferenciantes y profesores para atraer la atención de sus públicos. Y en las tradiciones contemplativas, la meditación a menudo también comienza con un chute de positividad: el canto grupal de mantras o canciones, movimientos físicos rituales, visualizaciones que llenan el corazón de amor, asombro o gratitud.

En los pasos 9 y 11 te daré más pistas sobre cómo activar el buen humor.

Paso 5. Busca un desafío adecuado

Los estudios sobre *flow* han revelado que para entrar en el modo juego hace falta cierto nivel de reto: las actividades pasivas como ver la tele o hacer *scroll* con el dedito no suelen producir experiencias óptimas. Como ya hemos visto, los niños se aburren de lo que ya dominan y enseguida buscan algo más emocionante. Cuando ya caminan buscan las cuestas, luego las escaleras y, si nadie los detiene, acaban haciendo *parkour*. Cada vez que entres en tu refugio de juego, pregúntate: ¿qué desafío descomunal me apetece acometer hoy?

Por otro lado, tampoco hay que pasarse con el reto. ¿Has intentado hacer juegos malabares alguna vez? Seguro que sí, y con mucho entusiasmo, además. Pero probablemente lo habrás abandonado después de unos cuantos intentos porque ¡LAS NARANJAS CAÍAN DEMASIADO RÁPIDO, LAS MUY CONDENADAS! En los estudios de Csíkszentmihályi se comprobó que alcanzar el *flow* requiere equilibrar el nivel de dificultad con el nivel de habilidad. Si te conformas con una prueba facilona, lo normal es aburrirte. Por el contrario, si tratas de acometer una hazaña heroica y nunca vista, lo normal es que la ansiedad y la frustración asomen sus horripilantes cabezas.

Por eso existen las rueditas de principiantes para las bicicletas. Y para aprender a hacer malabarismos han inventado una solución parecida: unos pañuelos que caen MUCHO MÁS LENTAMENTE QUE LAS MALDITAS NARANJAS. ¿Que quieres probarlo ahora mismo? También funciona con bolsas de plástico pequeñas y ligeras (a través del código QR al final del libro puedes encontrar una videoguía).

Equilibrar el nivel de habilidad con el nivel de desafío, manteniéndote en lo que Csíkszentmihályi llamaba el «canal de *flow*», es todo un arte. En el yoga se afina esta habilidad buscando, en cada asana y en cada momento, el punto ideal de estiramiento. Los videojuegos, que van aumentando los retos paulatinamente, también suelen ser excelentes métodos para conseguir el difícil equilibrio.

Por el contrario, la educación escolar prácticamente imposibilita el *flow* para gran parte del alumnado, ya que los profesores no pueden ajustar el nivel individualmente. Los alumnos más brillantes se aburren, unos pocos consiguen fluir, y los demás se angustian. Solo en un modelo de tutoría individualizada, o un sistema libre como los colegios Sudbury, es posible jugar, fluir y aprender de verdad.

En cualquier caso, aunque acertemos con el reto, hay otro paso que a los adultos nos suele costar bastante, y que nos impide jugar incluso cuando lo intentamos...

Paso 6: Vuelve a la presencia

La música es uno de los juegos más maravillosos desarrollados por el ser humano, presente en todas las culturas. No hay juguete más versátil y divertido que un instrumento musical. El propio verbo para describir esta actividad, en inglés, es «jugar» (*to play*... el piano, por ejemplo). Entonces, ¿por qué no suele parecer un juego? ¿Por qué hay tantas personas que sufren los ensayos como un suplicio, y los recitales en público como su peor pesadilla?

El pianista Kenny Werner explica que muchos músicos, cuando ven a alguien que parece disfrutar del instrumento, sienten envidia o se deprimen aún más. No importa cuánto ensayen, o los aplausos que reciban. El resultado nunca parece ser suficiente. ¿Te suena? Esto sucede no solo con la música. Sucede con casi todo en nuestro Mundo del Revés. Cómo vimos en el capítulo 4, hemos interiorizado a un crítico implacable que nos evalúa en todo momento, como en un eterno examen. Por mucho que intentemos construir un refugio seguro, ese siniestro zombi siempre se acaba colando por las rendijas.

En la música puede aguarnos la fiesta por completo. Incluso profesionales que llevan toda la vida tocando en grandes escenarios sienten a menudo que algo falta. Kenny Werner tiene la respuesta para ellos, y para todos nosotros:

LO QUE FALTA ERES TÚ.

¿Qué significa esto? Significa que si tu atención está pendiente del resultado, y por lo tanto de los juicios que se desencadenan («¡Qué bien lo estoy haciendo!» o «¡Ha sido horrible!»), no hay presencia. No estás ahí. Y por lo tanto no puedes fluir.

Su sencillo método lo describe en el libro *Effortless Mastery* ('maestría sin esfuerzo'), que ha ayudado a miles de músicos a superar sus bloqueos más habituales. Lo puedes poner en práctica hoy mismo, aunque nunca hayas tocado un instrumento en tu vida. El primer paso es tocar una nota —solo una— pero desde lo que Werner llama «el espacio». O sea, desde el *flow*, desde el mindfulness, desde el corazón del juego. Con curiosidad y aceptación, pase lo que pase.

Werner insiste en que el espacio no es una experiencia rara ni mística. Al contrario: se trata de notar las sensaciones reales tal y como son —por ejemplo el tacto del dedo pulsando la tecla del piano— y escuchar la vibración sonora que surge, con plena consciencia. Nada más y nada menos. Como cuando mi sobrino Óscar se pone a tocar el piano sin ningún tipo de complejo, alucinando con cada sonido.

Quizá tengas que tocar esa nota varias veces con atención, hasta que puedas decirte con seguridad: «Vale, estoy en el espacio». A continuación, puedes tocar otra nota. Y luego otra. Las que tú quieras, mientras mantengas la atención plena y el corazón abierto. Pero, si te sales del espacio, debes volver al primer paso, y a la primera nota. O empiezas a tocar más lento. Y así sucesivamente, añadiendo con el tiempo más y más notas, estructuras más complejas, y obras completas. Sin prisas, culpas o castigos. Pruébalo y descubrirás que basta entrar en el espacio para disfrutar.

De esta manera, tocar se vuelve un placer SIEMPRE, y no solo cuando por casualidad logras una interpretación perfecta. ¿Existe, por otro lado, una interpretación perfecta? ¿O te condena esta vieja idea a una infinita miseria? Werner aconseja considerar cada sonido que produzcas como el sonido más bello que jamás hayas escuchado.

Cualquiera que practique así su instrumento disfrutará haciéndolo, y por lo tanto tocará con entusiasmo —el dichoso *engagement*— siempre que pueda. Este entusiasmo, como sabe cualquier docente musical, es la clave del progreso, y con el tiempo de la maestría, una maestría que Werner asegura que permanece accesible a cualquiera que siga esta vía juguetona. Sin sufrimiento. Sin esfuerzo alguno.

El método que acabo de describir, si te fijas, es el mismo que recomienda Julia Cameron en su famoso manual *El camino del artista*, cuyos ejercicios describí al final del capítulo 4. Y si escuchas a las grandes figuras del baile, del cine, de la poesía e incluso de la ciencia y el emprendimiento, descubrirás que todas ellas transmiten el mismo mensaje. Inspírate en lo que te rodea y crea libremente. Escúchate en el momento y expresa sin juicios. Se trata de un ciclo tan natural como inhalar y exhalar. Es el secreto mismo de la vida. Y me da igual si lo llamas *flow*, mindfulness, ikigai, el susurro de las musas o el duende flamenco. Werner se inspiró en el zen. Para mi sobrino Óscar, es puro juego.

Paso 7: Destruye tus creaciones

El rito tibetano de los mandalas de arena suele dejar desconcertado a cualquiera que lo presencie. Varios monjes colaboran en un diseño de altísima sofisticación geométrica, empleando arena de distintos colores y unos tubitos que van golpeando para ir soltando los granos poco a poco. Completar esta obra de arte requiere una extraordinaria paciencia, concentración y resistencia física. Uno de los mandalas más complejos, el Kalachakra, contiene nada menos que 722 divinidades. Incluso los más sencillos suelen tardar varios días en completarse.

Sin embargo, el momento más impresionante de toda esta ceremonia llega al final. Después de un tiempo para contemplar el resultado, los monjes proceden a DESTRUIRLO POR COMPLETO. Empleando unas anchas brochas van mezclando de nuevo los colores y recogiendo la arena hasta que no quede ni rastro de todo el meticuloso trabajo artístico. Estos desechos suelen acabar en el río.

Cuando un periodista le preguntó al monje Geshe Rinchen Wangyal que explicara por qué lo hacían, respondió con las siguientes palabras:

—Sí, lo deshacemos del todo, lo destruimos... Es algo gracioso que hacemos.

Al decir esto, Geshe Rinchen mostró todos sus dientes, guiñó un ojo y rio de buena gana, como un niño travieso. Se notó que realmente le divertía la cosa.

Esto a una niña de cinco años no le sorprendería en absoluto. Está acostumbrada a abandonar o regalar las hojas que va dibujando. Destruir lo construido, ya sea un castillo en la arena, una flor de plastilina o una torre de Lego, puede ser lo mejor de todo. Pero a las personas adultas nos cuesta proceder así porque hemos aprendido a valorar el resultado más que el proceso. Si queremos actuar con el desapego de los monjes y los niños, tenemos que entrenar esta actitud.

Por lo tanto, te invito a jugar en secreto. Que nadie se entere. No muestres tus obras. No grabes tu actuación para publicarla en Instagram. Si queda alguna huella de tu actividad lúdica, contémplala durante el tiempo que quieras, y luego destrúyela alegremente. Rompe tu acuarela en mil pedacitos y espárcela al viento. Convierte tu cerámica en añicos. Quema tu libro. Solo así puedes asegurarte de que lo haces por pura diversión. Recuerda que la recompensa la llevas ya dentro. Gracias al juego, te has expandido.

Pero bueno, ¡tampoco nos pasemos! Si no eres capaz de destruir tu creación, o consideras que merece salvarse de la quema, puedes también compartirla con el mundo, claro que sí. A lo mejor has superado la fase de pruebas, de ensayo, de experimentación, de prototipado. Quizá sea el momento de salir del refugio con una obra final o un talento cultivado que merece conocerse. Puede, de hecho, que sea justamente lo que el mundo necesita ahora mismo. Pero incluso si decides hacerlo, que sea un regalo. Entrégaselo al mundo sin preocuparte por las opiniones que puedas recibir. Es esta una de las maneras más bellas de conectar con los demás...

Paso 8: Conecta con los demás

Hasta ahora me he referido sobre todo a juegos solitarios: pintar, escribir, hacer malabares, tocar un instrumento. Pueden ser enriquecedores, sin duda. Pero si juegas con otras personas, la riqueza se multiplica.

Los seres humanos somos la especie más gregaria del planeta. Hemos evolucionado para jugar juntos, en equipos, pandillas y tribus. Por lo tanto, el refugio playful no tiene por qué ser individual. Podemos abrirlo a más personas, ya sea jugando al mismo juego o cada uno al suyo, intercambiando de vez en cuando aprendizajes y experiencias.

Hay muchos motivos para compartir el playfulness. Incluso el hobby más estrambótico, como el *extreme ironing*,[3]

3. Planchar en situaciones extremas, como una expedición de montañismo o un lanzamiento en paracaídas.

puede parecer más razonable si se unen a ti otras personas igual de chifladas. Este apoyo social también ayuda a mantener el compromiso de práctica constante que tanto nos suele costar a los seres humanos, y más aún en el siglo xxi. Por otro lado, la interactividad proporciona nuevas dimensiones al juego: presentar tus ideas, logros y descubrimientos, aprender de los demás y desarrollar habilidades sociales. Stephen King escribe con la puerta cerrada, pero luego abre la puerta en la fase de corrección, para dejar entrar en el refugio a ciertas personas de confianza que puedan darle otra perspectiva. Le ayudan a destruir parte de su creación, como acabo de recomendar en el anterior punto, quedándose solo con lo que merece salvarse y compartir con el mundo.

Como hemos visto, jugar implica enfrentarse a desafíos, y estos conllevan momentos difíciles —amenazas, obstáculos, fracasos— y momentos entusiasmantes —inspiración, logros, celebraciones—. Ambos extremos se viven mejor en compañía. Según los estudios, compartir las noticias positivas aumenta su disfrute, mientras que compartir las negativas atenúa el sufrimiento. Además, un equipo que combina los talentos, los conocimientos, la energía y el tiempo de sus miembros puede afrontar proyectos mucho más ambiciosos.

Jugar en compañía tiene además un poderoso efecto cohesionador. En un experimento del psicólogo Arthur Aron y su equipo, pidieron a varias parejas casadas que realizaran un desafío lúdico muy divertido. Tenían que recorrer todo un camino lleno de pruebas y obstáculos, pero con las muñecas y los tobillos atados en un lado del cuerpo. Avanzaban entre risas, intentando coordinarse lo mejor posible para superar barreras y empujar con sus cabezas una especie de cilindro de espuma. Al final del experimento, se comprobó que estas parejas, en comparación a un grupo de control que había compartido una tarea agradable pero no tan divertida, puntuaron más alto en una escala de satisfacción marital y amor mutuo. Este efecto imán también se produce entre desconocidos, que sienten más cercanía y atracción mutua después de haber jugado juntos.

Por lo tanto, te invito a salir de tu burbuja y buscar compañía lúdica. Hoy en día, en casi cualquier ciudad, existe una gran variedad de espacios diseñados para el playfulness, algunos permanentes y otros temporales. Hay coros, bandas y orquestas. Academias de karate y festivales de teatro clásico. Asociaciones de papiroflexia, de activismo ecológico, de emprendedores. Círculos de lectura, talleres artísticos y tertulias científicas. Bibliotecas, mediatecas, ludotecas, *maker spaces*. ¿Cuáles te atraen más? ¿Se te ocurren otros? ¿Desde cuándo no pisas alguno de ellos?

Una advertencia: para jugar en equipo hay que asegurarse de no se cuele ningún zombi en el refugio. En 2012 Google realizó un estudio exhaustivo de dos años para responder a una pregunta clave: ¿cuáles son los ingredientes de un equipo eficaz? Lo llamaron «Project Aristotle», por la famosa cita de Aristóteles de que «el todo es más que la suma de las partes». Llevaron a cabo cientos de entrevistas, estudiaron a 180 equipos, y realizaron montones de análisis estadísticos de cientos de variables.

La conclusión: los mejores equipos no son los que cuentan con los miembros más inteligentes o más experimentados. Ni siquiera los que cometen menos errores. El factor más importante resultó ser la seguridad psicológica: la sensación de que no vamos a sufrir consecuencias negativas si asumimos riesgos, metemos la pata, decimos verdades incómodas o hacemos tonterías. En otras palabras: hay que construir un refugio seguro para jugar, libre de evaluación, en el que todos los miembros del equipo se apoyen mutuamente.

El resultado de Project Aristotle debió de hacer sonreír a Amy Edmondson, de la Harvard Business School, que llevaba años investigando el concepto de la seguridad psicológica. Según sus estudios, esta sensación reconfortante es fundamental para optimizar el aprendizaje, la creatividad y la eficiencia en los entornos laborales. El diseño de la sede de Google, que parece un parque temático con tobogán, futbolines, piscina, pufs y hasta la reproducción a escala natural de un *Tyrannosaurus rex*, no es un mero capricho. Su arquitectura comunica el mensaje de que *aquí nos tomamos el trabajo como un juego*.

Esta visión no se la inventó Google. Ya en el laboratorio de Thomas Edison, fundado en 1876, los ingenieros cantaban alrededor de un órgano de tubos, se gastaban bromas unos a otros y daban de comer terrones de azúcar a Mr. Bruin, un oso que tenían de mascota. Tampoco es una práctica exclusivamente norteamericana. De hecho, a veces pienso que desde la cultura mediterránea tenemos mucho que ofrecer al mundo en este sentido. La Despensa, una agencia de comunicación de Madrid, ha instalado en su sede una palanca disco, un gigantesco interruptor que parece salido del castillo del doctor Frankenstein. Al activarse se apagan las luces de oficina y se encienden unos focos de discoteca junto con el sistema de sonido. Esta capacidad de saltar del modo trabajo al modo fiesta es sin duda uno de los secretos de su éxito. Yo aún no he visto nada igual en ninguna *startup* de Silicon Valley.

Más allá de los entornos laborales, cualquier vínculo de amor representa un potencial espacio lúdico. La pareja, la familia, la pandilla de amigos. Cuando estas relaciones son saludables, nos acercan a la maravillosa utopía de los nómadas. En estos espacios seguros podemos expresarnos libremente, compartir actividades aparentemente inútiles —un paseo por el bosque, una timba de póker, un karaoke después de la barbacoa— e incluso hacer el tonto sin complejos. Haz lo que puedas por salvaguardar estas valiosas relaciones y por crear momentos de encuentro, a ser posible presenciales y con los móviles apagados. Una de las principales conclusiones de la psicología positiva es que las redes sociales genuinas, esas que ya existían antes de la revolución digital, son claves para el bienestar. ¿Cómo aguantaríamos nuestro Mundo del Revés sin ellas?

Paso 9: Cultiva tu sentido del humor

De todas las emociones positivas, hay una que resulta especialmente adecuada para animar o reanimar el juego: la risa. De hecho, como hemos visto, la risa tiene un claro nexo evolutivo con el instinto lúdico. Reír y jugar suelen ir de la mano, sobre todo cuando jugamos en compañía.

Una de las ventajas de la risa, como catalizador del juego, es que no cuesta nada. Las investigadoras pioneras en emociones positivas, como Alice Isen y Barbara Fredrickson, a veces han usado otros métodos para elevar el tono emocional, como regalar a los participantes una bolsa de caramelos, o dejar que se encuentren «por casualidad» una moneda. Pero en general suelen usar vídeos cómicos porque resulta más fácil y sale gratis. Por eso es también la estrategia que más recomiendo en mi trabajo con empresas, que andan siempre muy pendientes del presupuesto.

Además de esta ventaja, la risa es casi imbatible como método antiestrés. Sabemos que el ejercicio físico tiene una gran capacidad para relajar tensiones, y da cauce al impulso de lucha o huida ante las amenazas. Sin embargo, hay evidencias de que la risa funciona aún mejor. Por ejemplo, en un estudio se comprobó que 20 minutos disfrutando de un monólogo cómico tuvo un efecto calmante mayor que correr sobre una máquina de ejercicio durante ese mismo tiempo. Es como si la risa estuviera diseñada a propósito para ayudarnos a pasar del modo zombi al modo juego. De hecho, numerosos psicólogos han defendido esta dimensión catártica como su principal función. Sigmund Freud describió así el mensaje del humor:

> ¡Mira! ¡Aquí tienes el mundo que parece tan peligroso! ¡No es más que un juego de niños, algo sobre el cual podemos bromear!

Este efecto calmante de la risa puede ser crítico cuando sucede algo, durante el juego, que amenaza el espíritu lúdico: un desafío que asusta, una derrota humillante, un accidente doloroso, un conflicto entre dos o más jugadores. En este libro he citado ya varios ejemplos, como la estrategia de reír ante el inevitable despiste meditativo o las admirables bromas de mi amigo «linfómano». Pero podría citar muchos más.

Mis amigos de TeamLabs, un laboratorio de innovación con sedes en Madrid, Barcelona y Málaga, suelen celebrar el Día del Fracaso, juntándose para compartir los mejores (¿peores?) desastres de sus equipos emprendedores, y lo que aprendieron con ellos. En TeamLabs saben por experiencia que hay que fracasar mucho de camino al éxito, y saben también que fracasar duele. Justamente por eso se empeñan en tomárselo con ironía.

Cultivar el sentido del humor no significa simplemente reír más o tener gracia. Cuando hablamos del sentido del humor como fortaleza, los psicólogos nos referimos a estilos humorísticos *positivos*. Hablamos de compartir bromas de tal forma que todos ríen, o de emplear el humor en situaciones difíciles como las que acabo de mencionar. Mientras que estos estilos positivos se asocian, en diversos estudios, con el bienestar mental y una vida social satisfactoria, no todo el humor es tan sano. Por ejemplo, las personas con un estilo agresivo —esas risotadas maléficas de Cruela de Vil o el Joker de *Batman*— suelen sufrir mayor neuroticismo y peores relaciones.

¿Cómo cultivar este sentido del humor sano? No es tan difícil como a veces se cree. De hecho, el humor tiende a surgir casi inevitablemente cuando nos juntamos los seres humanos, sobre todo en entornos seguros como la amistad. Por lo tanto, en la medida que sigas el paso anterior crearás simultáneamente oportunidades para ir fortaleciendo esta virtud. Dicho esto, existen también prácticas formales para cultivar el humor.

Yo comencé mi propio entrenamiento en serio precisamente cuando me apunté a ese taller de «Humor sin chistes» que nos ofreció Doni Tamblyn en el congreso del ISHS. Lo primero que hizo fue invitarnos a celebrar, literalmente, el fracaso. Un poco como hacía Zorba el griego con su famoso baile. El ejercicio se llamaba la «Herradura Numérica». Nos colocó en fila y nos asignó un número según la posición de cada cual en dicha fila: 1, 2, 3, 4, 5 y 6. Había solo una regla en este juego: si escuchabas tu número, tenías que decir otro de los seis números... ¡Uno! ¡Cuatro! ¡Seis! ¡Tres!... Parece fácil, pero al hacerlo a toda prisa los errores son inevitables, sobre todo porque cada vez que alguien se equivoca tiene que ir al final de la fila, lo que cambia el orden y por lo tanto el número que tiene cada cual.

Doni nos explicó que lo más importante del juego no era decir el número correcto. Lo más importante era celebrar el error. El momento de ir hasta el final de la fila podía vivirse como un castigo, incluso como una humillación ritual. Pero Doni le dio la vuelta:

—Cada vez que te equivoques, ¡celébralo!

Nos lo demostró abriendo los brazos con la pose triunfal de una artista circense y exclamando:

—¡¡TA-CHÁÁÁN!!

A continuación, avanzó orgullosamente hasta el final de la fila con una sonrisa de oreja a oreja, saludando al público como si acabara de completar un triple salto mortal en el trapecio.

—¡Y todos los demás, a aplaudir y vitorearme! ¡¡ESO ES!!

En cinco segundos se generó un ambiente muy festivo. Pensarás que se trata de una estupidez, pero este juego tiene un sentido muy profundo. Estábamos celebrando algo real, valioso, que merece todos los aplausos del mundo.

Nuestra humanidad.

Una máquina dispararía los números perfectamente, uno tras otro, sin equivocarse jamás. Pero los humanos somos maravillosamente imperfectos, incompletos y ridículos. ¿Maravillosamente? Sí, querido amigo o amiga. Porque en esa imperfección está todo nuestro potencial de aprender, crear, crecer y, por lo tanto, disfrutar de la vida plenamente. Caminamos y nos caemos. Opinamos y erramos. Probamos y fallamos. Así con el tiempo, aunque no nos demos cuenta, vamos acercándonos a la perfección. Sin llegar nunca, ¡afortunadamente! (Por cierto, el ejercicio «Afortunadamente», al final de este capítulo, es otra manera fabulosa de entrenar el humor resiliente.)

Paso 10: Varía el juego

La libertad del juego implica también la posibilidad de saltar de una actividad a otra, como hacen los niños y las niñas. Durante la época del Renacimiento (que fue un renacimiento del playfulness), sus figuras más célebres se tomaban esta libertad, combinando aficiones como la pintura, la escultura, la filosofía, la ciencia y la ingeniería. También es habitual esta variedad en el zen, el yoga y otras vías contemplativas, como mencioné en el capítulo 3.

Si nos limitamos a una única vía de playfulness, podemos sufrir desequilibrios nocivos. He citado ya a los jóvenes fenómenos del videojuego, capaces de mil proezas en mundos virtuales pero que descuidan la flexibilidad, la fuerza y las destrezas en el mundo real. Existen muchos otros ejemplos. Intelectuales reconocidos que se olvidan por completo de sus cuerpos, y sufren dolores de espalda, obesidad y problemas cardiovasculares. Deportistas de élite sin recursos interiores en los que apoyarse cuando se retiren o lesionen. Genios de la informática incapaces de relacionarse con los demás o tomar la palabra ante un público. Monjes de una gran profundidad espiritual pero que apenas han salido de su monasterio.

En nuestro Mundo del Revés, imitar el humanismo de Leonardo o Miguel Ángel sería impensable para la mayoría de las personas. Pero en la medida de lo posible, te invito a buscar una cierta variedad y equilibrio. Si trabajas en una actividad más bien física, búscate un hobby intelectual o creativo. Si te pasas el día entre cuatro paredes sin moverte de tu silla, dedícate después al deporte en la naturaleza. Y, hagas lo que hagas, considera volver a la magia del teatro, que te proporcionará una variedad de juego sin fin...

Paso 11: Iníciate en la práctica contemplativa más divertida del universo

El juego de la Herradura Numérica que describí en el paso 9 pertenece a una tradición contemplativa que podría considerarse el polo opuesto de la austera meditación sentada —la misma que conocí hace más de veinte años en el taller de humor sin chistes de Doni Tamblyn—. Voy a decirte ahora cómo se llama, pero no te asustes, que no es tan terrible como suena. Se conoce como la IMPROVISACIÓN TEATRAL.

¿Se te ha acelerado el corazón? En el Mundo del Revés, pisar un escenario suele provocar auténtico pavor. Y si encima se trata de improvisar, sin guion, sin tan siquiera unos tristes apuntes, dan ganas de salir corriendo.

Pero no se trata de esto.

En la «impro», como a veces se conoce entre los amigos, el objetivo no es conseguir aplausos ni actuar bien. Como en todo juego, está permitido hacerlo mal. Incluso FATAL. Por eso, lo primero que aprendimos con Doni Tamblyn fue lo del TA-CHÁÁÁN. Celebramos el error.

Aunque esta práctica contemplativa tiene una larga historia, su gran maestra en tiempos modernos, su fundadora, gurú y madre, fue una mujer extraordinaria llamada Viola Spolin. Su obra ha tenido un impacto incalculable no solo en las artes escénicas, sino también en la educación, la empresa, la salud y el activismo. Pero todo comienza con superar ese dichoso mito de que el escenario solo pueden pisarlo los profesionales. Spolin afirmaba lo siguiente en su libro *Improvisación para el teatro*, que es como la biblia de la impro:

> Cualquiera puede actuar. Cualquiera puede improvisar. Cualquiera que así lo desee puede jugar en el teatro y aprender a volverse «digno del escenario».

Según esta pionera, el teatro no es más que una extensión natural de esas increíbles aventuras que ocuparon buena parte de nuestra infancia: asaltos al castillo, emergencias médicas, romances fulgurantes, viajes interestelares. Si nos chiflaban entonces, ¿por qué evitarlas ahora?

¿Por qué dejárselas solo a las estrellas de Broadway, Hollywood y demás?

La primera vez que ves un espectáculo de impro, parece magia. Los *improv players*, o 'jugadores de impro', piden al público una serie de sugerencias, como el lugar donde comenzará la acción (un museo egipcio), el lugar donde terminará (un submarino), la profesión del protagonista (limpiabotas), un objeto que será fundamental en la trama (un osito de peluche) y el título de la obra (*El maléfico plan de la doctora Grotenflik*). Se apagan las luces, y cuando se vuelven a encender, segundos después, comienza una rocambolesca trama que se desarrolla sin descanso a lo largo de una hora. ¿Cómo demonios lo hacen?

La improvisación teatral se basa en una serie de reglas que los jugadores entrenan, acumulando así cientos, miles, decenas de miles de horas de práctica a lo largo de los años. Aprenden a vivir en la incertidumbre para adaptarse a cualquier situación imaginable: un banquete de boda en Bombay, una excursión a Marte, un congreso de filatelia, una rebelión en una mina de diamantes, la captura de un asesino en serie.

¿Qué es lo que entrenan exactamente? ¿La mímica? ¿Los acentos? ¿La expresión emocional? ¿Las estructuras narrativas?

Todo esto, sin duda. Pero más allá de las técnicas propias del teatro, ejercitan la adherencia a cuatro reglas fundamentales que también pueden aplicarse a otros géneros improvisados como el jazz, el baile en pareja o la conversación:

1. Escuchar
2. Permanecer aquí y ahora
3. Aceptar la propuesta
4. Construir sobre ella

Hay otras que podrían añadirse. Si buscas en Google «reglas de la impro» encontrarás un montón. Pero suelen ser variantes de estas cuatro. Y si te fijas, son prácticamente las mismas instrucciones que las del mindfulness: prestar atención, en el momento presente, sin juzgar, y luego actuar en consecuencia.

En el caso del juego de la Herradura Numérica, la cosa es sencilla. Escuchas el número que se dice aquí y ahora. Aceptas ese número, sea cual sea. Y respondes según el número que toque: si es el tuyo, dices otro; si no es el tuyo, te mantienes en silencio.

En realidad estas cuatro reglas se podrían simplificar en dos: recibir una propuesta y devolver otra. Como en el ping-pong. De hecho, un juego de impro que me encanta guiar consiste literalmente en imitar, en parejas, una partida de ping-pong, tratando de que la mímica sea lo más realista posible. ¿Quieres probarlo? Al golpear la pelota imaginaria, tú dices PING y tu compañera dice PONG. Se trata solo de esto: PING-PONG PING-PONG PING-PONG. Eso sí, con entusiasmo y el mayor realismo posible, tratando de seguir por donde va la pelota (recibiendo) y golpeándola con tu pala imaginaria (devolviendo).

Esta estructura tan sencilla tiene un sinfín de variantes, de menor a mayor complicación. En vez de números podríais intercambiaros sílabas inventadas: PUF-TRAK-PLAS-CHUN-BOINK-TOL-WAU... O palabras más largas que aún no existen en el diccionario: TRINCHO-GURIGÚ-COCOTÓFERO-PALIMPUF... O incluso palabras de verdad, con la regla de que cada palabra guarde algún tipo de relación con la anterior, ya sea por significado o por sonido: ÁRBOL-HOJA-ROJA-AZUL-CIELO-NUBE-SUBE... Si se produce cualquier error o retraso, tampoco hace falta celebrarlo abiertamente, pero sí os animo a mantener la misma actitud festiva ante cualquier problema que surja, y seguir adelante como buenamente podáis.

Uno de los juegos que aprendí de Doni Tamblyn consiste en dar de comer a un hipopótamo. O más bien en elaborar unas instrucciones para dar de comer a un hipopótamo. ¿Qué come un hipopótamo? ¿Cómo se le da de comer? Ni idea. Hay que inventárselo todo en el momento.

Puedes probarlo con tu compañera de ping-pong verbal. El ejercicio consiste en intercambiar palabras, pero esta vez hiladas en frases completas. Os iréis turnando, amigablemente, en decir una palabra cada vez, para ir construyendo el plan:

—MIRAREMOS
—AL
—HIPOPÓTAMO
—A
—LOS
—OJOS
—Y...

¿Imposible? ¡Claro que es imposible! Por eso es tan divertido. Porque no puedes leer la mente de la otra persona, y por lo tanto no tienes ni idea de con qué te podrá salir. De hecho, es inevitable que tus palabras choquen con las suyas. A lo mejor a ti se te ocurre freír un filete de cocodrilo mientras que tu compañera planea preparar un tazón de Corn Flakes.

Las buenas noticias son que da absolutamente igual. El objetivo no es contar un cuento perfecto. Ni por supuesto cumplir tu objetivo de darle al hipopótamo cocodrilo frito. Lo importante es seguir las cuatro reglas que ya te he contado. Escuchar, permanecer aquí y ahora, aceptar la propuesta y construir sobre ella. Nada más y nada menos.

Eso sí, cada una de estas reglas supone un buen desafío. Si intentas escuchar de verdad, descubrirás tu tendencia a no escuchar nada de nada. En vez de prestar atención al juego, verás que tu mente se queda enganchada en tu propia historia, tus preocupaciones, las críticas internas a tu compañera y todo tipo de distracciones. Permanecer aquí y ahora tampoco es fácil, porque solemos mirar mucho hacia atrás y aún más hacia delante, queriendo inventarnos toda la historia desde YA. Lo cual es imposible porque tenemos que cocrearla con alguien que tiene sus propias ideas, que para colmo parecen diseñadas aposta para desbaratar las nuestras.

Esto nos lleva a la regla más endiablada de todas: eso de «aceptar la propuesta». Cuando tu compañera te saca la «cuchara» para sus cereales, en vez de la «sartén» de tu filete, lo normal es frustrarte. ¡Pero cómo se le ocurre decir eso! Y como a tu compañera le pasa exactamente lo mismo contigo, la tensión se va acumulando entre los dos. El conflicto —al intentar imponer tu historia sobre la suya, y ella la suya sobre la tuya— está asegurado. ¿Cuál es la solución? Dejar de luchar y aceptar la dichosa propuesta.

Te advierto que no se trata de tolerarla a regañadientes. Lo que entrenan los *improv players* es una actitud generosa, una aceptación de corazón. ¿Qué sucedería si trataras a tu compañera como si fuera un genio creativo, y su idea la más brillante jamás pronunciada, si te emocionaras visiblemente con cada palabra que te ofrece? Efectivamente, se vendría arriba.

Si ambas partes actúan así, ilusionándose con cada propuesta, no solo disfrutarán muchísimo más del juego, sino que la historia fluirá mil veces mejor. Ambas soltarán «su» historia (lo de permanecer aquí y ahora también se refiere a esto) y se construirá una historia conjunta imprevisible, que nunca hubiera podido crear ninguna de las dos por separado. Cuando sucede esto parece magia.

La cuarta regla es la que más miedo suele dar: construir sobre la idea propuesta. Pero tampoco es para tanto. No hace falta que te inventes todo el cuento, y ni siquiera una frase. Solo la siguiente palabra. En el mundo de la impro circula un dicho muy tranquilizador:

> No traigas una catedral. Trae un ladrillo.

Pues eso. Solo un ladrillo. Como cuando jugabas al Lego. Algo pequeño pero que apoye generosamente a tu compañera. No tiene por qué ser original ni ocurrente. Basta el esfuerzo de escuchar y aceptar. En el caso del juego del hipopótamo, la propuesta se limita intencionadamente a una palabra. Pero en otros juegos existe más libertad, y por lo tanto hay que recordar que la invitación es la misma: trae solo un ladrillo.

Cada vez que juguéis a este juego podéis cambiar el objetivo: robar un banco, escalar el Everest, conseguir el autógrafo de Angelina Jolie. O podríais usar la misma mecánica para inventaros eslóganes publicitarios. O refranes de la abuela. O la letra de un temazo de reguetón. Incluso, cuando hayáis adquirido un poco de práctica, podéis animaros con un cuento de verdad. Le podéis poner un título intrigante como «No es lo que parece, cariño» o «Pesadilla en Marbella». De ahí a montar una obra entera con ese título es solo cuestión de tiempo y práctica.

La improvisación teatral es otra forma más de cultivar la presencia, la apertura y la ligereza —el mindfulness, el heartfulness, el playfulness—, una forma maravillosa, tremendamente divertida y a menudo bastante ruidosa. Tan divertida y ruidosa, de hecho, que parece casi lo contrario de la austera meditación sentada y otros ejercicios típicos del mindfulness. Pero, como vimos en el capítulo 3, también existen tradiciones —como las artes marciales o los debates monásticos de los tibetanos— que se acercan bastante al ruido y la rapidez de la impro. De la misma manera, existen numerosos juegos escénicos individuales, algunos de ellos totalmente silenciosos, que se asemejan sospechosamente a la meditación.

Una de las primeras dinámicas descritas por Viola Spolin en *Improvisación para el teatro* se llama «Escuchar el entorno»:

> Todos se sientan en silencio durante un minuto y escuchan los sonidos de su entorno inmediato.

Esta práctica es idéntica a una de las meditaciones del currículum del MBSR de Jon Kabat-Zinn. Y el libro de Spolin incluye otros ejercicios que se asemejan a la exploración corporal, el caminar consciente, los movimientos de yoga, el *mindful eating* y los diálogos conscientes. La principal diferencia con MBSR es que Spolin propone una variedad mucho mayor de juegos, añadiendo elementos como el uso de la imaginación o la participación de dos o más personas para crear escenas.

La madre de la impro parecía tener clara la dimensión contemplativa de su método teatral. En todos sus juegos proponía un punto de concentración comparable al foco de cualquier práctica meditativa. Consideraba la impro como una forma de jugar que aquieta la mente y libera a los jugadores. Describía el momento presente con palabras que podrían brotar perfectamente de la boca de cualquier maestra de mindfulness: «Un momento de plena consciencia, presencia, tiempo continuo, un momento sin tiempo... con todas tus respuestas despiertas y alertas, listas para guiarte..., permitiendo que tú, el verdadero tú, tu yo natural, emerja». Incluso llegó a describir su método como una meditación en acción.

¿Puede compararse esta práctica tan divertida al mindfulness en cuanto a sus beneficios? Mi amigo Tomás Álvarez, compañero de mil juegos improvisados, suele decir que la impro le salvó la vida.

Yo no puedo decir tanto.

Lo que sí puedo afirmar es que esta disciplina tuvo un impacto en mí comparable al de un romance fulgurante, una conversión ideológica o una revelación espiritual. Y no soy, ni mucho menos, un caso aislado. Es una reacción sorprendentemente común que he comprobado a lo largo de muchos años disfrutando de estos juegos y compartiéndolos en mis cursos, talleres y conferencias. Personas que parecían zombis van despertando con el paso de las horas, moviéndose con soltura, presencia y autenticidad. Se van liberando de viejas ataduras. Conectan con su verdadera naturaleza. Recuperan la nobleza de los pueblos nómadas.

En los últimos años, varios gurús de la impro han defendido la profundidad de esta práctica. David Razowsky, ex director artístico de la mítica escuela Second City, lo considera teatro budista. Patricia Ryan Madson, profesora de la Universidad de Stanford, ha publicado un libro titulado *Improv Wisdom* ('La sabiduría de la impro'). Ted DesMaisons, profesor de MBSR como yo, ha desarrollado un método para cultivar la presencia y el corazón abierto mediante estos juegos: *Playful Mindfulness* ('mindfulness lúdico'). Y los libros del genial violinista Stephen Nachmanovitch también exploran la relación entre la tradición improvisadora y la auténtica vitalidad:

> El proceso creativo es un camino espiritual. Esta aventura tiene que ver con nosotros, con el yo profundo, con el compositor que tenemos todos dentro, con la originalidad,

que quiere decir no aquello que es completamente nuevo, sino aquello que es total y originalmente nosotros.

Aún existen pocos estudios científicos sobre esta disciplina, sobre todo en comparación con la investigación sobre prácticas de mindfulness convencionales. Sin embargo, en los últimos años se están acumulando intrigantes evidencias de sus beneficios para la salud mental y la creatividad. Además, el neurocientífico Charles Limb ha comprobado en su laboratorio de la Universidad Johns Hopkins que durante la improvisación se desactiva una pequeña zona del cerebro: la corteza dorsolateral prefrontal. ¿A qué se dedica esta zona? Entre otras cosas, es la que evalúa el resultado. La que inhibe nuestra creatividad natural. He aquí un primer indicio de que la improvisación nos ayuda a mantener a raya al temido censor interno, liberando nuestra espontaneidad y dejándonos disfrutar de la experiencia tal y como es.

La vida se improvisa. No sabemos lo que va a suceder ni siquiera durante los próximos cinco minutos. Pero los juegos de Viola Spolin y sus discípulos nos preparan para casi cualquier situación imaginable. ¿Te apuntas a la aventura de la impro? Al final de este capítulo encontrarás algunas pistas para comenzar.

Paso 12: Medita (al menos un poco)

Es cierto que la meditación sentada pueda asemejarse a una jeringa hipodérmica, sobre todo al principio. Sin embargo, vale la pena enfrentarse a ella —y cuanto antes, mejor—. No es casualidad que todas las tradiciones contemplativas coincidan en esta práctica. O que tanta gente, desde Tara Brach a Clint Eastwood, la recomienden.

El silencio, la quietud y la simplicidad que ofrece son un maravilloso refugio al que escapar de nuestro ruidoso y agitado Mundo del Revés. En ese espacio seguro, lejos de tanta confusión, resulta más fácil conectar con lo esencial, conocerse mejor, alcanzar una visión más clara sobre la realidad. Además, creo que ciertas lecciones importantes solo pueden aprenderse ahí. Por ejemplo, si eres capaz de disfrutar sin hacer nada de nada resulta mucho más fácil sacarle la chispa lúdica a las colas del aeropuerto, incluso si se te acaba la batería del móvil.

Una de las ventajas de la meditación clásica es que puedes practicarla casi en cualquier momento. No requiere balones, fichas, pinceles ni instrumentos musicales. No molesta a nadie ni requiere la colaboración de otros jugadores. Da igual tu forma física o tus habilidades. Y, a diferencia de otros juegos más activos, puede practicarse durante horas sin agotar el cuerpo ni provocar lesiones.

Para colmo, la meditación parece ser una gran forma de potenciar el playfulness. Hace algunos años asistí a un acto en Madrid en el participó el dalái lama. Al final de la sesión me acerqué al mítico líder del budismo tibetano y tuve la oportunidad de hacerle una pregunta:

—Su Santidad, siempre está riendo y bromeando, y es algo que resulta poco común en una persona con sus responsabilidades..., ¿qué relación cree que existe entre la risa y la espiritualidad?

Según mi experiencia, cuando preguntas a alguien sobre el humor, lo primero que suelen hacer es reír. Pero en este caso sucedió lo contrario. El líder tibetano se quedó muy serio durante un largo rato, meditando la cuestión y cogiendo mis manos entre las suyas, haciendo lo que solo puedo describir como la perfecta fusión entre un masaje y una caricia. Una gozada, vamos, sobre todo cuando es el dalái lama quien lo hace. Finalmente llegó su respuesta.

—Con la práctica espiritual, se consigue una tremenda fuerza interior. Con esta fuerza llega una gran paz. Y creo que de esta paz surge, de manera espontánea..., ¡el humor y la risa!

Dicho esto, se echó de nuevo a reír como un niño travieso, me dio unas tortitas en la cara y siguió su camino entre el gentío.

¿Tenía razón el dalái lama? ¿Es la vía espiritual un camino para desarrollar una actitud ligera y risueña? Existen algunos indicios que apoyarían esta afirmación. Por ejemplo, de las 24 fortalezas humanas que identificaron Martin Seligman y Christopher Peterson, en los inicios de la psicología positiva, las dos que tenían una correlación más fuerte resultaron ser el humor (también conocida como *playfulness*) y la espiritualidad. En otras palabras: las personas con más actitud lúdica suelen ser también personas altamente espirituales, y viceversa.

Se ha comprobado también que el mindfulness se relaciona positivamente con estilos humorísticos sanos (reír con los demás y reír en situaciones difíciles) y negativamente con los estilos malsanos (como la risa agresiva). Pero el dato más intrigante lo ha aportado un reciente experimento de la Universidad de Zúrich, en el que un curso de ocho semanas de mindfulness clásico (similar a MBSR) intensificó la fortaleza de «humor/playfulness» de un grupo de participantes en comparación con un grupo de control. Este cambio significativo se mantuvo al menos durante seis meses.

Quizá ahora, gracias al playfulness, puedas volver a acercarte al juego puro de la meditación. Buscando el *flow*, sin forzar nada, con una sonrisa. ¿Cuál sería un reto meditativo adecuado para ti? ¿Cuántos minutos? ¿En qué postura? Pueden bastar unos momentos de recogimiento, como los que se regalan los karatekas al inicio y al final de su combate. O una breve práctica relajante en posición tumbada, como al final de las clases de yoga. Con el tiempo, puedes ir aumentando el tiempo y aprendiendo a meditar en postura sentada. Pero no hay prisa. Esto no va de conseguir nada, sino de estar aquí y disfrutar de ello. ¿Has practicado ya los juegos del final del capítulo 3?

Paso 13: Juega siempre que puedas

En este Mundo del Revés, es fácil desesperarse con la idea de que la vida se nos escapa de las manos.

—Los proyectos laborales, las responsabilidades familiares, los trámites administrativos... ¿¿De dónde saco tiempo para mí??

La primera vez que participé como alumno en un curso de MBSR, mi profesor, Gustavo Díez, nos compartió una frase que nunca se me olvidará: «TODO el tiempo es tu tiempo».

Hay una gran sabiduría en estas palabras. Lo que suceda en tu vida puede gustarte o no, pero cada momento te pertenece. La cuestión es: ¿te atreves a abrirte a la realidad, con todas sus consecuencias, soltando el pasado, aceptando lo que ya está aquí y construyendo creativamente sobre ello?

Si la respuesta es que sí, en ese mismo momento tu vida se convierte en juego. Puede que sea solo durante un ratito: un paseo en el que tus pies se mueven como en un baile, un estilo original de tender la ropa, un lunes por la mañana en el que te das cuenta del teatro cotidiano que te rodea, llegando a sentir compasión hasta por tu jefe mientras te grita iracundo. Momentos de despertar que pueden parecer pequeños, pero que dejan su huella. Momentos de vida auténtica.

¿Y si empiezas a dibujar las escenas de tu oficina como una tira cómica? ¿A entrar en una tienda como si fueras una espía? ¿A experimentar más en la cocina? ¿A iniciar una conversación con la cajera del peaje de la autopista? ¿A disfrutar, de verdad, de cada sorbo de tu próximo vaso de agua? ¿A hacer algo que nunca has probado, todos los días? ¿A preguntarte, al participar en una reunión de vecinos tensa, cómo podrías transformarlo en un musical de Broadway?

Aunque la actitud lúdica requiere soltar el resultado, puede ser perfectamente compatible con las responsabilidades serias. De hecho, como hemos visto, los resultados suelen ser mejores cuando trabajamos con entusiasmo, pero sin apegarnos al resultado. ¿Hasta qué punto puedes aplicar los pasos de este camino espiritual en cada ámbito de tu vida? ¿Cuánto puedes subir el porcentaje lúdico de tu actividad laboral, tu vida familiar, tus tareas rutinarias? Solo hay una forma de descubrirlo: probando.

Paso 14: Cuídate (y también a los demás)

El juego es fantástico, pero, como todos sabemos, tiene sus riesgos. Por su naturaleza, implica equivocarse, fracasar y caer. El camino de baldosas amarillas pasa por bosques tenebrosos, y hay monos voladores y brujas sueltas por ahí. De vez en cuando podemos sufrir consecuencias serias. Es lo que tiene la vida.

Por lo tanto, conviene cuidarse, y cuidar también a todas las personas con las que jugamos. Ya he citado varios elementos de esta atención cuidadosa: crear un refugio seguro, evitar los juicios y el humor agresivo, limitar el nivel de desafío, variar el juego, mantenerse en el momento presente con los sentidos bien despiertos. Desde los primeros juegos de una madre con su bebé, el playfulness requiere un entorno amoroso para florecer.

Una de mis pesadillas, al escribir este libro, ha sido imaginarme a algún lector tan entusiasmado con su mensaje que acabe mandando al cuerno su carrera y su familia para dedicarse por fin a la pintura abstracta. ATENCIÓN: no te fíes de Paulo Coelho. Perseguir tu sueño no garantiza que el universo conspire a tu favor. De hecho, basándome en mi experiencia, el universo suele pasar olímpicamente de tus proyectos. Como ya hemos visto, lo normal es fracasar.

Si quieres entregar tu vida al arte, a tu novela o al tiro con arco zen, que sea en tus ratos libres, o cuando hayas ahorrado el suficiente dinero para financiarte un año sabático. Si a pesar de todo decides arriesgarte, prepárate para vivir una vida más austera en lo material. En nuestro Mundo del Revés no nos queda más remedio que dedicar buena parte del tiempo a la supervivencia. ¡Que luego no me venga tu familia a pedirme cuentas!

Otro peligro típico es engancharte demasiado. Lo he citado ya en relación con los videojuegos, pero puede suceder en otros ámbitos. Miguel Ángel dedicó jornadas maratonianas a la Capilla Sixtina durante cuatro años, entre quince y dieciocho horas al día. Temo que se había obsesionado por el resultado, cayendo del paraíso que su propia obra retrataba. A mí me pasa también con mis libros —este incluido—, que me despiertan a las tres de la mañana con un imparable torbellino de ideas.

Conozco a muchos emprendedores, académicas y artistas que apenas se dan un respiro, con la excusa de que disfrutan de su trabajo, hasta el punto de descuidar su cuerpo, su mente y sus familias. Y también a fanáticos del playfulness que se llenan los fines de semana, las vacaciones y cualquier rato libre con viajes, citas, cursos y demás actividades. Intentan huir de los zombis con tanta prisa que acaban imitándolos.

Jugar está bien.

Está incluso muy bien.

Pero también hay que descansar.

Hoy en día, en el mundo de los autónomos, de las *startups* y de otros entornos vocacionales, muchas personas consideran normal una jornada de 80 o incluso 100 horas semanales. Han interiorizado al zombi esclavista. ¿Fin de semana? ¡Eso es de viejos! ¿Ocio? ¡A mí lo que me apasiona es mi proyecto! Los trabajadores de Edison se divertían, pero apenas veían a sus familias, ya que a menudo permanecían en el laboratorio hasta altas horas de la madrugada. El CEO de Google entre 2001 y 2011, Eric Schmidt, recientemente criticaba a su antigua empresa por permitir que los empleados disfruten de horarios más razonables:

> Google decidió que el equilibrio entre la vida laboral y personal, llegar temprano a casa y trabajar desde casa, era más importante que ganar. Y en el caso de las *startups*, la razón por la que funcionan es porque la gente trabaja sin descanso. Siento ser tan directo, pero el quid de la cuestión es que si montas una *startup* no puedes dejar que la gente trabaje desde casa y solo venga un día a la semana.

Hay quien ironiza que todo eso de los futbolines, los pufs, las fiestas y los cereales gratuitos sirve para compensar el hecho de que en algunos de estos entornos los empleados no tienen vida fuera de su empleo. La oficina se ha convertido en su hogar. En mi caso, como profesional autónomo, es al revés: mi hogar se ha convertido en mi oficina. Y a veces me resulta difícil desconectar, mientras que no me cuesta nada llenar todas las horas disponibles con tareas más o menos urgentes. Suelo evitar el trabajo en fin de semana, pero reconozco que hoy estoy escribiendo estas líneas un domingo por la mañana.

¡TA-CHÁÁÁÁÁÁÁN!

Paso 15: Explora por tu cuenta

¿Qué te creías? ¿Que yo me sé el camino? Yo también lo estoy buscando, a trancas y barrancas, perdiéndome cada dos por tres. Además, no hay mapa ni guía que pueda incluir todos sus vericuetos. En este capítulo he descrito 15 pasos, pero podría haber añadido otros 27. Por lo tanto, te invito a que continúes explorando el playfulness por tu cuenta. ¿Te abruma la idea? En realidad no es para tanto. Recuerda que la exploración apasionada es el propio destino, y perderse, parte de la diversión. No hay prisa por llegar. De hecho, ya has llegado. El Shambhala del playfulness está siempre aquí, en el propio fragor de la aventura.

Te recomiendo que sigas la pista a los peregrinos y peregrinas que he citado en estas páginas —desde los yoguis y filósofos de la Antigüedad a Viola Spolin y su alegre tropa de *improv players*—, y también a los miles que no he podido citar, ya sea por falta de espacio o por desconocimiento. Expertos en creatividad. Cantantes líricas. Panaderos artesanos. Surfistas sabias. Si te pones a buscar, verás que están en todas partes. Que estamos en todas partes. Esperando a que te unas a esta alegre rebelión.

IMPRO TEATRAL PARA PRINCIPIANTES

Tiempo: Una hora a la semana está bien para empezar.

Materiales: Tu cuerpo, tu voz y hasta la última de tus neuronas. Para algunos de estos ejercicios vas a necesitar además compañeros/as de juego.

Descripción: Hay una infinidad de juegos de impro, que encontrarás en libros como los de Viola Spolin, en la web, y en talleres a los que te animo a apuntarte. He aquí algunos para iniciarte en esta disciplina. En todos ellos, hay que recordarse, continuamente, que no se trata de conseguir ni demostrar nada. No hace falta ser creativos o hacerlo bien. Se trata solo de escuchar, estar presente, aceptar la propuesta y construir sobre ella. ¡Es solo un juego! (NOTA: si te apuntas a un curso de impro y no se respira un ambiente seguro y juguetón, ¡cambia de profe!)

LIBERANDO EL CUERPO

1. Comienzas en postura de pie, dirigiendo tu atención hacia el dedo meñique de la mano izquierda. Observas las sensaciones ahí durante unos segundos, y lue-

go «liberas» ese dedo para que pueda moverse. No se trata de pensar en cómo moverlo, planear o pensar qué hacer, sino escuchar y responder: ¿cómo quiere moverse?

2. Después de un rato disfrutando de este movimiento, liberas el dedo anular. Luego el corazón. Y así sucesivamente, hasta que los cinco dedos se muevan libremente, de forma coordinada o por separado.
3. Esta onda de libertad se va extendiendo gradualmente por la mano y el brazo.
4. A continuación se van liberando la mano y brazo derechos. Luego el tronco desde la cintura, el cuello y la cabeza, los músculos de la cara. Finalmente las piernas, de tal forma que los pies puedan despegarse del suelo si quieren. Todo esto va sucediendo sin ninguna prisa, al ritmo que tú quieras.
5. Si lo deseas, puedes también liberar la voz, soltando los sonidos que te apetezcan: gemidos, berreos, risas, bostezos, palabras sueltas, melodías...
6. Continúas este ejercicio de escucha y movimiento hasta que te apetezca.
7. A lo largo de todo el proceso permanece muy cerca de las sensaciones, tratando de saborearlas, escuchando el cuerpo para saber cómo quiere expresarse. No hace falta hacerlo bien. Ni sentirte bien. No hay un bien o mal aquí. Todo lo que sucede está permitido. Te abres a cualquier cosa que surja, lo mejor que puedas.
8. Si notas que te estás juzgando, o que aparece la vergüenza, trata de abrirte también a esto. Incluso puedes incorporarlo a los movimientos.
9. OPCIONAL: añade una banda sonora a este juego. Cuanto más variada sea la *playlist*, mejor: música clásica, swing, baile irlandés, punk, danza indonesia con gamelán, el sirtaki de Zorba el griego.

EL BOLSO DE MARY POPPINS

1. Busca a un compañero o compañera, y os situáis frente a frente.
2. Uno de los dos comienza a sacar cosas de un bolso imaginario, como el de Mary Poppins, pero con la condición de que tienen que ser cosas ORIGINALES. O sea, interesantes, curiosas, extraordinarias. Algunos ejemplos: una máquina de invisibilidad, una partitura de ópera del siglo XVIII, un ornitorrinco...
3. Cada vez que saca algo, lo muestra (con mímica y posiblemente efectos sonoros) y luego lo arroja por detrás de su hombro. Inmediatamente, busca algo nuevo en el bolso.
4. Continúa así durante unos 3 minutos, y luego le toca a la otra persona durante otros 3 minutos.
5. ¿Qué tal? ¿A que es una tortura este ejercicio? Al intentar sacar cosas originales, lo normal es bloquearse, frustrarse, sudar. Esta instrucción activa nuestra mente evaluadora, haciendo que nos caigamos una y otra vez del espacio del que habla Kenny Werner.
6. Ahora repetís el juego, pero en este caso sacando cosas NO ORIGINALES. Vale cualquier objeto, aunque sea absolutamente ordinario: un peine, un papel, un zapato, otro zapato, otro zapato... Incluso podéis inventaros objetos inexistentes, como un punigú o un fofoncho.
7. ¿Qué tal esta segunda vez? ¿Fluisteis más? ¿Disfrutasteis más? Así suele ser. Y lo curioso es que en esta variante también suelen salir del bolso una buena cantidad de cosas originales.
8. La lección aprendida en este juego se puede aplicar a TODOS los juegos. No se trata de ser original, de hacerlo bien o impresionar a nadie. El objetivo es

hacerlo lo mejor posible, disfrutar y olvidarse del resultado.

AFORTUNADAMENTE

1. Busca a un compañero o compañera, y os situáis frente a frente.
2. Una de las personas dice una mala noticia (inventada o no).
3. La otra tiene que responder al instante con una frase que comience con la palabra afortunadamente y que explique por qué en realidad se trata de una noticia FANTÁSTICA. Lo importante es responder sin dudarlo y con mucha emoción, como si fuera la mejor noticia que podían darnos. No se trata de dar con una respuesta sensata, sino de soltar lo primero que salga, que puede ser muy surrealista. Y si lo es, ¡mejor! Un ejemplo: «Sorpresa, son trillizos». Respuesta: «¡Afortunadamente, con tres se puede hacer malabares!».
4. Al final podéis reflexionar sobre el ejercicio. ¿Cómo os sentís? ¿Sirve para algo esta tontería? ¿Tiene aplicaciones en la vida real?

MENSAJE URGENTE

1. Este ejercicio es para un grupo de 6-20 personas, que se distribuyen en círculo.
2. Una empieza dando una palmada hacia la persona que tiene a la derecha o a la izquierda, con mucha presencia, mirándose a los ojos, como si fuera un mensaje muy significativo.

3. Esta segunda persona recibe el mensaje y lo pasa a la siguiente persona en el círculo con una nueva palmada.
4. El mensaje sigue su curso por todo el círculo.
5. Hay que recibir y pasar el mensaje lo más rápido posible, pero manteniendo el contacto visual entre la persona que da y la que recibe.
6. Cuando ya se ha aprendido la dinámica, se introduce la posibilidad de que el mensaje rebote: si tú me lo pasas, puedo recogerlo con una palmada y luego devolvértelo con una nueva palmada a ti, cambiando la dirección.
7. Cuando ya se ha integrado esta posibilidad, se comienzan a añadir mensajes adicionales al primero. Circulan dos mensajes a la vez, o incluso más. Si hay errores, se intenta «resolver» la situación como sea, sin hablar ni hacer gestos de ningún tipo.
8. Otra variación más avanzada es permitir que el mensaje pueda pasarse a cualquier persona del grupo, sin respetar el orden del círculo.
9. Y para divertiros en serio podéis probar a pasar no una palmada, sino algo más complejo: una frase con un gesto que deberá imitarse fielmente (taconazo, saludo militar, «¡Ahora mismo, mi coronel!»; expresión preocupada, manos en la cabeza, «¿Dónde están las llaves?»). Esta variante requiere cruzar el círculo para colocarse delante de la persona que va a recibir el mensaje. Se pueden introducir dos o tres mensajes de este tipo que puedan circular a la vez en cualquier dirección.

9

REVOLUCIÓN PLAYFULNESS

> Nuestra civilización montó un desafío mentiroso..., una vida de derroche y despilfarro. En el fondo constituye una cuenta regresiva contra la naturaleza y contra la humanidad como futuro. Civilización contra la sencillez, contra la sobriedad, contra todos los ciclos naturales, pero peor. Civilización contra la libertad que supone tener tiempo para vivir las relaciones humanas, lo único trascendente: amor, amistad, aventura, solidaridad, familia. Civilización contra el tiempo libre que no paga, que no se compra y que nos permite contemplar y escudriñar el escenario de la naturaleza.
>
> JOSÉ *PEPE* MUJICA, floricultor
> y expresidente de Uruguay

Hace unos meses, mientras escribía sobre el apocalipsis zombi, tuve que cerrar mi pluma estilográfica y salir corriendo para acompañar a David, uno de mis mejores amigos, a urgencias. Había sufrido un ataque de pánico al llegar a su puesto de trabajo en una de las empresas más poderosas del país. A los pocos días trató de volver a la oficina, pero a media mañana le sobrevino una nueva crisis y acabó otra vez en el hospital. Después de varias citas médicas, un psiquiatra le diagnosticó el síndrome de nuestra era.

Trastorno depresivo. *Burnout* de manual. Zombificación extrema.

El hospital al que acudimos se encontraba por casualidad junto al barrio donde David y yo crecimos juntos. La entrada de urgencias desembocaba casi directamente en la plaza donde aprendimos a montar en bicicleta. Un poco más abajo estaba la parada del autobús desde la cual volvimos a casa borrachos por primera vez a los quince años.

Le acompañé a pasear por esas calles llenas de recuerdos: partidos de fútbol callejeros, antiguas novias, el videoclub donde pasábamos horas para elegir la película de la tarde. Pero David era absolutamente incapaz de ver nada de eso. Sus ojos apagados no reconocían los rincones familiares. Su boca tensa me respondía en monosílabos. A mí se me encogía el corazón al verle así, atrapado en su infierno.

Como mi amigo no lograba trabajar en ese estado zombi, se cogió una baja indefinida. Mientras tanto le recetaron un cóctel de fármacos para animarse: antidepresivo, ansiolítico y somnífero. Comenzó a visitar a una terapeuta con regularidad. Y por primera vez se interesó en esas cosas tan raras que yo hacía sobre un cojín, se apuntó a mi club de meditación online y siguió mis audios de práctica religiosamente. Pero yo me daba cuenta de que no bastaba.

—Mira, David —le insistí repetidas veces—, tienes que encontrar algo que te apasione, que te llene de vida. Llevas años dejándote cuerpo y alma en una actividad frenética. Trabajando para tu jefe, llevando a tus hijos de un lado para otro en coche, haciendo las compras en el hipermercado, sacando a pasear al perro. ¿Cuándo vas a hacer algo por ti? Algo que quieras hacer sin más. ¿Qué es lo que quieres de verdad?

—Bah —me respondía, con expresión abatida—. Yo lo

único que quiero es volver a estar como estaba antes. ¡Quiero volver a ser el David de siempre, joder!

Intenté explicarle que el David de siempre no existía. Para salir del atolladero no podía volver al pasado. Tenía que emprender un viaje hacia algún David futuro, un David lleno de proyectos, chispa y entusiasmo. Pero la triste realidad —que yo sé, pero también me cuesta aceptar— es que no podemos arreglarles los problemas a los demás. Con todo mi conocimiento de psicología, de mindfulness, de playfulness, lo único que podía hacer por mi amigo David era estar con él. Acompañarle en su propio y doloroso proceso.

LA SEMILLA BROTA

Dicho esto, a veces las palabras se convierten en semillas. Parecen inertes al caer sobre la tierra, pero cuando ya te has olvidado de ellas pueden brotar repentinamente un día, convertirse en árboles y dar frutos inesperados.

Quizá fuera esto lo que le sucedió a David casi cuatro meses después de su primer ataque de pánico. Gracias a los fármacos, la psicoterapia y el mindfulness había conseguido incorporarse al trabajo, pero seguía pareciendo una sombra de aquel «David de siempre» al que quería volver. Finalmente, durante las vacaciones navideñas su mujer le habló de un concierto gospel que anunciaban en el teatro de su barrio. Como en otras ocasiones, su actitud negativa lo llevó a resistirse.

—No va a merecer la pena —pensó—. Será el típico coro *amateur*. Sonará espantoso. Querremos huir de allí después de los primeros dos minutos.

Afortunadamente, su mujer insistió y David se dejó arrastrar al concierto.

Aquello fue como una revelación. Sobre el escenario, cuarenta artistas aficionados cantaban, bailaban y batían las palmas, llenando el teatro de alegría. Desde la primera canción algo en David se despertó. Casi sin darse cuenta su cuerpo empezó a moverse al ritmo de *When the Saints Go Marching In* y otros clásicos del gospel. Su voz se unió a ese canto que une la música espiritual de Occidente con los divertidos ritmos de África. Y al acabar el concierto sintió en su interior una potente llamada: tenía que apuntarse a eso... ¡inmediatamente! Así lo hizo.

La transformación que se produjo en David a partir de aquel momento fue asombrosa. Como los Blues Brothers, había visto la luz. De un día para otro se puso a cantar todos los días: en el coche, en la ducha, en el salón de casa. No se trataba de una conversión religiosa, ya que seguía siendo tan ateo, o al menos tan agnóstico, como siempre. Fue más bien el despertar de su espíritu lúdico, que llevaba años dormido. Había retomado el camino del playfulness con una práctica regular, en un espacio seguro y con un grupo de gente encantadora.

El 25 de mayo, el día antes de mi cumpleaños, fui a ver a David en su primer concierto. Fue sin duda el que más saltó, el que más alzaba los brazos, el que bailaba con mayor emoción. Su niño interior estaba totalmente desatado. La cáscara de zombi se había desprendido por completo, dejando salir por fin no al David de siempre, sino a un nuevo David vivo y en pleno crecimiento. No me podía haber entregado un regalo más maravilloso.

Enderezar el Mundo del Revés

Aunque el caso de David es anecdótico, a mí me ha convencido más allá de cualquier estudio científico que el playfulness funciona DE VERDAD. Me ha permitido comprobar de primera mano que incluso en casos de zombificación extrema es posible recuperar la vitalidad perdida. ¿Logrará este libro despertar a unos cuantos más? ¡Así lo espero!

Sin embargo, temo que la salvación individual —ya sea mediante el arte, la meditación o los juegos teatrales— no va a ser suficiente. Por mucho que David se cuide cantando en su coro revitalizante, el siniestro ecosistema zombi en que trabaja seguirá amenazando su bienestar día tras día. Y no solo el suyo. Cuando mi querido amigo consiguió volver a la oficina después de su larga baja laboral, varios colaboradores estrechos le confesaron en susurros haber sufrido crisis similares, hasta el punto de verse obligados a recurrir a soluciones farmacológicas, psicoterapia y demás remedios. Detrás de las apariencias, las máscaras, los «buenos días, qué tal todo, aquí, tirando» se escondían otras historias terroríficas de sufrimiento.

La empresa de David no tiene nada de extraordinario. Las jerarquías piramidales, la presión por alcanzar metas, la evaluación constante, las prisas y la alienación son la normalidad en buena parte del mundo laboral, a lo largo y ancho del planeta. La seguridad psicológica que se recomienda en los cursos de *management* brilla por su ausencia. Peor aún: la competitividad y los rankings se han extendido a ámbitos supuestamente lúdicos, como esos jugadores de tenis o de fútbol que hacen de todo menos jugar.

Recientemente conocí la historia de Henry Thurlow, un talentoso dibujante norteamericano que se esforzó durante años hasta convertirse en profesional de los dibujos animados. Como tantos otros artistas de la generación Z, descubrió rápidamente que pagar sus facturas con trabajillos *freelance* no iba a ser nada fácil. Para colmo le aburrían los encargos: jueguecitos web, programas infantiles, vídeos musicales. Aquello no le parecía arte DE VERDAD. Por eso decidió perseguir su sueño de toda la vida: mudarse a

Japón y trabajar en los legendarios anime, esas fantásticas películas basadas en los cómics manga.

Thurlow siguió el camino que nos marca el Mundo del Revés para triunfar. Tardó cuatro años en aprender japonés, hacer contactos, crear materiales de muestra adecuados. Finalmente consiguió lo que parecía imposible: convertirse en uno de los primeros occidentales empleados por una productora de anime. En este codiciado puesto llegó a dibujar los zombis devorahumanos de la popular serie *Tokyo Ghouls*. ¡Su sueño hecho realidad!

Pero el sueño rápidamente se transformó en pesadilla. Thurlow dibujaba bajo una presión brutal, diez horas al día, seis días por semana. A veces, cuando una entrega se retrasaba, le obligaban a trabajar hasta mes y medio sin un solo día de descanso. El joven acabó tres veces en el hospital por agotamiento y otras enfermedades. Se estaba convirtiendo en un medio *ghoul* como Ken Kaneki, el zombificado protagonista de *Tokyo Ghouls*. Y, aun así, su retribución no se acercaba ni remotamente al salario mínimo.

Así malviven incontables dibujantes, escritoras, deportistas, actrices y músicos, atrapados en la maquinaria de nuestro gigantesco sistema económico como cualquier peón de fábrica. Mientras tanto hay una pequeña minoría, las estrellas, que salen de limusinas para caminar sobre alfombras rojas, provocando admiración y envidia a partes iguales. Representan la proverbial zanahoria que perseguimos ansiosamente. O el suculento plátano que los científicos emplean en el laboratorio para motivar el ingenio de los chimpancés.

El plátano más codiciado

Recientemente, el artista contemporáneo Maurizio Cattelan pegó un plátano a la pared con un trozo de cinta adhesiva gruesa. Poco después, Sotheby's subastó esta «genialidad» por 6,2 millones de dólares. El ganador de la puja fue Justin Sun, un adinerado emprendedor de criptomonedas que procedió a comérselo felizmente delante de los incrédulos periodistas. Te aseguro que se trataba de un plátano normal y corriente. Lo había comprado Cattelan en un puesto callejero de fruta por menos de un dólar algunas horas antes. Cuando el frutero, Shah Alam, se enteró de la noticia, rompió a llorar. Gestionaba su puesto desde hacía años por 12 dólares la hora.

—Soy un hombre pobre —le explicó desolado al reportero de *The New York Times*—. Nunca he tenido esa cantidad de dinero. Nunca he visto esa cantidad de dinero.

¿Podemos tomarnos en serio este Mundo del Revés?

¡De ninguna manera! De hecho, ni siquiera Maurizio Cattelan lo hace. Al contrario: su controvertida pieza, sospechosamente titulada *Comedian* ('comediante'), parecía burlarse descaradamente de la escena artística, y por extensión de todo este teatro del absurdo en el que vivimos. «¿Incluso ESTO lo vais a considerar arte? —me lo imagino preguntarse, mientras pegaba su plátano a la pared—. ¿Cuánto estaríais dispuestos a pagar por semejante patochada en Sotheby's?»

A Cattelan se le conoce como un bufón provocador. En 1992 montó una fundación que ofrecía una beca de 10.000 dólares para que algún joven artista NO exhibiera ninguna obra durante un año. Actualmente edita una revista de arte llamada *Toiletpaper*, que podría definirse como un elegante sopapo surrealista a nuestra cultura zombi.

¿Es Cattelan un artista de vanguardia o un simple estafador? La crítica no se pone de acuerdo. Y quizá esta duda sea su principal mensaje: hoy en día, en nuestro Mundo del Revés, resulta imposible distinguir uno del otro. El polémico creador italiano creció en una familia tan humilde como la de Shah Alam, su madre, una trabajadora de la limpieza, su padre, un conductor de camiones. No estudió en ninguna academia y reconoce que no sabe pintar como Frida Kahlo ni esculpir como Miguel Ángel. Algunas de sus obras más famosas —como un retrete dorado que tituló *América*, o una estatua muy realista del papa Juan Pablo II derribado por un meteorito— se los encargó a otros artistas. Su propio estrellato es un escándalo incomprensible. Quizá por eso mismo se mofa de las galerías que le presentan como un genio, de cualquiera dispuesto a pagar 6,2 millones de dólares por un plátano, de una civilización que ha perdido el norte.

Esto no es serio

Lo ÚLTIMO que debemos hacer es tomarnos en serio nuestro Mundo del Revés. Pero tampoco podemos ignorarlo, porque nos fastidia el derecho de todo ser humano a jugar tranquilamente, y por lo tanto a disfrutar de la vida. Sobre todo en el caso de gente como Shah Alam, obligado a trabajar de pie a sus setenta y cuatro años, durante jornadas de doce horas diarias, para así pagar el alquiler de un sótano en el Bronx que comparte con otros cinco hombres. Ojalá este frutero encuentre al menos la energía para bromear con sus clientes y apreciar las cosas sencillas de la vida: el perfume de sus naranjas, el calor del sol, el cariño de sus amistades. Temo que no habrá tenido muchas oportunidades de cultivar el arte, la música, los viajes, los cursos de mindfulness, el teatro de improvisación o la lectura de libros como este.

Aunque igual me equivoco. Como ya hemos visto, el playfulness brota como una hierba salvaje incluso en los lugares más insospechados. Maya Angelou, una mujer afroamericana que creció a principios del siglo xx en un ambiente de pobreza y violencia, consiguió a pesar de todo cultivar desde niña la escritura, el baile y el activismo, hasta convertirse con el tiempo en una de las poetas más admiradas de su país. Te animo a que compruebes en YouTube su espíritu indomable, risueño y travieso al recitar los versos de «And Still I Rise» («Y aun así me levanto»):

¿Querías verme rota?
¿Cabeza gacha, mirada triste?
¿Hombros caídos como lágrimas,
debilitados por el llanto de mi alma?
¿Te ofende mi altivez?
No te lo tomes tan a pecho
si río como si tuviera minas de oro
excavándose en el jardín de mi casa.
Puedes dispararme con tus palabras,
puedes atravesarme con tus ojos,
puedes matarme con tu odio,
pero aun así, como el aire, me levanto.

Esta poesía, citada aquí solo en parte, es un ejemplo sobrecogedor de la sabia ligereza capaz de desafiar al Mundo del Revés. La risa de Angelou no refleja la comodidad de una vida fácil, sino la libertad de un espíritu indómito. Se negó siempre a tomarse todo este absurdo montaje en serio, y por eso se manifestó junto a Martin Luther King y Malcolm X. Su increíble autobiografía, publicada en siete volúmenes, se titula *Yo sé por qué canta el pájaro enjaulado*. Este título refleja la resiliencia no solo de la propia Angelou sino de todo su pueblo, que siguió cantando y bailando los ritmos africanos durante varios siglos de esclavitud. Así fue como nació el gospel que salvó a mi amigo David, un parto doloroso del que salieron también el jazz, el blues y toda la música norteamericana que hoy en día sigue reviviendo a los zombis en todo el planeta.

Dicho todo esto, el juego solo puede florecer en refugios seguros. Los pueblos igualitarios, como los hadza y los parakana, lograron preservar estos oasis lúdicos durante cientos de miles de años. Pero con la agricultura llegó la riqueza, y con ella la desigualdad: esclavas y terratenientes, obreros y directivas, fruteros de calle y billonarios de criptomonedas. El mundo entero se convirtió en una lucha para conquistar los primeros puestos de cada ranking, o al menos para llegar a fin de mes y obtener un mínimo de respeto. La educación, el trabajo, la religión y la política se volvieron una carrera para perseguir las zanahorias y evitar los palos. El juego tuvo que refugiarse en pequeños reductos de libertad y apoyo mutuo, como las iglesias secretas de los esclavos donde se preservaron los cánticos grupales de África.

Claramente, las peores consecuencias las han sufrido siempre quienes ocupan los últimos peldaños de cada jerarquía. Trabajadores precarios. Grupos discriminados. Los PERDEDORES. Una medida de ello son las estadísticas sobre salud mental. Las mujeres tienen casi el doble de posibilidades de sufrir depresión que los hombres. Los hombres homosexuales tienen el triple de posibilidades de sucumbir a esta enfermedad que los hombres hetero. Y el 20 por ciento de la población con los ingresos más bajos tiene hasta 35 veces más posibilidades de caer en este trágico estado de zombificación extrema, en comparación con el 20 por ciento que goza de los ingresos más altos.

Pero los perjuicios no se limitan a las personas más pobres o discriminadas de la sociedad. En nuestro sistema competitivo, el 99 por ciento somos perdedores. Mi amigo David ocupaba un puesto corporativo que muchos envidiarían. Henry Thurlow había cumplido su sueño dorado.

Ambos son hombres blancos y gozan de una vida lujosa en comparación con la del frutero Shah Alam, y no digamos la de los esclavos del siglo XVIII. Sin embargo, también David y Henry se sentían atrapados en la infernal megamáquina. Sin tiempo para volar libres, aunque fuera de vez en cuando, acabaron sucumbiendo al *burnout*.

Ni siquiera el 1 por ciento más privilegiado se salva de la ansiedad que provoca nuestro entorno competitivo. En cualquier momento pueden sufrir el descalabro de sus empresas, la rebelión de las masas o la venganza de sus rivales. El hombre más rico del mundo se jacta de trabajar habitualmente jornadas de 16 horas, incluyendo los fines de semana. Este prototipo del macho alfa de oficina, Elon Musk, sufre niveles altísimos de estrés que se manifiestan en dolores de estómago y vómitos, dificultad para dormir y periodos depresivos. Para aguantar, toma ketamina un par de veces al mes. Y exige de sus trabajadores el mismo nivel de sacrificio brutal. Dolly Singh, directora de selección de SpaceX, advertía a los nuevos empleados: «Esto va a ser lo más duro que has hecho en tu vida. Será doloroso, lacerante e incómodo, todos los días». Musk habla con orgullo de esta cultura *ultra-hardcore*.

Lo que más temen sus colaboradores es cuando el célebre CEO se transforma en un zombi salvaje (se refieren, en el caso de Musk, a su *demon mode* o 'modo demonio'). En esos momentos su cara enrojece, explota en terroríficos ataques de ira y despide fulminantemente a cualquiera que no esté a la altura de sus exigencias. ¿Seguridad psicológica? Según su biógrafo, Walter Isaacson, Musk se ríe abiertamente de la idea.

Sin embargo, parece que todo esto solo sirve para acrecentar su leyenda. El *demon mode* ha permitido a Tesla y SpaceX alcanzar el éxito en nuestra economía hipercompetitiva. La brutalidad zombi, en el Mundo del Revés, FUN-

CIONA. «Podría decirse que es el mejor líder sobre la faz de la tierra», concluye Dolly Singh. Recientemente le hemos visto irrumpir en el Gobierno norteamericano, agarrando literalmente una sierra mecánica y gritando como en una peli de muertos vivientes, para segar entre chorros de sangre cosas «inútiles»: la investigación médica, las ayudas a personas desfavorecidas, el Departamento de Educación... Le invitó a la Casa Blanca en enero de 2025 otro billonario conocido por sus cabreos, su impulsividad y su historial de acoso, que se autodefine como el mejor presidente de la historia de Estados Unidos. Pero el *bromance* entre Elon Musk y Donald Trump duró poco. Después de cinco meses, Musk abandonó su puesto y los dos superzombis se atacaron salvajemente en público, intercambiando amenazas e insultos en sus respectivas redes sociales.

A esto hemos llegado. A creer que los mejores líderes son los psicópatas sin escrúpulos. Que es como creer que el mejor arte es un plátano pegado a una pared.

La paradoja del éxito

Todo esto nos ayuda a aclarar la mayor paradoja de nuestro Mundo del Revés: ¿cómo es posible que la actual crisis de salud mental coincida con el más espectacular crecimiento en bienestar material de toda la historia? ¿Por qué se ceba la pandemia zombi justamente en países tan ricos y poderosos como Estados Unidos? La clave parece estar en la distribución de la riqueza. En la igualdad que perdimos hace 10.000 años.

En su influyente libro *The Spirit Level*, los epidemiólogos Richard Wilkinson y Kate Pickett reunieron una enorme cantidad de evidencias para demostrarlo. Los países con mayor diferencia entre ricos y pobres —como Estados

Unidos— sufren niveles mucho mayores de patologías mentales en comparación con países más igualitarios, como Japón o Finlandia. Por ejemplo, mientras que el 27 por ciento de la población estadounidense sufre ansiedad, depresión y otras enfermedades del alma, este drama «solo» afecta al 8 por ciento de la población japonesa. Y lo mismo se repite en otros ámbitos. Wilkinson y Pickett identificaron correlaciones significativas entre la desigualdad y todo un abanico de síntomas de una sociedad enferma, entre ellos la salud física, la drogadicción, la obesidad y la violencia. (Por cierto, la idea de que en los países nórdicos haya tasas de suicidio especialmente altas es un mito.) Además, estos problemas son mayores no solo entre la gente pobre de países desiguales, sino también —aunque en menor medida— entre las clases medias y altas.

Cuanto más avanza el Mundo del Revés, más zombis genera, tanto en barrios humildes como en los elegantes suburbios, e incluso en las islas privadas de las mayores fortunas. Y, desafortunadamente, este infierno terrenal no deja de expandirse, alejándonos cada vez más del paraíso igualitario y disfrutón de los nómadas. Según la Brookings Institution, un prestigioso *think-tank* político, en las últimas cuatro décadas la desigualdad económica ha crecido en la mayoría de los países más ricos, de forma especialmente notable en Estados Unidos, y también entre los principales países emergentes, como China, India y Rusia. Sus analistas vaticinan que si no se introducen políticas para reducir esta diferencia entre ricos y pobres, seguirá creciendo aún más. Y concluye con la siguiente e inquietante advertencia:

> La historia nos dice que los aumentos grandes y prolongados en desigualdad pueden acabar mal.

¿PUEDEN acabar mal? La realidad es que ya han acabado mal, como muestran los datos sobre el avance del síndrome zombi. El Mundo del Revés ha penetrado casi por completo en el nuestro, pervirtiéndolo todo: el arte ha degenerado en comercio, el deporte en lucha, la educación en cárcel, el trabajo en sacrificio, la política en dominación, la amistad en networking, la religión en hipocresía, el ocio en adicción digital. Nos ha robado el tiempo, el disfrute, la vida misma con la promesa de ganancias futuras y el terror del fracaso. Sus poderosas armas de distracción masiva nos tienen atrapados con las últimas ofertas, escándalos, ficciones y teorías conspiranoicas, vendiéndonos la mentira como verdad, la basura como alimento, la destrucción del planeta como progreso.

Han llegado incluso a convencernos de que el juego verdadero —ese fortísimo impulso que nos invita a explorar, crear, conectar y experimentar libremente— no es más que un pasatiempo trivial y vergonzoso, una pérdida de tiempo, o incluso un camino lleno de peligros inasumibles. Ni siquiera podemos permitírselo a nuestros propios hijos e hijas. Al menos no fuera del asfixiante control que les imponemos.

Por lo tanto, la misión que nos toca, a quienes hayamos despertado un poco y tengamos el lujo de poder hacerlo, me parece clara: enderezar nuestro atribulado mundo, acercándolo lo más posible al paraíso libre, pacífico e igualitario que una vez habitábamos en armonía con toda la biosfera. Al paraíso playful.

Islas de libertad

Conozco una isla en el Mediterráneo de cuyo nombre no quiero acordarme —no vaya a ser que la invadan hordas de *instagrammers*—. Sus antiguos pobladores la llamaron la Isla Sagrada. Yo aquí me referiré a ella como Nunca Jamás, pero te aseguro que existe realmente.

En su vertiente oriental las montañas son suaves y verdes, cubiertas de pinos, mientras que en la occidental parecen arrancadas del Far West americano, con acantilados escarpados por los que trepan muflones y desfiladeros estrechos que sobrevuelan las águilas. Hay un faro en una punta, la ruina de un castillo en la otra, y entre medias un museo natural de fascinantes grutas e islotes. Sus pobladores viven en un pequeño pueblo libre de discotecas, hoteles *boutique* o *lounge bars* con música *ambient*.

Nunca Jamás está rodeada de aguas turquesas por las que navegaron piratas de verdad. Como buena parte de ellas se incluyen en una reserva marina, los mayores tesoros se encuentran hoy en día bajo la superficie. Pero además de sus bosques de coral, sus torbellinos de barracudas, sus peces y delfines, en este lugar mágico hay otro ecosistema que se ha preservado milagrosamente a lo largo del tiempo. Un ecosistema lúdico.

Quizá sea porque los coches no circulan por este raro oasis de paz, donde solo te puedes mover a pie, en bici, en barca o en burro. Quizá la mala cobertura de móvil, sobre todo fuera del pueblo, tenga algo que ver. O quizá su aislamiento vuelve absurda la idea de que un secuestrador de niños pudiera merodear por allí. En cualquier caso, es uno de los pocos sitios donde he visto que la chavalería aún ande suelta por la calle, por el puerto y en cualquier lado.

De día exploran el mundo submarino desde pequeñas embarcaciones que capitanean con destreza, se lanzan al agua desde plataformas altísimas y aprenden a coger medusas con sus manos desnudas. De noche pedalean por las afueras del pueblo —hasta tres en una bici— o te venden las conchas y esqueletos de erizos que han «pescado».

Una amiga me contó este verano que en su infancia las aventuras eran aún más salvajes. Por ejemplo, uno de los juegos favoritos de su pandilla era agarrarse a las cuerdas del gigantesco hidroplano que traía pasajeros a la isla varias veces al día, y tratar de mantenerse agarrados hasta que salían volando. Ella no lo sabe, pero a mí me ha soplado un grupo de chavalines locales que AÚN LO HACEN, gracias a ciertos acuerdos secretos con el personal de la empresa de transporte. Reflexioné que alguien (¿la UNESCO?) debería preservar este ecosistema de juego, por su gran riqueza lúdica.

Te presento esta isla mediterránea como ejemplo de lo que aún es posible en nuestra sociedad del siglo XXI. Quizá no podamos volver al estilo de vida de nuestros lejanos antepasados, pero sí podemos conquistar islas de playfulness para vivir en libertad y compartir el disfrute al menos de vez en cuando. De hecho, me consta que hay miles de personas soñadoras que ya participan en esta alegre revolución, diseñando lugares de trabajo saludables, montando escuelas basadas en el juego libre, promoviendo el arte, la música, el teatro y la ciencia sin utilidad práctica alguna, gestionando parques de chatarra y otros refugios lúdicos, creando comunidades solidarias e igualitarias, fundando tradiciones espirituales inclusivas y liberadoras, liderando movimientos de activismo alegre que defienden la humanidad frente al autoritarismo, la desigualdad y la violencia. Difundiendo sonrisas por todas partes.

¿Cómo apuntarte a este improbable movimiento global? Lo descubrirás en mi próximo libro. Si no se acaba el mundo antes, claro. Mientras tanto, seguro que se te ocurren tus propias formas de contribuir. Recuerda que no hace falta traer una catedral. Basta con un ladrillo, o quizá una baldosa amarilla, y colocarla aquí mismo...

Estamos aquí

Una pareja de sufridos progenitores intentaba que su hija de cuatro años se durmiera. Le contaron un cuento, pero quiso otro. Terminaron el segundo y pidió un tercero. Agotados después de una larga jornada, le anunciaron que ESTE ERA EL ÚLTIMO.

Con el tercer cuento la niña se fue adormilando hasta quedar completamente frita. ¡Por fin! Pero en el último momento, cuando los padres trataban de escapar del dormitorio sigilosamente, volvió a despertarse con los ojos más encendidos que nunca.

—¡Mamá! ¡Papá! ¿¿Os dais cuenta??

Los padres suspiraron.

—¿De qué, hija...?

La niña saltó de la cama, corrió hacia ellos y los abrazó.

—¡¡ESTAMOS AQUÍ!!

Esto les quería decir su hija: que estaban los tres ahí.

¿Cuántas veces nos lo tendrán que recordar nuestras hijas, sobrinos, nietos?

Podemos celebrar que estamos aquí.

Con la vida que corre por nuestras venas.

Yo escribiendo estas últimas palabras de mi libro. Y tú leyéndolas, junto a toda una pandilla que sin duda nos acompaña en esta grandiosa misión del playfulness.

Sí, claro, estamos en pleno apocalipsis. Llegados a la culminación de esta trepidante temporada final de la serie, el panorama es desolador. Chorros de lava explotan de las fisuras y los Cuatro Bicharracos del Apocalipsis —la guerra, el calentamiento global, la inteligencia artificial, las pandemias— se preparan para acabar con lo que queda del mundo, dirigiendo contra nosotros sus ejércitos de muertos vivientes.

Los monstruos se deshacen en carcajadas al vernos. Somos unos renacuajos, vamos en bicicleta y hay precipicios a ambos lados. Sus zombis teledirigidos avanzan aullando por el desfiladero a toda prisa. No somos un contrincante serio.

Pero han olvidado que nuestra fuerza es justamente lo opuesto a la seriedad.

LA LIGEREZA.

No nos amedrentamos.

Somos capaces de cantar, bailar y reír frente a la mismísima muerte.

Contamos con grandes aliados, entre ellos el principito, Momo, Peter, Pippi, Once, los Goonies, Mary Poppins, Zorba y en la cesta el mismísimo ET, que al acercarse al precipicio abre sus enormes ojos azules con asombro.

En el último momento, cuando todo parece perdido, sucederá lo imposible.

a volar.
empezarán
Las bicicletas

JUEGOS DE PLAYFULNESS

EXPANDIR LA FUERZA JEDI

Tiempo: 10 minutos (o más, si quieres).
Materiales: Una silla o cojín para sentarte.
Descripción: Enfrentarse al Mundo del Revés, hoy en día, es casi imposible sin poderes sobrenaturales como los de ET o el maestro Yoda. Desafortunadamente —para quienes nos hicimos ilusiones a los siete años— ambos resultaron ser muñecos de látex creados por el marionetista de Hollywood Jim Henson.

Sin embargo, aunque la Fuerza de los Jedi sea pura ficción, he descubierto que en el planeta Tierra existen personas de carne y hueso, como mi maestra Patricia Genoud, que enseñan técnicas para cultivar una fuerza interior formidable. Por ejemplo, estudios científicos han revelado que las meditaciones *metta* ('amor benevolente') de la tradición budista no solo generan bienestar y conexión social, sino que parecen reducir el egoísmo y fomentar el altruismo. ¿Cómo sería el mundo si todos sus habitantes desarrolláramos este superpoder amoroso? ¿Sería posible, finalmente, construir un entorno más saludable, sostenible, justo y divertido?

Te guío en este fascinante juego en primera persona, desde mis propias sensibilidades (entre *Star Wars* y la música setentera), para que lo puedas adaptar a tus propios mundos imaginarios como te apetezca.

REGLAS

1. Me siento en una postura cómoda, en mi particular rincón del planeta Tierra, coloco mis manos sobre el corazón y permito que se extienda sobre mis labios una sonrisa como la de Yoda.
2. Comienzo enviándome buenos deseos a mí mismo: «Que yo pueda estar bien. Que pueda ser feliz. Que pueda alcanzar la paz. Que mi corazón esté alegre y lleno de boogie[1]...». A veces me imagino que estos deseos toman la forma de una luz que invade todo mi corazón y hasta la última célula de mi cuerpo. Una energía universal muy parecida a la Fuerza de los Jedi, o al espíritu buenrollista de Stevie Wonder en el escenario.
3. Luego empiezo a irradiar este amor un poco más lejos: «Que yo y todos los seres en esta habitación podamos estar bien. Que tengamos salud. Que estemos libres de peligro. Que seamos felices. Que tengamos los corazones repletos de irresistibles ritmos funky». Pienso en mi pareja, Emanuela, que suele

1. Me refiero, con el *boogie*, a una fuerza mística que te impulsa a bailar los ritmos funky-discotequeros de finales de los años setenta. Se deriva del *soul* ('alma') o del *spirit* ('espíritu') de la música afroamericana, que reúne los ritmos ancestrales de África con las melodías occidentales. Según Kool & the Gang, el espíritu del *boogie* no tiene ni principio ni fin, y cuando viene a por ti, no tienes dónde esconderte.

practicar yoga por las mañanas conmigo, pero también en las plantas de mi salón, las arañas escondidas, los microorganismos en mi piel y cualquier otro ser que ande por ahí.

4. A continuación paso a extender esta Fuerza amorosa a mí y a todos los seres en mi bloque de pisos, incluyendo a Pipo, el perrito del piso de arriba que ladra a la mínima, y al vecino que de vez en cuando hace vibrar los cristales con su música atronadora (y muy alejada del soul o el funky). A este último le deseo un plus de paz y sabiduría, porque estoy convencido de que si encuentra estas cualidades bajará un poco el volumen.
5. Luego extiendo la Fuerza a mí y a todo mi pueblo, incluyendo a varias amigas humanas, los dependientes de las tiendas, las personas que me encuentro habitualmente en los trenes de cercanías, los bosques de pino, los milanos reales, las vacas, ciervos, conejos, ranas, serpientes, hormigas y setas.
6. Después toca la región de Madrid, donde vive mi madre, un hermano y su familia, cientos de amistades, colaboradores y conocidos, además de algún que otro personaje que me cuesta incluir por roces que hemos tenido en el pasado. También sé que en algún lugar de la sierra hay manadas de lobos, lo cual no deja de ser emocionante.
7. Al incluir a toda España suelo acordarme de mi familia extendida en Navarra, de personas queridas en distintas ciudades, del oso pardo, el lince ibérico y los delfines en las costas, de taxistas, médicos y artistas, de banqueros y gente que duerme en los bancos, de inmigrantes que trabajan bajo kilómetros de plástico recogiendo alimentos, de los representantes políticos de todos los partidos (un buen

desafío), de ancianas en residencias y bebés recién nacidos.

8. De ahí paso a Europa, incluyendo las islas británicas (donde tengo a mis dos hermanas y sus familias) e Islandia (ahí viven mi hermano Javi, Eva, Leo y el resto de su familia, junto a los islandeses y los simpáticos *puffins*). Recuerdo a los franceses comiendo sus *croissants*, los alemanes con sus *schnizels*, los italianos con su pasta, los griegos con su *tzatziki*. Envío deseos de paz a los combatientes y víctimas de la guerra en Ucrania.
9. Cuando amplío el radio de mi Fuerza amorosa imaginaria hasta abarcar el mundo entero, es imprevisible lo que puede aparecer en mi foro interior. Desde el elenco completo de *Juego de tronos* hasta los hadza de Tanzania o las ballenas jorobadas saltando en Cape Cod. Por supuesto a quienes sufren conflictos armados y abusos de todo tipo. Y también a los protagonistas del verdadero juego de tronos global —líderes políticos, corporativos, militares, religiosos—, con la esperanza de que se reformen antes o después. (Si has visto la saga de *Star Wars*, sabrás que siempre hay luz incluso en los corazones más carcomidos por el Lado Oscuro.) A veces incluso viajo en el tiempo hasta la época de los tricerátops y los diplodocus, para repartir un poco de amor entre estas majestuosas criaturas prehistóricas. ¿Por qué no?
10. No te creas que la cosa termina ahí. Del mundo pego un salto en el hiperespacio para irradiar amor a la galaxia entera, luego al universo y finalmente a todos los universos y dimensiones existentes. Me imagino una gran variedad de especies, desde alienígenas clásicos (cabeza grande, pies de pato) a hu-

manoides alargados y élficos, bichos horripilantes tipo Alien, animales y plantas de todas clases, seres luminosos o invisibles y cosas aún más extrañas que ni siquiera la ciencia ficción más visionaria se ha inventado aún. Que yo y todos los seres podamos estar bien, ser felices, alcanzar la paz, ser libres y bailar con la energía positiva de los Jackson Five...

11. Al final vuelvo hacia atrás. Repito el paso 8, luego el 7, el 6, el 5, y así hasta llegar a desearme a mí mismo la paz, la calma, la felicidad y lo que me apetezca. Si no tengo tanto tiempo lo resumo así: «Que todos los seres en el multiverso, en el universo, en la galaxia, en el mundo, en Europa, en España, en Madrid, en mi pueblo, en mi bloque de pisos, en esta habitación... podamos tener salud, felicidad y ganas de participar en el baile cósmico-discotequero».
12. Si tengo tiempo, sigo practicando sin palabras. Con cada inhalación, me imagino que recibo esta Fuerza amorosa intergaláctica de todos los seres que como yo han practicado *metta* o algo similar a lo largo de la historia. No sé cuántos serán, pero desde luego muchos millones en este planeta, y quién sabe cuántos en los demás. Me los imagino a todos como estrellas que me envían esta luz. Y con cada exhalación la devuelvo hasta los confines de todos los universos, convirtiéndome yo también en una estrella, o una bola de discoteca de esas con espejitos.
13. Tras finalizar este viaje intergaláctico, me quedo un rato simplemente contemplando mi cuerpo, mente y corazón, sintiendo su conexión con todos los seres, flotando en la Fuerza.
14. Durante todo este ejercicio me lo tomo como un juego: con la misma seriedad y entusiasmo que

cuando tenía siete años y acababa de descubrir la existencia de los Jedi. No es que crea REALMENTE en la Fuerza ni en el espíritu del *boogie* universal. Aunque, por otro lado..., ¿quién sabe?

¿QUIERES SEGUIR JUGANDO?

Visita:

<www.playfulness.es>

Desde este sitio podrás acceder a todo tipo de recursos imprescindibles para peregrinos del camino lúdico...

- Una *playlist* con los mejores temas para amenizar la lectura de cada capítulo, desde el sirtaki de *Zorba, el griego* al *Spirit Of the Boogie* de Kool & the Gang.
- Las soluciones al maldito problema de los nueve puntos y a la prueba de la vela de Alice Isen.
- Anuncios de mis talleres de playfulness, el Club de Meditadores Imperfectos, las presentaciones y firmas del libro y otros eventos online o presenciales en los que podamos encontrarnos.
- Artículos sesudos sobre la ciencia del playfulness, y otros muy ligeritos sobre cómo aplicarlo.

- Una licencia para jugar imprimible para tus hijos (¡o para ti!), junto con un montón de ideas sobre la crianza libre.
- La foto de mi sobrina Eva con el charco, la escena del Ministerio de los Andares Raros de Monty Python, los chistes del dalái lama sobre los pedos y otras perlas citadas en el libro.
- Cobertura en medios sobre el libro que intentaré tomarme con ligereza.
- La verdadera historia de cómo se gestó este libro.
- Malabarismo para torpes (con pañuelos) y otras prácticas guiadas de mindfulness y playfulness.
- Una lista de los libros que más me han inspirado en esta búsqueda.
- Recursos para practicar la improvisación teatral.
- Héroes y heroínas del playfulness a lo largo de la historia.
- Enlaces a organizaciones, escuelas, tradiciones y recursos online de juego contemplativo y meditación lúdica.
- Más información sobre las sociedades nómadas y cómo apoyarlas.
- Evidencias de que los alienígenas existen y que el Gobierno norteamericano esconde las pruebas (o por lo menos que en el Congreso de los Estados Unidos se toman estas sospechas muy en serio).
- Citas de gente seria e importante apoyando la importancia del juego.
- Datos fresquitos sobre el mundo lúdico-contemplativo.
- Información sobre mis otros libros y proyectos.
- Correcciones a los previsibles errores que te habrás encontrado.
- Formas de contactar conmigo.
- Lo que se me vaya ocurriendo para mantener viva la comunidad del playfulness y ahuyentar a los zombis.

GRACIAS A...

Mi madre, Dorita Narvaez, fuente inagotable de juego amoroso; mi padre, José Antonio Jáuregui, cuentacuentos apasionado y guía inspiradora en los caminos del humor, la cultura y la filosofía; la tribu de los Jáuregui Narvaez. Pablo, Javi, Elena, Maite, Kira, Gudrun, François, Tom, Dario, Paula, Eva, Leo, Clara, Sofía, Dani, Óscar, Lúa y el resto de mi familia extendida.

Ema, mi compañera de juegos favorita desde hace treinta años, además de primera lectora y correctora.

Mis compis del grupo The Way of Play, a los que conocí en la conferencia del Applied Improvisation Network en julio de 2022, donde expliqué una primera versión de estas ideas: Vanessa Elle Wilde, Alex Menhams, Benjamin Lloyd, Taj Baker y Angelina Castellini. Me han acompañado desde entonces en un enriquecedor diálogo sobre la relación entre impro y espiritualidad, y me han aportado un montón de ideas y juegos. Gracias también a Tomás Álvarez y Carla Vigara de WIT Impro, por su insistente invitación para dar aquella *keynote*.

Doni Tamblyn, por introducirme en la grieta espaciotemporal de la impro; Javi Pastor, por enseñarme mil juegos improvisados, animarnos siempre con su risa y encarnar su mítica frase: «A juzgar le sobra la Z»; Ignacio López, Ainhoa Villar, y mis otros maestros de impro; Jaime López Yarto, compañero de los Acuchilladores del Parquet, y todos mis compis de Absurdia Teatro, el Club de la Impro e Impromadrid; Matt Weinstein, Ted DesMaisons, Patricia Ryan Madson y el Applied Improvisation Network; Viola Spolin, Neva Boyd, Keith Johnstone y todos los pioneros de esta divertidísima práctica contemplativa.

Mis varias pandillas a lo largo de los años: the Star Wars Posse, los Rhubarbs, la Chusma de la Colmenaka y demás amistades en Oxford, Madrid, Los Ángeles, Eugui, Londres, Florencia, Sicilia, Zaragoza, Collado Mediano y tantos otros lugares.

Mi tía Pili y mi tío Guillermo, por acogerme en Eugui en esos veranos inolvidables, y por aquellos bocadillos de chocolate.

Franco y Adriana, por acogerme en Sicilia y por sus infinitas enseñanzas sobre la utilidad de lo inútil.

Mis guías contemplativos: Jon Kabat-Zinn y sus colaboradores; Gustavo Diex y toda la gente de Nirakara; Rafael G. de Silva y su escuela Habitar el Tiempo; mis maestras en el Foundations y TAI, Ana Arrabé, Carola García y Beatriz Rodríguez Vega; mis guías de retiros Bob Stahl, Florence Meleo-Meyer, Carolyn West y Patricia Genoud-Feldman; Antonio Russo y mis otros profes de yoga en las escuelas Himalayan, Sivananda y Satyananda; Thich Nhat Hanh, el XIV dalái lama, Tara Brach, Sharon Salzberg, Alan Watts y Joan Halifax; Gabriela Rodríguez de Miguel Heredia, Mercedes Piñeiro, Maricruz Lavín, Iñaki Guridi, Óscar Díaz, los miembros del Club de Meditadores Imperfectos y toda la comunidad ModoSer desde sus inicios como Moebius Mind; Pablo d'Ors, Fernando Tobías, Carolina Pérez Lancho, Lorena Cabeza, Daniel Morduchowicz, María Ferrara, Rino Bertoloni, Licia La Farina y Uli

Diemer; el playfulness *team*, María Talavera, Olga Cebrián, Miqui Amador, Marina Ciampelli.

Mis guías académicas: Peter Gray, Mihályi Cszíkszentmihályi, Jonathan Haidt, Johan Huizinga, Jean Twenge, Stuart Brown, Jane McGonigal, Nuccio Ordine, Rutger Bregman, James Woodburn, Richard Davidson, Martin Seligman, Barbara Fredrickson, Steven Lukes, Erving Goffman, Rod Martin, Alice Isen, Ausiàs Cebolla, Javier García Campayo, Nazareth Castellanos, Carmelo Vázquez, Gonzalo Hervás, Marisa Salanova, y todos mis compañeros y compañeras en los campos del humor y la psicología positiva.

Mis guías prácticos en el humor, el juego y la creatividad, sobre todo Jesús Damián Fernández, Jesús Jara, Sergio de la Calle, Lenore Skenazy, Silvia Álava y Julia Cameron; Juan García Cerrada y su Instituto Quevedo del Humor; Carmen García-Trevijano, Julián Pelacho, Rafa Ubal, Dora Ballabriga, Ricardo Buil, Ángel Largo, Daniel Torrelló, Alberto Triano y los demás bombines del Día de la Diversión en el Trabajo.

Mis compis de juego profesional, sobre todo Félix Lozano, Berta Lázaro, Ibai Martínez, Isabel Ávila y la comunidad TeamLabs; Carmen Soler y su equipo; Marta Renedo, Paula Vivó y el equipo de Innova y Acción; Lotfi El-Ghandouri y la comunidad Impact HUB; Antonio García Sansigre y el equipo de Thinking Heads; Quim Gil y la red Espiral; Laurie Mazzuca y el campus de Madrid de Saint Louis University; Pierdomenico Baccalario, Lorenzo Rulfo y el equipo de Book on a Tree; Miguel Ángel Cristóbal y Carla Boyer de Healthy Work; mis equipos en Scient, Netjuice, Meta4 y El Corte Inglés.

Marta Sevilla, por apoyar esta idea desde el principio; mis agentes, Sandra y Berta Bruna, por venderlo; mi editora, Martina Torrades, y el equipo de Destino; Alex Dobler, Pierdomenico Baccalario y toda la gente que me ha apoyado por el camino editorial; Carmelo Vázquez, Mariacaterina Barbera, Olga Cebrián, María Jiménez y Gonzalo Hervás, por sus correcciones y comentarios del primer manuscrito; Pablo d'Ors, Silvia Álava Sordo y Gustavo Díez por sus bellas palabras de apoyo.

Toda esa gente que en pleno apocalipsis mantiene viva la chispa del verdadero juego en el arte, la música, el baile, el deporte, la educación, la literatura, la filosofía, la poesía, la comedia, el emprendimiento, el activismo y tantos otros campos más o menos inútiles.

NOTAS

Poesía zen: Ryokan (1993).

1. Suelta ahora mismo este libro

Cita inicial: Ende (2007, cap. 6).

Let's play!: sobre los vaqueros *super destroyed*, ver *ABC* (2020); sobre las ventajas de pertenecer a categorías privilegiadas, ver Kimmel y Ferber (2017); sobre el Antropoceno/Idioceno, ver Crutzen y Stoermer (2000) y Clark (2019).

El infinito universo del juego: sobre el misterio del juego, ver Sutton-Smith (1997); la biografía *Open* es de Agassi (2009); Rico Medellín lo cita Csíkszentmihályi (1997, cap. 2); la cita sobre la libertad aparece en Sartre (2003); sobre mindfulness, ver Kabat-Zinn (2016) y Jáuregui (2022).

Tu historial lúdico: este juego se propone en Brown (2010).

2. Apocalipsis zombi

Cita inicial: Juliet Lauro y Embry (2008).

Zombis: ver Domínguez Leiva (2013) y el escalofriante Zombie Studies Network (<zombiestudiesnetwork.com>).

Depresión: el titular de la CNN es McPhillips (2023); el aumento en la tasa de depresión del 1.000 por ciento lo describe Seligman (2003, cap. 7); la descripción de la depresión como un estado zombi es de Romano (2023).

Filósofos y teólogos: ver Weil (2019), Rousseau (2016), y las palabras de Sócrates en Platón (2011). Sobre el *Dukka* puedes consultar Mascaró (1973).

Alarma: ver Kabat-Zinn (2016) y Sapolsky (2018); la encuesta global sobre el estrés en el trabajo es de Gallup (2023).

Aceleración: sobre la falta de sueño ver Tozer (2018) y Jones (2013); sobre el mito de la siesta ver Oyahon *et al.* (2002); el dato de las dos tazas de café es de Bregel (2023); sobre el *karoshi* en Japón y en el mundo ver North (2011) y Pega *et al.* (2021); el dato sobre la pobreza del tiempo es de Giurge *et al.* (2020). Ver también Honore (2006).

Automatismo: Levine (2006) describe los guiones de venta y otras artimañas comerciales; Berkbigler y Dickson (2014) discuten el coste humano de seguir estos guiones; sobre los dos modos de pensar ver Kahneman (2021); Kabat-Zinn (2016) también describe los comportamientos automatizados.

Adicción: Brewer (2018) explica por qué «todos somos yonquis»; los datos sobre el uso de los móviles entre adultos en Estados Unidos están en Flynn (2023); el dato del 12-18 por ciento de adicción lo citan Horvath *et al.* (2020); sobre las discrepancias entre el tiempo que pensamos que dedicamos a los móviles y la realidad puedes consultar Hodes y Thomas (2021).

Ausencia: el estudio de Harvard sobre la mente errante es de Killingsworth y Gilbert (2010); sobre la caída en el tiempo medio de la atención y la «guerra» por nuestra atención ver Marks (2023) y Brogan (2012); la ausencia es también uno de los temas principales de Kabat-Zinn (2016).

Alienación: el estudio sobre el *engagement* es de Gallup (2023); el estudio de la OMS es de Burton (2010); el concepto de la alienación lo han tratado numerosos intelectuales, y es especialmente conocida la versión de Karl Marx (1974).

Atomización: *Bowling Alone* es de Putnam (2001); *En defensa de la conversación* es de Turkle (2017); los estudios sobre empatía y narcisismo son de Konrath *et al.* (2010) y Twenge *et al.* (2008); la canción *I Am a God* es de West (2013); el artículo de *Time Magazine* es de Stein (2013); veintisiete psiquiatras y expertos en salud mental han publicado un libro describiendo a Donald Trump como un narcisista y un psicópata (Lee, Lifton, Sheehy *et al.*, 2017).

Atrofia: la frase de Baudelaire la cita Ordine (2013, 1:16); los datos sobre el aumento de materialismo entre estudiantes universitarios se encuentran en Myers y Diener (1997); las comparativas con Europa y otros países pueden verse en Bartolini y Sarracino (2016) e Ipsos (2013); sobre el alto precio a pagar por nuestras tendencias materialistas ver Kasser (2003); la cita de Virginia Woolf está en Woolf (2002).

El apocalipsis ya está aquí: la sorprendente vuelta de los ovnis puedes comprobarla en Elizondo (2024); los búnkeres de supervivencia se venden en <www.terravivos.com>.

¿Soy un zombi?: el test de felicidad subjetiva aparece en Seligman (2003, cap. 4); respecto a sus limitaciones, ver Peterson (2006, cap. 4) y Kahneman (2021, cap. 37); su correlación con otras medidas como las emociones positivas, autoestima y optimismo se resume en Peterson (2006, cap. 4).

3. Un antídoto potente (con un poco de azúcar)

Cita inicial: Chapman *et al.* (1979).

El antídoto convencional: sobre el mindfulness y

MBSR en general ver Kabat-Zinn (2016); los orígenes del curso MBSR se cuentan en Kabat-Zinn (2011); en Davidson y Goleman (2019) encontrarás el estudio sobre las ondas cerebrales de los monjes y los diversos beneficios del mindfulness científicamente validados, que he expuesto con más detalle en Jáuregui (2022); el estudio comparando mindfulness y Escilatopram es de Hoge *et al.* (2023); el concepto de McMindfulness es de Purser (2021).

La jeringa hipodérmica: el dato sobre el abandono de las aplicaciones de meditación lo encontré en Creswell (2023).

Un poco de azúcar: el guion cinematográfico de *Mary Poppins* es de Walsh y DaGradi (1964), mientras que los libros originales son de Travers (2023); sobre la fascinante vida de P. L. Travers ver Griswold (2018) e Introvigne (1996).

Heartfulness: ver Kabat Zinn (2016, introducción) y Brach (2014)

La catástrofe completa: ver Kabat-Zinn (2016) y Cacoyannis (1964).

Sabiduría Jedi: los retiros de Patricia Genoud los organiza en España Ana Arrabé de Eus3 (<www.eus3.com>) desde 2014; hablé del viaje de los Beatles al *ashram* del Maharishi Mahesh yogi en Cavendish, Jáuregui y McNaughton (2017); para conocer a Thich Nhat Hanh y sus meditaciones visita <www.plumvillage.org>; el poema citado se encuentra en Rumi (1988); la cita de Pablo d'Ors aparece en D'Ors (2021, cap. 30).

Estudios de mindfulness: los debates monásticos tibetanos se describen en Marieke *et al.* (2019); para calcular que menos del 30 por ciento de la práctica de MBSR es meditación sentada he tomado como referencia los tiempos de práctica sugeridos en el currículum; Kabat-Zinn (2019) describe cómo limpiar los fogones y otras formas curiosas de practicar mindfulness; el manual del MBSR es de Koerbel y Meleo-Meyer (2019).

De la quietud meditativa a los saltos de Bruce Lee: la cita y las reflexiones sobre el karate vienen de Funakoshi (2024).

Mente de niño: sobre la «ligereza del ser» ver Davidson y Goleman (2019, cap. 8); la cita original de Groucho está en Kalmar *et al.* (1933).

Juegos de playfulness: sobre el origen reciente de la mayoría de los asanas de yoga ver Singleton (2019); el legendario *sketch* de los andares raros aparece en Chapman *et al.* (1970, T2: E1).

4. La belleza de los charcos

Cita inicial: Lindgren (2020).

Parques de chatarra/aventura: ver Chilton (2013), Walker (2016) y Bregman (2021, cap. 14).

El principito: Saint-Exupéry (2008).

La ciencia del juego: Gray (2015, cap. 6) habla del juego animal y la teoría de Karl Groos; la teoría de *Broaden and Build* la expone Fredrickson (2004); la reflexión y el dato sobre el tamaño del cerebro infantil está en Haidt (2024, cap. 2); la cita «el juego es el trabajo del niño» se atribuye a menudo a Maria Montessori, aunque no está del todo clara su procedencia ver Haidt (2024, cap. 2, nota 5); sobre la privación del juego en animales ver Pellis *et al.* (2023), LaFreniere (2011) y Brown (2010); sobre la privación del juego en humanos ver Brown (2010); la idea de los niños como «máquinas de aprender» y el experimento de Sugata Mitra se encuentra en Gray (2015, cap. 6); el estudio de neurociencia de Stanford es de Cole *et al.* (2012).

El paraíso perdido: la cita sobre la Capilla Sixtina se

encuentra en Goethe (1992); las citas de la Biblia son de la versión de Reina Valera (1960), del libro del Génesis; sobre Miguel Ángel y la Capilla Sixtina puedes consultar Graham-Dixon (2009).

Muñones del alma: la idea de los muñones me la sugirió mi amiga Mariana Ruiz de Lobera; el estudio sobre jugadores de billar bajo observación es de Michaels *et al.* (1982); la teoría de facilitación social la propuso Zajonc (1965); sobre la retirada de Biles de las Olimpiadas de Tokio ver Walsh (2024); sobre la seguridad psicológica ver Edmondson (2018); el artículo «How to Kill Creativity» es de Amabile (1998).

La eterna juventud: Hoppípolla es de Sigur Ros (2005); *La utilidad de lo inútil* (Ordine, 2013) incluye la cita de Ionesco (primera parte, 24).

Volver a ser artista: *El camino del artista* es de Cameron (2011).

5. Lo más extraño de *Stranger Things*

Cita inicial: Gray (2015, cap. 1).

'Stranger Things': La trepidante serie la crearon Duffer y Duffer (2016).

T1/La irrupción del Desollaniños: ver *Oliver Twist* (Dickens, 2011), las fotos de Lewis Hine (<www.loc.gov/collections/national-child-labor-committee>) y la obra de Frances Perkins (<www.francesperkinscenter.org>); sobre el trabajo infantil en la actualidad ver UNICEF (2024).

T2/Los niños a la cárcel: el porcentaje de estudiantes en escuelas inglesas en 1750 aparece en Stephens (1988); sobre Scott y el colegio como una cárcel ver Gray (2015); el estudio Gallup que muestra la caída del *engagement* escolar lo resumen Calderón y Yu (2017); los datos sobre trampas y el *bullying* los cita Gray (2015, cap. 4); la cita de Rousseau es mi traducción del pasaje en Rousseau (2020, libro 2); sobre modelos de educación alternativa ver García (2017) y <ludus.org.es>; sobre el modelo Sudbury ver Gray (2015) y <www.sudburyvalley.org>.

T3/El Desollaniños devora el tiempo libre: Peter Gray habla del recreo que disfrutó de niño en Gray (2015, cap. 1); el artículo sobre el fin del recreo es de Johnson (1998); el dato de la reducción del recreo en el Reino Unido está en Blaines y Blatchford (2019); a Silvia Álava la encontrarás en <silviaalava.com>; sobre la «crianza concertada» ver Lareau (2006); los datos de Sandra Hofferth los cita Gray (2015, cap. 1).

La ansiedad parental se dispara: sobre la crianza ansiosa/paranoica ver Haidt (2024, cap. 3), Gray (2015, cap. 10) y Furedi (2002); sobre Alfredino Rampi ver Dino (2001); sobre la caída del crimen desde 1990 ver Statista (2024); se calculan las posibilidades de que alguien rapte a un niño en Let Grow (2024); el estudio comparando los accidentes graves en parques infantiles convencionales y de chatarra es de Wood y Leichter-Saxby (2018); Mark Hyman (2010) ha estudiado los peligros de los deportes organizados; la caída en el porcentaje de niños que juegan en la calle a nivel global se cita en ONU (2024); el ranking de las veinte ciudades más seguras del mundo se encuentra en *Economist* (2021).

Las dramáticas consecuencias del confinamiento infantil: Gray (2015, cap. 1) cita los estudios sobre el aumento de patologías mentales y la caída del locus de control entre los jóvenes; puedes explorar el movimiento de crianza libre en <www.letgrow.org>; sobre Outdoor Play and Learning ver <www.outdoorplayandlearning.org.uk>.

T4/Invasión de los zombiniños: *La generación ansiosa* es de Haidt (2024); sobre el impacto del televisor en el juego infantil ver Chudacoff (2008); los datos sobre el uso juvenil de pantallas, el tiempo que pasan con sus amistades y otros indicadores de su desconexión con la realidad se encuentran en Haidt (2024, caps. 5 y 7).

Atrapados en una dimensión oscura: los datos sobre el empeoramiento de la salud mental se citan en Haidt (2024, cap. 1); sobre los beneficios y riesgos de los videojuegos ver Haidt (2024, cap. 7), Gray (2015, cap. 8) y McGonigal (2011); dos metaestudios sobre videojuegos y depresión/ansiedad son de Ruiz *et al.* (2022) y Pine *et al.* (2020).

Relaciones extrañas: sobre la conversación y la empatía ver Turkle (2017); sobre la soledad y los padres distraídos ver Haidt (2024, cap. 2); sobre el porno para los chicos y las redes sociales para las chicas ver Haidt (2024, caps. 6-7).

T5/La reconquista del juego libre: el estudio global sobre salud mental entre los jóvenes es de Saunders *et al.* (2024); el estudio de *The Lancet* es de McGorry *et al.* (2024); los datos sobre el deterioro de la salud mental adolescente entre 1948 y 1989 los aporta Gray (2015, cap. 1); sobre el Día Internacional del Juego ver ONU (2024).

Déjales crecer: ver Skenazy (2010); este juego lo he adaptado de los materiales descargables en <www.letgrow.org>.

El club del juego libre: ver Lanza (2012), <www.playborhood.com> y <www.popupadventureplay.org>; la aplicación a colegios la cuenta Haidt (2024, cap. 11); sobre las iniciativas urbanas ver <www.lacittadeibambini.org> y <www.playengland.org.uk>; encontrarás más ideas en Haidt (2024, cap. 11) y en <www.letgrow.org>.

Volver al planeta Tierra: adaptado de Haidt (2024, cap. 12).

6. El paraíso lúdico

Citas iniciales: la de Yumi Gosso la cita Gray (2015, cap. 2).

La verdadera historia de la humanidad: la cita de Hobbes se encuentra en *Leviatán* (Hobbes, 2018); los libros que presentan a los cazadores nómadas como guerreros violentos son de Chagnon (1983), Pinker (2012) y Diamond (2013).

Una utopía en la sabana africana: sobre los cazadores de retorno inmediato ver Woodburn (1982); sobre los errores de Chagnon, Pinker y Diamond ver Bregman (2021, cap. 4) y Corry (2013); la cita sobre los pigmeos mbuti está en Turnbull (1968); sobre los nómadas en general y su vida lúdica puedes consultar Gray (2015, caps. 2 y 3), Bregman (2021; caps. 4 y 5), Sahlins (2017) y Wilkinson y Pickett (2018, cap. 5); todas las citas de antropólogos en este capítulo están en Gray (2015, cap. 2); sobre la felicidad subjetiva de los hadza, los inuit, los himba, los masái y el resto de la humanidad ver Frackowiak *et al.* (2020), Biswas-Diener *et al.* (2005) y Galbraith *et al.* (2024); sobre las capacidades de los monjes budistas para soportar el dolor ver Grant *et al.* (2011) y Davidson y Goleman (2019, cap. 5); en ABC News (2010) se cuenta la historia del niño que aguantó toda una noche jugando al escondite; sobre Vygotsky, el estoicismo y la anécdota de Liedloff ver Gray (2015, cap. 2).

7. En busca de la verdad perdida

Cita inicial: Sutton-Smith (1997).

Nueve puntos: el ejercicio aparece en la guía docente del programa MBSR (Koerbel y Meleo-Meyer, 2019); Indiana Jones se presenta en Kasdan (1981).

Clave 1/Nadie sabe lo que es el juego: ver Sutton-Smith (1997).

Clave 2/En el juego caben todas las emociones: mi tesis doctoral es Jáuregui (1998); encontrarás casi todo lo que quieras saber sobre el humor en Martin (2008) y Jáuregui (2007); la cita la he traducido de Schopenhauer (1869, libro 1, cap. 8); sobre las ratas que ríen en el laboratorio ver Panksepp y Burgdorf (2003); los dolores y tristezas del dalái lama los citan Davidson y Goleman (2019, cap. 8); sobre el sorprendente sentido del humor del líder tibetano ver Jáuregui (2007, cap. 7) y Youssef (2017); ver también Proyer y Ruch (2011), quienes han desarrollado recientemente una medida de playfulness como característica de la personalidad que se distingue de su dimensión puramente humorística.

Clave 3/El juego nos acompaña durante toda la vida: ver Huizinga (2012), Brown (2010), Gray (2015) y Bregman (2021); sobre la infantilización de nuestro mundo ver Hayward (2024).

Clave 4/La competición dificulta el juego: sobre Timothy Gallwey y sus libros ver <www.theinnergame.com>.

Clave 5/Jugar nos revela que vivimos en un mundo ficticio: la cita sobre el juego y la vida ordinaria está en Huizinga (2012); sobre las ficciones que nos contamos puedes consultar Jáuregui (2022, cap. 13) y Harari (2014).

Clave 6/Jugar (en nuestra sociedad) es muy difícil: sobre la cláusula *Love of the game* ver Jordan (1998).

Clave 7/Jugar promueve el orden: Gray (2015, cap. 7) explica muy bien este aspecto del juego.

Clave 8/Jugar es una actividad estoica: ver Gray (2015, caps. 2 y 7).

Clave 9/Jugar es lo contrario de la depresión: la frase sobre el juego y la depresión se encuentra en Sutton-Smith (1997); sobre los beneficios de las terapias «experienciales» ver Johnson y Emunah (2009), Regev y Cohen-Yatziv (2018), Uphof *et al.* (2020), Aalbers *et al.* (2017), Dinas *et al.* (2011); sobre el método de Betty Cannon ver Cannon y Lindberg (2011); las terapias basadas en humor puedes explorarlas en Salameh y Fry (2004); sobre las terapias de tercera generación ver Wilson (2023).

Clave 10/El juego peligroso hay que permitirlo: el dato sobre la caída en el número de accidentes se encuentra en Haidt (2024, cap. 7); sobre la antifragilidad ver Nicholas Taleb (2020); sobre la importancia del juego peligroso ver Haidt (2024, cap. 3) y Gray (2015, cap. 8); el estudio comparando los peligros de parques convencionales y de chatarra es de Wood y Leichter-Saxby (2018); la revisión de la literatura sobre el juego arriesgado es de Brussoni *et al.* (2015).

Clave 11/El juego es una necesidad básica: la teoría de la pirámide de necesidades (Maslow, 1943) es muy popular, pero los estudios empíricos han refutado esta supuesta jerarquía, ver Tay y Diener (2011); el taller citado lo impartí en la Asociación SOLC de Alcoy, y he trabajado también en varias ocasiones con la Asociación Española Contra el Cáncer; puedes encontrar camisetas graciosas sobre el cáncer en <www.cafepress.com> (buscando *funny cancer t-shirts*); sobre el juego en situaciones catastróficas ver Jáuregui (2009, cap. 5).

Clave 12/Jugar es la forma más seria de aprender, crear, conectar y crecer: ver Gray (2015, cap. 5).

Clave 13/Las evidencias científicas sobre el poder del juego son abrumadoras: sobre la psicología positiva ver Seligman (2003); el libro de texto es de Snyder y Lopez (2007, pp. 75 y 134).

Deporte divertido: el artículo del joven futbolista es de Martín (2016); sobre el New Games Movement ver <newgamesfoundation.org>.

8. El camino de baldosas amarillas

Cita inicial: Watts (1972).

Doni Tamblyn: ver Tamblyn (2006).

Paso 1. Haz uso de tu libertad: El estudio sobre juego, trabajo y libertad lo cuenta Csíkszentmihályi (1997, cap. 7).

Paso 2. Busca el *flow*: *Flow* (Csíkszentmihályi, 1997) incluye las citas del músico y el escalador; la cita de Seligman sobre su colega aparece en DeRobertis (2016); Schutte y Malouff (2023) examinaron la correlación entre *flow* y mindfulness; el monje tibetano Matthieu Ricard habla de *flow* en Ricard (2014); el propio Csíkszentmihályi (1997, caps. 2 y 4) lo asemeja al yoga, en una época en la que la palabra *mindfulness* aún no era muy común; la entrevista con el pionero del *flow* es de Csíkszentmihályi y Lebuda (2017); en Csíkszentmihályi (1975) el autor ya comienza a adoptar el término *flow*, pero se refiere sobre todo al juego; otros expertos en juego como Gray (2013, 2015b) también han identificado el *flow* como la experiencia de jugar.

Paso 3. Construye tu refugio playful: la guía del prolífico escritor es de King (2012).

Paso 4. Comienza con un chute de buen rollo: ver Isen (1987) y Fredrickson (2004); Gray (2015b) también considera la teoría de Fredrickson una teoría sobre el juego, y la asocia con la de Groos.

Paso 5. Busca un desafío adecuado: sobre el canal de *flow* ver Csíkszentmihályi (1997).

Paso 6. Vuelve a la presencia: ver Werner (1996).

Paso 7. Destruye tus creaciones: la escena de la destrucción del mandala y la reacción del monje aparecen en de *The Colombus Dispatch* (2018).

Paso 8. Conecta con los demás: sobre la relación entre humor lúdico y las relaciones interpersonales ver Jáuregui (2009); sobre el efecto multiplicador de compartir noticias positivas, y el efecto atenuador de compartir las negativas, ver Gable y Reis (2010); los experimentos sobre el juego cohesivo son de Aron *et al.* (2000) y Fraley y Aron (2004); Project Aristotle lo describe Duhigg (2016); sobre la seguridad psicológica ver Edmondson (2018); sobre Google ver Bock (2015); Jehl (1937) describió en detalle la vida en el laboratorio de Edison; La Despensa la encontrarás en <www.ladespensa.es>; sobre la importancia de las relaciones personales para el bienestar ver Peterson (2006, cap. 10).

Paso 9. Cultiva tu sentido del humor: sobre la ciencia del humor ver Jáuregui (2007) y Martin (2008); el estudio comparando los efectos antiestrés de la visión de un monólogo y el ejercicio físico es de Szabo (2003); Martin (2008, caps. 9-10) resume los estudios sobre humor y salud, incluidas las investigaciones sobre los estilos humorísticos; la cita de Sigmund Freud se encuentra en Freud (1928); sobre TeamLabs y los fracasos ver Jáuregui (2025); el ejercicio de la Herradura Numérica se encuentra en Tamblyn (2006).

Paso 11. Iníciate en la práctica contemplativa más divertida del universo: sobre la impro ver Spolin (1999) y Johnstone (1987); las citas son de Spolin (1999, introducción; 2001); la frase «meditación en acción» la cita Krueger (2021); sobre impro y budismo ver Razowsky (2023); *Improv Wisdom* es de Madson (2005); *Playful Mindfulness* es de DesMaisons (2019); la cita sobre el proceso creativo se encuentra en Nachmanovitch (1991); sobre las evidencias científicas de beneficios de la impro ver Haiselin *et al.* (2018) y Schwenke (2020); algunos estudios sobre el cerebro que improvisa son López-González y Limb (2012) y Barrett *et al.* (2020).

Paso 12: Medita (al menos un poco): mi encuentro con el dalái lama lo cuento en más detalle en Jáuregui (2007); sobre la clasificación de 24 fortalezas ver Peterson y Seligman (2004); Seligman (2003, cap. 9) entre otros se refiere a la fortaleza en cuestión como *playfulness and humor*; la cercanía entre las fortalezas de playfulness y espiritualidad puede comprobarse en Peterson (2006, cap. 6, gráfico 6.3); los estudios sobre la relación entre mindfulness y playfulness/humor son de Ozyesil *et al.* (2013) y Hofmann *et al.* (2020).

Paso 14: Cuídate (y también a los demás): Bunting (2005) describe la internalización de la cultura del sobresfuerzo laboral; sobre las largas horas del entorno emprendedor ver Klinder (2018), y sobre las de Miguel Ángel ver Graham-Dixon (2009); la entrevista a Eric Schmidt puedes verla en Schmidt (2024).

Impro teatral para principiantes: «liberando el cuerpo» se basa en un ejercicio del profesor de teatro Yorgos Karamalegos, director del Physical Lab; El bolso de Mary Poppins (título original, *¿Qué hay en la caja?*) y Afortunadamente aparecen en Tamblyn (2006); Mensaje Urgente (título original, *La bala*) lo aprendí de Ignacio López de Impromadrid.

9. Revolución playfulness

Cita inicial: Mujica (2013).

Enderezar el Mundo del Revés: sobre Henry Thurlow ver Meth (2015); sobre Maurizio Cattelan y su plátano ver Hawkins (2024) y Brinson *et al.* (2016); el fragmento del poema «And Still I Rise» lo he traducido del original (Angelou, 1978); sobre la vida de Maya Angelou ver Angelou (2024) y todos sus libros autobiográficos; sobre la historia y el impacto global de la música afroamericana ver Floyd (1996); los datos sobre mujeres, homosexuales y depresión aparecen en Kuehner (2017) y Cochran *et al.* (2003); el dato sobre la depresión y nivel socioeconómico se refiere al Reino Unido y se cita en Wilkinson y Pickett (2018) junto con las demás consecuencias de la desigualdad; el mito de las tasas de suicidio en los países nórdicos lo comentan Halliwell *et al.* (2020); los datos y citas sobre Elon Musk aparecen en Isaacson (2023), Lemon (2024) y Llewellyn-Jones y Mohamed (2022); sobre Donald Trump ver Woodward (2018); sobre la pelea entre Musk y Trump ver Duffy y O'Kruk (2025); el informe del Brookings Institution es de Qureshi (2023).

Estamos aquí: esta anécdota se la escuché a Florence Meleo-Meyer en el retiro de silencio «The Insight Inside You» organizado por el Instituto Nirakara en marzo de 2020.

Expandir la Fuerza Jedi: existen muchas variantes de la práctica *metta*, pero esta la he adaptado de un audio guiado de Ajarn MC Brigitte Schrottenbacher, monja budista del Wat Prayong Gittivanaram International Meditation Center en Tailandia (Schrottenbacher, 2024); si nunca te has dejado poseer por el espíritu del *boogie*, consulta urgentemente Bell, Doyce y Kool & the Gang (1975).

BIBLIOGRAFÍA

Aalbers, S., Fusar-Poli, L., Freeman, *et al.*, «Music therapy for depression», *The Cochrane database of systematic reviews*, 11 (11) (2017).

ABC, «Una estafa para ricos», *ABC*, sección «Estilo», 25 de marzo de 2023.

ABC, «Missing Boy Played Hide-and-Seek from Police», ABC News, Australian Broadcasting Network, 22 de abril de 2010.

Agassi, A., *Open: An Autobiography*, Harper Collins, 2009.

Amabile, T. M., «How to Kill Creativity», *Harvard Business Review*, 9-10/1999.

Angelou, M., «And Still I Rise», *And Still I Rise: a Book of Poems*, Random House, 1978.

—, *I Know Why the Caged Bird Sings*, Little, Brown, 2024.

Aron, A., Norman, C., Aron, E., McKenna, C., y Heyman, R. E., «Couples shared anticipation in novel and arousing activities and experienced relationship quality», *Journal of Personality and Social Psychology*, 78 (2000), pp. 273-284.

Barrett, K. C., Barrett, F. S., Jiradejvong, P., Rankin, S. K., Landau, A. T., y Limb, C. J., «Classical creativity: A functional magnetic resonance imaging (fMRI) investigation of pianist and improviser Gabriela Montero», *NeuroImage*, 209, 116496 (2020).

Bartolini, S., y Sarracino, F., «Twenty-five years of materialism: do the US and Europe diverge?», *Social Indicators Research*, 133 (2016), pp. 787-817.

Bell, Doyce y Kool & the Gang, «The Spirit of the Boogie», álbum *The Spirit of the Boogie*, 1975.

Berkbigler, E., y Dickson, K., «Required scripting and work stress in the call center environment: A preliminary exploration», *Journal of Organizational Culture, Communications and Conflict*, 18 (2014), pp. 233-256.

Biswas-Diener, R., Vittersø, J., y Diener, E., «Most People Are Pretty Happy, But There Is Cultural Variation: The Inughuit, The Amish, and The Maasai», *Journal of Happiness Studies*, 6 (2005), pp. 205-226.

Blaines, E., y Blatchford, P., «Research briefing - School break and lunch times and young people's social lives: a follow-up national study», EDU/42402 (2019), Nuffield Foundation.

Bock, L., *Work Rules! Insights from inside Google that will transform how you live and lead*, Grand Central Publishing, 2015.

Brach, T., *Aceptación Radical: Abrazando tu vida con el corazón de un Buda*, Gaia Ediciones, 2014.

Bregel, S., «Free coffee might be the easiest way to get your WFH employees rushing back to the office», *Fast Company*, 5 de octubre de 2023.

Bregman, R., *Dignos de ser humanos*, Anagrama, 2021.

Brinson, K., Kamin, D., Smith, W., Spector, N. y Thompson, S., *Maurizio Cattelan: All*, Guggenheim Museum Publications, 2016.

Brogan, C., «The Attention War», *Forbes*, 20 de octubre de 2012.

Brown, P., *Play: How it Shapes the Brain, Opens the Imagination and Invigorates the Soul*, Avery, 2010.

Brussoni, M., Gibbons, R., Gray, C., *et al.*, «What is the Relationship between Risky Outdoor Play and Health in Children? A Systematic Review», *International journal of environmental research and public health*, 12 (6) (2015), pp. 6423-6454.

Burton, J., «Workplace Framework and Model: Background and Supporting Literature and Practices», *WHO Healthy*, World Health Organization, 2010.

Cacoyannis, M., *Zorba the Greek*, 20th Century Fox, 1964.

Calderón, V. J., y Yu, D., «Student Enthusiasm Falls as High School Graduation Nears», *Gallup*, 1/6/2017.

Cannon, B., y Lindberg, R., «In the Spirit of Play: Applied Existential Psychotherapy», en *Existential Therapy: Legacy, Vibrancy and Dialogue*, de Laura Barnett y Greg Madison, Routledge, 2011.

Cavendish, L., Jaúregui, E., y McNaughton, N., *Cutting Edge: The Story of the Beatles' Hairdresser Who Defined an Era*, Alma Books, 2017.

Chagnon, N., *Yanomamo: The Fierce People*, Thomson Learning, 1983.

Chapman, G., Cleese, J., Gilliam, T., Idle, E., Palin, M., y Jones, T., *Monty Python's Flying Circus*, BBC, 1970.

—, *La vida de Brian*, Handmade Films, 1979.

Chilton, T., *Adventure Playgrounds. a Brief History*, Fair Play for Children, 2013.

Chudacoff, H., *Children at Play: an American History*, NYU Press, 2008.

Clark, J., «Welcome to the Idiocene», 2019, disponible en <https://iiraorg.com/2019/07/10/welcome-to-the-idiocene/>. [Consulta: 08/10/2024.]

Cochran, S. D., Mays, V. M., y Sullivan, J. G., «Prevalence of mental disorders, psychological distress, and mental health services use among lesbian, gay, and bisexual adults in the United States», *Journal of consulting and clinical psychology*, 71 (1) (2003), pp. 53-61.

Cole, S. W., Yoo, D. J., y Knutson, B., «Interactivity and reward-related neural activation during a serious videogame», *PloS one*, 7 (3) (2012), e33909.

Colombus Dispatch, «Tibetan monks destroy mandala creation», 2018, disponible en <https://www.youtube.com/watch?v=_au5RCor55M&t=113s>. [Consulta: 02/02/2024.]

Corry, S., «Danger: savaging primitives again. Why Jared Diamond's "The World Until Yesterday" is wrong», Survival International, 2013, disponible en <https://www.survivalinternational.org/articles/3399-danger-savaging-primitives-again>.

Creswell, D., «David Cresswell - Exploring Equanimity», 2023, pódcast *Mind and Life*.

Crutzen, P. J., y Stoermer, E. F., «The Anthropocene», *Global Change Newsletter*, 41 (2000), pp. 17-18.

Csíkszentmihályi, M., «Play and intrinsic rewards», *Journal of Humanistic Psychology*, 15 (3) (1975b), pp. 41-63.

—, *Fluir (Flow): Una psicología de la felicidad*, Kairós, 1997.

—, *Flow, the secret to happiness*, TED.com, 2004, disponible en <https://www.ted.com/talks/mihaly_csikszentmihalyi_flow_the_secret_to_happiness>.

Csíkszentmihályi, M., Lebuda, I., y Window, A., «Into the Bright Side of Psychology: Interview With Mihaly Csíkszentmihályi», *Europe's journal of psychology*, 13 (4) (2017), pp. 810-821.

D'Ors, P., *Biografía de la luz*, Galaxia Gutenberg, 2021.

Davidson, R. J., y Goleman, D., *Los beneficios de la meditación*, Kairós, 2019.

DesMaisons, T., *Playful Mindfulness: a joyful journey to everyday confidence, calm, and connection*, Anima Learning, 2019.

DeRobertis, E. M., «The phenomenology of happiness: Stephen Strasser's eidetic explication», *The Humanistic Psychologist*, 44 (1) (2016), pp. 72-88.

Diamond, J., *The World Until Yesterday*, Penguin Books, 2013.

Dickens, C., *Oliver Twist*, Anaya, 2011.

Dinas, P. C., Koutedakis, Y., y Flouris, A. D., «Effects of exercise and physical activity on depression», *Irish Journal of Medical Science*, 180 (2011), pp. 319-325.

Dino, M., «Vermicino, i tre giorni che sconvolsero l'Italia », *Il corriere della sera*, 1 de junio de 2001.

Dominguez Leiva, A., *Invasion Zombie*, Le Murmure, 2013.

Duffer, M., y Duffer, R., *Stranger Things*, Netflix, 2016.

Duffy, C., y O'Kruk, A., «How the feud between Elon Musk and Donald Trump exploded over 72 hours», CNN, 6 de junio de 2025.

Duhigg, C., «What Google Learned From Its Quest to Build the Perfect Team», *The New York Times Magazine*, 25 de febrero de 2016.

Eco, U., *El nombre de la rosa*, Lumen, 2015.

Economist, «Safe Cities Index 2021», disponible en <https://impact.economist.com/projects/safe-cities/>. [Consulta: 02/02/2024.]

Edmondson, A. C., *The Fearless Organization: Creating Psychological Safety in the Workplace for Learning, Innovation, and Growth*, Wiley, 2018.

Elizondo, L., *Imminent: Inside the Pentagon's Hunt for UFOs*, William Morrow, 2024.

Ende, M., *Momo*, Alfaguara, 2007.

Floyd, S., *The Power of Black Music: Interpreting Its History from Africa to the United States*, Oxford University Press, 1996.

Flynn, J., «20 Vital Smartphone Usage Statistics [2023]: Facts, Data, and Trends On Mobile Use In The U.S.», Zippia.com, disponible en <https://www.zippia.com/advice/smartphone-usage-statistics/>. [Consulta: 02/02/2024.]

Frackowiak, T., Oleszkiewicz, A., Butovskaya, M., Groyecka, A., Karwowski, M., Kowal, M., y Sorokowski, P., «Subjective Happiness Among Polish and Hadza People», *Frontiers in psychology*, 11 (2020), p. 1173.

Fraley, B., y Aron, A., «The effect of a shared humorous experience on closeness in initial encounters», *Personal Relationships*, 11 (1) (2004), pp. 61-78.

Fredrickson, B. L., «The broaden-and-build theory of positive emotions», *Philosophical transactions of the Royal Society of London. Series B: Biological Sciences*, 359 (1449) (2004), pp. 1367-1378.

Freud, S., «Humour», *International Journal of Psychoanalysis*, 9 (1928), pp. 1-6.

Funakoshi, G., *Karate-Dō: My Way of Life*, Blurb, 2024.

Furedi, F., *Paranoid Parenting: Why Ignoring the Experts May Be Best for Your Child*, Chicago Review Press, 2002.

Gable, S. L., y Reis, H. T. «Good news! Capitalizing on positive events in an interpersonal context», en M. P. Zanna (ed.), Academic Press, *Advances in experimental social psychology*, 42 (2010), pp. 195-257.

Galbraith, E. D., Barrington-Leigh, C., Miñarro, *et al*., «High life satisfaction reported among small-scale societies with low incomes», *Proceedings of the National Academy of Sciences of the United States of America*, 121 (7) (2024).

Gallup, «State of the Global Workplace», 2023, Gallup.com, disponible en <https://www.gallup.com/workplace/349484/state-of-the-global-workplace.aspx>.

García, A., *Otra educación ya es posible*, Litera Libros, 2017.

Giurge, L. M., Whillans, A. V. y West, C., «Why time poverty matters for individuals, organisations and nations», *Nature Human Behavior*, 4 (2020), pp. 993-1003.

Goethe, J. W., *Italian Journey 1786-1788*, Penguin Classics, 1992.

Graham-Dixon, A., *Michelangelo and the Sistine Chapel*, Weidenfeld & Nicolson, 2009.

Grant, J. A., Courtemanche, J., y Rainville, P., «A non-elaborative mental stance and decoupling of executive and pain-related cortices predicts low pain sensitivity in Zen meditators», *Pain*, 152 (1) (2011), pp. 150-156.

Gray, P., «Definitions of Play», *Scholarpedia*, 8 (7), 30578 (2013).

—, *Free to Learn*, Basic Books, 2015.

—, «Studying Play Without Calling it That», en *The Handbook of the Study of Play*, J. E. Johnson, S. G. Eberle, T. S. Henricks, y D. Kuschner (eds.), Rowman and Littlefield, 2015b.

Griswold, J., «"Mary Poppins" creator P. L. Travers is even more fascinating than her fiction», *The Washington Post*, 14 de diciembre de 2018.

Haidt, J., *The Anxious Generation*, Penguin, 2024.

Hainselin, M., Aubry, A., y Bourdin, B., «Improving Teenagers' Divergent Thinking With Improvisational Theater», *Frontiers in psychology*, 9 (2018), p. 1759.

Halliwell, J. F., Layard, R., Sachs, J. D. *et al.*, «The Nordic Exceptionalism: What Explains Why the Nordic Countries Are Constantly Among the Happiest in the World», The World Happiness Report, 2020, disponible en <https://worldhappiness.report/ed/2020/>.

Harari, Y. N., *Sapiens. De animales a dioses: Una breve historia de la humanidad*, Debate, 2014.

Hawkins, A., «Crypto entrepreneur eats banana art he bought for $6.2m», *The Guardian*, 29 de noviembre de 2024.

Hayward, K., *Infantilised: How Our Culture Killed Adulthood*, Constable, 2024.

Hobbes, T., *Leviatán*, Alianza Editorial, 2018.

Hodes, L., y Thomas, K., «Smartphone Screen Time: Inaccuracy of self-reports and influence of psychological and contextual factors», *Computers in Human Behavior*, 115 (2021), 106616.

Hofmann, J., Heintz, S., Pang, D. *et al.*, «Differential Relationships of Light and Darker Forms of Humor with Mindfulness», *Applied Research Quality Life*, 15 (2020), pp. 369-393.

Hoge, E. A., Bui, E., Mete, M., Dutton, M. A., Baker, A.W., y Simon N. M., «Mindfulness-Based Stress Reduction vs Escitalopram for the Treatment of Adults With Anxiety Disorders: A Randomized Clinical Trial», *JAMA Psychiatry*, 80 (1) (2023), pp.13-21.

Honoré, C., *Elogio de la lentitud*, RBA, 2006.

Horvath, J., Mundinger, C., Schmitgen, M. M., Wolf, N. D., Sambataro, F., Hirjak, D., Kubera, K. M., Koenig, J., y Christian Wolf, R., «Structural and functional correlates of smartphone addiction», *Addictive behaviors*, 105 (2020), 106334.

Huizinga, J., *Homo ludens*, Alianza, 2012.

Hyman, Mark, *Until it hurts*, Beacon Press, 2010.

Introvigne, M., «Mary Poppins Goes to Hell. Pamela Travers, Gurdjieff, and the Rhetoric of Fundamentalism», presentado en *The International Humanities Conference*, Bognor Regis 1996.

Isaacson, W., *Elon Musk*, Simon & Schuster, 2023.

Ipsos, «Global Attitudes on Materialism», *Finances and Family*, 13 de diciembre de 2013.

Isen, A., «Positive Affect, Cognitive Processes, and Social Behavior», en *Advances in Experimental Social Psychology*, Leonard Berkowitz (ed.), Academic Press, 20 (1987), pp. 203-253.

Jáuregui, E., *Situating laughter: amusement, laughter and humour in everyday life*, Instituto Universitario Europeo de Florencia, 1998.

—, *El sentido del humor: manual de instrucciones*, RBA, 2007.

—, *Amor y humor*, RBA, 2009.

—, *Meditar se me da FATAL*, Urano, 2022.

—, *Dale al Play: Emprende. Innova. Búscate la vida*, Larousse, 2025.

Jehl, F., *Menlo Park Reminiscences*, The Edison Institute, 1937.

Johnson, D., «Many Schools Putting an End to Child's Play», *The New York Times*, 7 de abril de 1998.

Johnson, D. R., y Emunah, R., *Current Approaches in Drama Therapy*, Charles C. Thomas Publisher, 2009.

Johnstone, K., *Impro: Improvisation and the theatre*, Routledge, 1987.

Jones, J. M., «In U.S., 40% Get Less Than Recommended Amount of Sleep», Gallup, 2013, disponible en <https://news.gallup.com/poll/166553/less-recommended-amount-sleep.aspx>. [Consulta: 02/02/2023.]

Jordan, M., *For the love of the game*, Crown, 1998.

Juliet Lauro, S., y Embry, K., «A Zombie Manifesto: The Nonhuman Condition in the Era of Advanced Capitalism», *Boundary*, 2, 35 (1) (2008), pp. 85-108.

Kabat-Zinn, J., *Mindfulness en la vida cotidiana: donde quiera que vayas, ahí estás*, Paidós, 2019.

—, «Some reflections on the origins of MBSR, skillful means, and the trouble with maps», *Contemporary Buddhism*, 12 (1) (2011), pp. 281-306.

—, *Vivir con plenitud las crisis*, Kairós, 2016.

Kahneman, D., *Pensar rápido, pensar despacio*, De Bolsillo, 2021.

Kalmar, B., Ruby, H., Sheekman, A. y Perrin, N., *Sopa de ganso* (guion), Paramount Pictures, 1933.

Kasdan, L., *En busca del arca perdida* (guion), Paramount Pictures, 1981.

Kasser, T., *The high price of materialism*, Bradford Books, 2003.

Killingsworth, M. A., y Gilbert, D. T., «A wandering mind is an unhappy mind», *Science*, 330 (6006) (2010), p. 932.

Kimmel, M. S., y Ferber, A. L., *Privilege: A Reader*, Routledge, 2017.

King, S., *On Writing: A Memoir of the Craft*, Hodder & Stoughton, 2012.

Klinder, B., «The Truth Behind the 80-Hour Startup Workweek», *Forbes*, 30 de abril de 2018.

Koerbel, L., y Meleo-Meyer, F., *Currículo y guía docente de mindfulness-based stress reduction (MBSR)*, Brown University Mindfulness Center, 2019.

Konrath, S. H., O'Brien, E. H., y Hsing, C., «Changes in Dispositional Empathy in American College Students Over Time: A Meta-Analysis», *Personality and Social Psychology Review*, agosto de 2010.

Krueger, A. (ed.), Special issue on Improvisation, *Journal of Performance and Mindfulness*, 4 (2021), p. 1.

Kuehner, C., «Why is depression more common among women than among men?», *The Lancet Psychiatry*, 4 (2) (2017), pp. 146-158.

LaFreniere, P., «Evolutionary functions of social play: Life histories, sex differences, and emotion regulation», *American Journal of Play*, 3 (4) (2011), pp. 464-488.

Lanza, M., *Playborhood: Turn Your Neighborhood Into a Place for Play*, Free Play Press, 2012.

Lareau, A., «Concerted Cultivation and the Accomplishment of Natural Growth», *Childhood Socialization*, Routledge, 2006.

Lee, B. X., Lifton, R. J., Sheehy, G. *et al.*, *The Dangerous Case of Donald Trump: 27 Psychiatrists and Mental Health Experts Assess a President*, Thomas Dunne Books, 2017.

Lemon, D., «Elon Musk on Racism, Bailing Out Trump, Hate Speech and More», 2024, pódcast *The Don Lemon Show*, disponible en YouTube y otras plataformas.

Let Grow, «What's the Actual Risk of Your Child Being Kidnapped?», 2024, disponible en <https://letgrow.org/child-kidnapping-risk/>. [Consulta: 02/02/2024.]

Levine, R., *The Power of Persuasion*, Wiley, 2006.

Lindgren, A., *Pippi Calzaslargas*, Kókinos, 2020.

Llewellyn-Jones, J., y Mohamed, M., «The Elon Musk Show», BBC, 2022.

López-González, M., y Limb, C. J., «Musical creativity and the brain», *Cerebrum: the Dana forum on brain science*, 2 (2012).

Luque, L., «Reflexiones en torno a "La utilidad de lo inútil"», *El genio maligno*, 3 (2014).

Madson. P. R., *Improv Wisdom:* Don't *Prepare, Just Show Up*, Bell Tower, 2005.

Marieke, K., Moye, A. Pollock, J. *et al.*, «Chapter 10 - Tibetan Buddhist monastic debate: Psychological and neuroscientific analysis of a reasoning-based analytical meditation practice», en *Progress in Brain Research*, N. Srinivasan (ed.), Elsevier, 244 (2019), pp. 233-253.

Maslow, A. H., «A theory of human motivation», *Psychological Review*, 50 (4) (1943), pp. 370-396.

Mark, G., *Attention Span*, Hanover Square Press, 2023.

Martin, R., *La psicología del humor: un enfoque integrador*, Orion Ediciones, 2008.

Martín, I., «Así de jodido puede ser llegar a la cantera del Real Madrid», *Vice*, 10 de mayo de 2016.

Marx, K., *Manuscritos: economía y filosofía*, Alianza, 1974.

Mascaró, J. (trad.), *Buddha's Teachings*, Penguin Classics, 1973.

McGonigal, J., *Reality Is Broken: Why Games Make Us Better and How They Can Change the World*, Penguin, 2011.

McGorry, P. D. *et al.*, «The Lancet Psychiatry Commission on youth mental health», *The Lancet Psychiatry*, 11 (9) (2024), pp. 731-774.

McPhillips, D., «More than 1 in 6 adults have depression», CNN, 17 de mayo de 2023.

Meth, D., «One Of The Only Non-Japanese Anime Artist Shares His Experience», *BuzzFeed*, 6 de marzo de 2015.

Michaels, J. W., Blommel, J. M., Brocato, R. M., Linkous, R. A., y Rowe, J. S., «Social facilitation and inhibition in a natural setting», replicaciones en *Social Psychology*, 2 (1982), pp. 21-24.

Mujica, J., «Discurso de José Mujica, presidente de Uruguay», Asamblea General de la ONU LXVIII, Periodo de Sesiones, 24 de septiembre de 2013.

Myers, D., y Diener, E., «The science of happiness», *The Futurist*, 31 (5) (1997), pp. 1-7.

Nachmanovitch, S., *Free Play: Improvisation in Life and Art*, Putnam & Sons, 1991.

—, *The Art of Is: Improvising as a Way of Life*, New World Library, 2019.

Nicholas-Taleb, N., *Antifrágil: Las cosas que se benefician del desorden*, Paidós, 2020.

North, S., «Deadly virtues: Inner-worldly asceticism and karoshi in Japan», *Current Sociology*, 59 (2) (2011), pp. 146-159.

Ohayon, M. M., Priest, R. G., Zulley, J., Smirne, S., y Paiva, T., «Prevalence of narcolepsy symptomatology and diagnosis in the European general population», *Neurology*, 58 (12) (2002), pp. 1826-1833.

ONU, «The power of play: children and young people's call to

action», 2024, disponible en <https://www.un.org/en/observances/international-day-of-play>. [Consulta: 10/05/2024.]
Ordine, N., *La utilidad de lo inútil: Manifiesto*, Acantilado, 2013.
Özyesil, Z., Deniz, M., y Kesici, S., «Mindfulness and five factor personality traits as predictors of humor», *Studia Psychologica*, 55 (2013), pp. 33-46.
Panksepp, J., y Burgdorf, J., «"Laughing" rats and the evolutionary antecedents of human joy?», *Physiology & behavior*, 79 (3) (2003), pp. 533-547.
Pega, F., Náfrádi, B. *et al.*, «Global, regional, and national burdens of ischemic heart disease and stroke attributable to exposure to long working hours for 194 countries, 2000-2016», *Environment International*, 154 (2021), 106595.
Pellis, S. M., Pellis, V. C., Ham, J. R., y Stark, R. A., «Play fighting and the development of the social brain: The rat's tale», *Neuroscience and biobehavioral reviews*, 145 (2023), 105037.
Peterson, C., *A Primer in Positive Psychology*, Oxford University Press, 2006.
Peterson, C., y Seligman, M., *Character Strengths and Virtues*, Oxford University Press, 2004.
Pine, R., Fleming, T., McCallum, S., y Sutcliffe, K., «The Effects of Casual Videogames on Anxiety, Depression, Stress, and Low Mood: A Systematic Review», *Games for health journal*, 9 (4) (2020), pp. 255-264.
Pinker, S., *The Better Angels of our Nature*, Penguin, 2012.
Platón, *La república*, Austral, 2011.
Proyer, R. T., y Ruch, W., «The virtuousness of adult playfulness: the relation of playfulness with strengths of character», *Psych Well-Being*, 1, 4 (2011).
Putnam, R., *Bowling Alone: The Collapse and Revival of American Community*, Simon and Schuster, 2001.
Qureshi, Z., «Rising inequality: A major issue of our time», Brookings Institution, 16 de mayo de 2023.
Razowsky, *A* Subversive's Guide *to Improvisation: Moving Beyond «Yes, And»*, Boyd Parker Press, 2023.
Regev, D., y Cohen-Yatziv, L., «Effectiveness of Art Therapy With Adult Clients in 2018-What Progress Has Been Made?», *Frontiers in psychology*, 9 (2018), 1531.
Ricard, M., «Cultivating altruism - a path to happiness», conferencia *Happiness and its Causes*, 2014, disponible en <https://happinessanditscauses.com.au/>.

Romano, R., «When Depression Turns You Into a Zombie», *The Might*, 2 de diciembre de 2023.
Rousseau, J. J., *Émile or On Education*, Penguin, 1991.
—, *El contrato social*, Akal, 2016.
Ruiz, M., Moreno, M., Girela-Serrano, B., Díaz-Oliván, I. *et al.*, «Winning The Game Against Depression: A Systematic Review of Video Games for the Treatment of Depressive Disorders», *Current psychiatry reports*, 24 (1) (2022), pp. 23-35.
Rumi, J., *Poemas sufíes*, Hiperión, 1988.
Ryokan, «First days of spring - the sky», en *The Enlightened Heart: An Anthology of Sacred Poetry*, Stephen Mitchell (ed.), Harper Perennial, 1993.
Sahlins, M., *Stone Age Economics*, Routledge, 2017.
Saint-Exupéry, A., *El principito*, Salamandra, 2008.
Salameh, W., y Fry, W. (eds.), *El humor y el bienestar en las intervenciones clínicas*, W. A Desclée De Brouwer, 2004.
Sapolsky, R., *¿Por qué las cebras no tienen úlcera?: La guía del estrés*, Alianza, 2008.
Sartre, J.-P., *Being and Nothingness: An Essay on Phenomonological Ontology*, Routledge, 2003.
Saunders, D. C., Knapp F. M., y Veenstra-VanderWeele, J., «Age-Not Just a Number in Youth Mental Health», *JAMA Psychiatry*, 81 (4) (2024), pp. 327-328.
Schmidt, E. E., «Schmidt Full Controversial Interview on AI Revolution», 2024, disponible en <www.youtube.com/watch?v=mKVFNg3DEng>. [Consulta: 31/10/2024.]
Schopenhauer, A., *The World as Will and Representation*, Dover, 1969.
Schrottenbacher, B., *Metta: Loving Kindness*, Insight Timer App, 2024.
Schwenke, D., Dshemuchadse, M., Rasehorn, L., Klarhölter, D., y Scherbaum, S., «Improv to Improve: The Impact of Improvisational Theater on Creativity, Acceptance, and Psychological Well-Being», *Journal of Creativity in Mental Health*, 16 (1) (2020), pp. 31-48.
Schutte, N., y Malouff, J., «The connection between mindfulness and flow: A meta-analysis, *Personality and Individual Differences*, 200 (2023), 111871.
Seligman, M., *La auténtica felicidad*, Vergara, 2003.
Sigur Ros, «Hoppípolla», *Takk...*, EMI, 2005.
Singleton, M., *El cuerpo del yoga: los orígenes de la práctica postural moderna*, Kairós, 2019.

Skenazy, L., *Free-Range Kids*, Jossey-Bass, 2010.

Snyder, C. R., y Lopez, S. J., *Positive psychology: The scientific and practical explorations of human strengths*, Sage Publications, 2007.

Spolin, V., *Improvisation for the Theater*, Northwestern University Press, 1999.

—, *Theatre Games for the Lone Actor: A Handbook*, NorthWestern University Press, 2001.

Statista, «Reported violent crime rate in the United States», 2024, disponible en <https://www.statista.com/statistics/191219/reported-violent-crime-rate-in-the-usa-since-1990/>. [Consulta: 02/02/2024.]

Stein, J., «The Me Me Me Generation», *Time Magazine*, 20 de mayo de 2013.

Stephens, W. B., «School Attendance and Literacy: 1750 to the Later Nineteenth Century», en *Education in Britain, 1750-1914. Social History in Perspective*, Palgrave, 1998.

Sutton-Smith, B., *The Ambiguity of Play*, Harvard University Press, 1997.

Szabo, A., «The acute effects of humor and exercise on mood and anxiety», *Journal of Leisure Research*, 35 (2) (2003), pp. 152-162.

Tamblyn, D., *Reír y aprender*, Desclée De Brouwer, 2006.

Tay, L., y Diener, E., «Needs and subjective well-being around the world», *Journal of personality and social psychology*, 101 (2) (2011), pp. 354-365.

Tozer, J. (2018), Which countries get the most sleep? *The Economist*, disponible en <https://www.economist.com/1843/2018/03/01/which-countries-get-the-most-sleep>. [Consulta: 02/02/2023.]

Travers, P. L., *Mary Poppins Collection*, HarperCollins Children's Books, 2023.

Turkle, S., *En defensa de la conversación*, Ático de los Libros, 2017.

Turnbull, C., *The Forest People*, Simon and Schuster, 1968.

Twenge, J. M., Konrath, S., Foster, J. D., Campbell, W. K. y Bushman, B. J., «Egos inflating over time: a cross-temporal meta-analysis of the narcissistic personality inventory», *Journal of Personality*, 76 (4) (2008), pp. 875-902.

UNICEF, «Child Labour Database», 2024, disponible en <www.data.unicef.org/topic/child-protection/child-labour/>. [Consulta: 20/10/2024.]

Uphoff E., Ekers D., Robertson L. *et al.*, «Behavioural activation therapy for depression in adults», *Cochrane Database Syst Rev*, 6, 7 (7) (2020).

Walker, T. D., «The Junk Playground of New York City», *The Atlantic*, 11 de agosto de 2016.

Walsh, B., y DaGradi, D., *Mary Poppins* (guion), Walt Disney, 1964.

Watts, A., «Work as play», *Essential Lectures*, programa 7, 1972, <www.organism.earth>.

Weil, S., *La persona y lo sagrado*, Hermida, 2019.

Werner, K., *Effortless Mastery: Liberating the Master Musician Within*, James Aebersold Jazz, 1996.

West, K., «I am a God», *Yeezus*, Roc-a-fella/Def Jam Records, 2013.

Wilkinson, R., y Pickett, K., *The Spirit Level*, Allan Lane, 2009.

Wilson, K., *Las cosas podrían ir terriblemente mal*, Arpa Práctica, 2023.

Wood, J., y Leichter-Saxby, M., *Comparing Injury Rates on a Fixed Equipment Playground and an Adventure Playground*, Pop-Up Adventure, 2018.

Woodburn, J., «Egalitarian Societies», *Man*, 17 (3) (1982), pp. 431-451.

Woodward, B., *Fear: Trump in the White House*, Simon & Schuster, 2018.

Woolf, V., *A room of* one's own, Penguin, 2002.

Youssef, E., «Why the Dalai Lama's Fart Joke is a Lesson in Humility», *Elephant Journal*, 31/03/2017.

Zajonc, R. B., «Social facilitation», *Science*, 149 (1965), pp. 269-274.